旅立ちのデザイン帖

あなたらしい〝終活〟の
ガイドブック

NPO法人
ライフデザインセンター
編著

亜紀書房

はじめに

だれにでも死は訪れる

今日も朝から、白い機体に赤線の入ったドクターヘリが病院の屋上にあるヘリポートに着陸するのが見えました。ドクターヘリというのは、救急患者を病院へ搬送するためのヘリコプターのことです。わたしの住む松本市には、ドクターヘリポートを持つ病院が、割と近い距離に二つあって、ちょうどその中間に位置する自宅からは、ときおりプロペラ音が聞こえたり、機体が見えたりします。

緊急搬送された人は、若い人だろうか、子どもだろうか。働き盛りの人か、あるいは高齢者か……。手当が間に合って、無事に家に帰れるだろうか、それともあの世に旅立とうとしているのだろうか？　突然の事態に、ご本人もご家族も気が動転しているにちがいない……。

ヘリコプターを見上げながら、いつもこんなことを考えます。そしてこのような事態は、自分を含めただれの身の上にも起こり得ることなのだと思うのです。

人生には必ず終わりがあります。だれにでも死は訪れます。でも、それはいつどのような形で、わたしたちに訪れるのでしょうか？　それはだれにもわかりません。

二〇一一年三月一一日、東北を襲った大地震と大津波は、その日の昼食を普段通りに食べていた人々を、突然あの世に連れ去りました。そして二〇一六年四月一四日には熊本地震が起こり、痛ましい災害により多くの死者と被災者を生みました。

いつか必ず訪れる死に対してどのように向き合い、準備していったらよいのか、そしていまをどう生きていくべきなのか。これらの出来事を通じて、多くの人が死を「我が事」として考えるようになったのではないかと思います。

高齢期の生き方は自分次第

人の一生は、「幼少期」「青年期」「壮年期」「高齢期」に区分できます。人それぞれで微妙な違いはあるにしても、大きく括って考えると、幼少期はこれからの人生を生きていくための学びの時であり、青年期はその学びを自分流にアレンジして、これからどう生きていくのかを探り悩む時期です。そして壮年期は、生きるために働き、社会的な活動を活発におこなう時期だと考えられています。それぞれの時期に応じて、学校や会社勤め、子育てなど、必要なことに追われていますから、ある意味で、壮年期までのわたしたちの人生には、大きなレールが敷かれているとも言えるでしょう。

高齢期は社会の第一線から引退し、子育てが終わり、親の介護も一段落する時期です。

経済的には収入は減り、年金と自分の預貯金に応じて、これから先の生活の見通しを立てなくてはいけませんが、時間はいままで以上に自分のために自由に使えます。とはいえ、高齢期にはこれまでのようなレールがありません。これから進む道は、自分で探し、今後なにをしたらよいのかは自分で決めなければならないのです。しかも、年とともに自分だけの力で生きていくことが困難になり、医療保険や介護保険などの社会制度を利用したり、他人の力を頼ったりする必要も生まれてきます。

自分らしい「人生の旅立ち」のために

在宅診療を先駆的におこなってきた上田市の矢嶋嶺《やじまたかね》医師は、わたしたちが主催する勉強会で次のように語っていました。

「(自分の死ということを考えた時)以前は背後から『死に神』が追いかけてきていると いうふうに感じていました。ところが七七歳になってからは、『死に神』は前から向かってきているような感じがしています」(「なんでもありの勉強会」二〇一〇年四月)

わたしには、この矢嶋医師の言葉はとても印象的でした。「死に神」が前からやってくるということは、わたしたちは死から目をそらすことなく、死を見つめながら生きていかなくてはいけないということです。そして、高齢社会が進むなかで、わたしたちの暮らしている社会全体が、死をきちんと見つめることの必要性を感じはじめています。

そんな状況を背景にして現れてきたのが、「終活」ブームなのだと思います。「終活」というのは、人生の終わりに向けたさまざまな準備・活動全体のこと指しています。この「終活」という言葉は、高齢社会を生きる人々の不安な気持ちをベースにして、二〇一二年には新語・流行語大賞トップテンに選ばれました。以後、急速に社会のなかでの大きな潮流となり、終活ブームは広がっていきました。

終活がブームになるとともに「終活ビジネス」が台頭してきました。いまでは「終活アドバイザー」という資格制度ができたり、「終活セミナー」「終活本」などがたくさん出版されています。終活の項目は、「残されたご家族や周りの人たちが困らないように、お葬式やお墓について準備しておくこと」「相続や遺言」「終末期医療への意志などをエンディングノートに記載しておくこと」「身の回りの整理の仕方」などなど、多岐にわたっています。

しかし、終活に「ビジネス」が入り込むにともなって、「安心して人生の終わりを迎えるためには、こうしなければならない」というような押し付けがましさも目立つようになり、あたかもひとつの価値観にもとづいた「正しい終活」の枠組みができあがっていくような流れも感じられます。

わたしたちは一人ひとり、いままで生きてきた生活スタイルも違いますし、価値観も千差万別です。それぞれが、かけがえのない個性を持った「人生の主役」です。その個性的な人生をどのように終えたらいいのか。そうした「人生のしまい方」は、本来決まりきった型にはめることができないものです。わたしたちは、そろそろ、自分が本当に納得できる人生の締めくくりを考えてみてもよいのではないでしょうか？

本書も、ひとつの「終活」のガイドブックとして作られています。しかし、「終活」という言葉の前に「あなたらしい」という言葉を添えたのにはワケがあります。この本は、終活のためには「こうしなければいけない！」というような指南書ではありません。もっと手軽に、あなたが自分のために役立つと思える情報を、自由に使っていただくことを意図しています。だから、この本に書いてあることを、そのとおりにしなければいけないという性質のものではありません。できるだけ自由に読めるようにあちこちに工夫をしてあるので、ぜひ「あなたらしい人生の旅立ち方（自分だけの終活）」をデザインするためにお役立てください。

生前準備と心の準備

「自分らしい人生の締めくくりを考える」と言っても、人間の持っている一番強い本能は、「生きたい」ということだと思います。この世に生き続けたい、愛しい人たちとこの世で暮らし続けたい。経験したことのない未知の世界である「死」には不安がいっぱいある。みんなそんな気持ちを抱えているのではないでしょうか？　これまでの社会では、死を語ることはタブーであり、縁起でもないこととみなされてきました。そしてだれもが、自分の死のことは「できれば考えたくない」と思っています。

けれど、いつか必ず訪れるのが死です。それならば、死を受け入れる心の準備をしておくことが、明日からの生活をよりいっそう意義あるものにし、自分の人生に満足できるようになる秘訣ではないでしょうか。ただし、漠然と「死を受け入れる準備をする」と言っても、哲学者や宗教者でもない凡人のわたしたちは、どこから考えていけばよいのかわかりません。そんな時はどうしたらいいのでしょうか？

たとえば、自分の来し方、行く末に思いをめぐらせ、終《つい》の棲《す》み家《か》について調べてみる。あるいは、自分の後見人を決めておいたり、死後の財産始末の遺言書を書いてみる。終末期の医療はどうしてほしいのかを書き記したり、葬儀やお墓はどうするのかを考えておく……。こうした具体的な事実の積み重ねを通じてこそ、いつか自分にもこの世からの「旅立ちの時（死）」が訪れるということが、心の襞《ひだ》に畳み込まれていくのではないでしょうか。

生前準備を通して、徐々に自分の死というものを受け入れていくことが、終活の真髄《しんずい》だと思います。終活とは本来、このような精神的な作業がともなうものなのです。心の準備を少しずつおこなうことで、落ち着いて死を迎えることができるのではないでしょうか。

この本には、あなたが自分らしいこれからの生き方と旅立ち方を考えるためのヒントがいっぱい詰まっています。

具体的な項目をたどり、ひとつずつ準備をしながら、いつかあなたにも訪れる旅立ちの日に備えていきましょう。

この本の背景

この本を制作したＮＰＯ法人ライフデザインセンターは、成年後見人を受任しています。成年後見制度とは、認知症やその他の理由で判断能力が減退してしまった人々をサポートすることを目的に、財産管理や契約・法律上の手続きをご本人に代わっておこなうための制度です。ライフデザインセンターでは、この一五年で一二〇人以上の方々の高齢期・終末期に寄り添ってきました。

また、毎月一回「なんでもありの勉強会」という名前のセミナーを開催しています。その内容は、医療問題（終末期の意思表明、在宅で最期まで過ごすためになど）、相続や遺言、成年後見制度、葬儀・お墓、認知症への理解、健康維持のための考え方、高齢期の住まいなど多方面にわたり、多くの専門家の方々から貴重な教えと助言をいただきました。

こうした情報をわたしたちだけで留めておくのはもったいない、もっと多くの人に知っていただきたいと思い、今回一冊の本にまとめました。成年後見人の現場から得た貴重な経験と知識もできるだけ掲載しました。

自分という大切な、この世にひとつしかない命が、これからも豊かに精一杯生きていくために。そして間違いなく訪れる「旅立ちの日」までをどうしたらよいのか考えるために。この本を手にとって、みなさんもわたしたちと共に考えてくだされば幸いです。

二〇一六年六月

ＮＰＯ法人ライフデザインセンター
代表理事　久島和子

目次

第2章 老 115

この本の使い方

この本は最初から最後まで全部読み通す必要はありません。これは、あくまであなたが自分の人生を支える情報を引き出すための「手引書」「参考書」のようなものです。

どうぞ、あなたのいまの状況に応じて必要な項目だけお読みください。

「生」「老」「病」「死」のすべての章は、それぞれの項目だけを読んでもわかるように書かれています。

目次から直接自分の読みたい項目を開いていただいても結構ですし、各章のはじめに**章全体の「ガイドライン」のページ**もありますので、そこから好きな項目を選んでいただくこともできます。

また、各章のはじめには**頭を柔らかくするための楽しいエッセイ**も収録しています。まずエッセイから読みはじめてみるのもいいかもしれません。

むずかしい言葉や説明があったら、**無理に理解しようとしなくても大丈夫です**。本のあちこちや巻末に便利な「**お問い合わせ先**」を載せてありますから、困ったときはご相談・ご連絡をしてみてください。

本書に掲載されたデータは二〇一六年七月時点のものです

第1章

生

人生の履歴書を
書いてみよう

年金は大丈夫？

生命保険の基礎知識

人生の棚卸しとライフプラン

エッセイ

思い通りにならない生

生きることが苦

「生老病死」は仏教の「四苦」から来ている。しかし「老」「病」「死」が「苦」だというのは分かりやすいが、なぜ「生」が「苦」なのだろうか。

それは「苦」が単なる苦しいことではなく、「思い通りにならないこと」だからだ。老いること、病むこと、死ぬことと同様、生きることも決して自分の思い通りにはならない。生きるとは苦悩の連続なのだ。

しかし、おそらく二〇年前くらいまでの日本社会ならば、「苦としての生」のリアリティはそれほど感じられていなかっただろう。多くの人たちは「老病死」を「生」の対極に置き、「生きること」を阻害するという意味での「老病死」の「苦」を認識していただろう。「生」はそこまでの「苦」であると、どれだけの人が本当に思っていただろうか。

けれども「生きることは苦だ」という認識は、おそらくいまこの日本に生きている人たちにとって、実感できるものとなってきた。私たちの時代の雰囲気はそこにある。時代は明らかに変化したのである。

なぜ「生きることが苦」になったのか。そう聞かれれば、多くの人たちが「景気が悪いからだ」と答えるのではないか。あの頃は景気が良かった、儲かっていた、社会が明るかった。けれども、いまは……というわけだ。

文化人類学者・東京工業大学教授
上田紀行

それを全面否定はしないけれど、日本よりずっと貧しく景気が悪くて、人々がもっと幸せそうに生きている国はたくさんある。だから本当のところは、私たちが「景気のいい」時代にいかに慢心していたか、それが原因ではないかと思えてくる。景気のいいときに「生きることの苦」にしっかりと向かい合ってこなかったことが、いまになって響いてきているように思えるのだ。

焦点合わせの時代

慢心というと聞こえは悪いが、それはある種の心理学的な適応によるものだったといってもいい。例えば、あなたが学校で国語が得意かつ大好きで、算数が大の苦手で大嫌いだったとしよう。そのときにわざわざ算数に焦点を当てて、「算数が苦手な私」というアイデンティティで生きるのでは、不幸になるしかない。そうではなくて、私の世界の中での「国語」の比重を高め、「国語が得意な私」として生きていくほうが断然幸せになる。つまり自分ができること、得意なことに焦点を合わせて生きるのが心理的な報酬の多い生き方になる。

二〇年前までのおおよそ半世紀にわたる「経済成長」は、私たちにとって長期にわたる単一の「焦点合わせ」を可能にした。物質的な豊かさや、今日よりも明日のほうが金持ちになる、生活は良くなるといった、右肩上がりの生活感に焦点を合わせ、「豊かになっていく私」として生きれば、だいたいにおいて裏切られることはなかったのだ。いわば、絶対当たると分かっている馬券を手にして、毎日競馬場に通っているようなものだ。

世の中にはいろいろな人がいて、学校の科目にしたって、国語が得意な人、算数が得意な人、手先の器用な人、音楽に秀でた人とか、多様性に満ちているものだ。しかし、私たちはあたかも全員がひとつの科目が得意な人になってしまったようなものだった。「お金」という科目を得意な人として生きれば、まずは自動的にある程度の幸せ感を手に入れられたのだ。

さて、しかしそのことが、一転してバブル崩壊後の日本の「幸せ」の喪失につながっていく。それは実に当たり前のことで、「お金」や「景気」に人生の焦点合わせをして生きていきながら、肝心のお金が手に入らず、景気も低迷しているとなれば、まさに不得意科目に焦点合わせをしながら生きているような状態で、どう考えても幸せに生きられるわけがない。

だから、そこからの脱出は画一的な「得意科目」をやめて、自分なりの人生の焦点付けをしていくことなのだが、これがなかなか難しい。特にあの右肩上がりが骨の髄まで浸透してしまった男性諸氏にとってたいへん難しいように見える。何か別の価値観を探せといわれても、どうにも困ってしまう人が多いのである。

待ってくれる人がいれば、大丈夫！

まさに「思い通りにいかず」困ってしまう局面が多くの人たちに到来している。しかし、そこがチャンスだといいたい。時代が混沌としているからといって、人生が輝きを失うわけではない。「生きる意味」を社会が与えてくれていると思っているから、社会が沈没すると自分も沈没してしまう。そうではなくて、自分が生きる意味を創り出してしまえば、社会がどんなであろうが、私たちは何歳であろうが、意味ある人生を歩んでいけるのだ。

そして、実は「思い通りにいかない」ことこそが、次へのステップの大きなチャンスなのである。

そのことに気づかされたのは、私がまだ二〇代の学生の頃だった。スリランカに二年間赴き、後に「癒し」という言葉を生みだすことになった「悪魔祓い」の儀式の現地調査をしていた私は、街中で偶然日本人の老人と出会った。観光客のようにも見えず、何でこんなお年寄りがスリランカにいるのかと思ったが、佐藤さん（仮名）は、スリランカで植林をしているのだという。「どんな組織で？」と聞くと、「いや、ひとりでやってるんですよ」という。

佐藤さんは会社を定年まで勤め上げ、引退後は奥さんと悠々自適の生活をイメージしていた。ところが、家にいると、どうも奥さんの様子がおかしい。佐藤さんが毎日家にいることが、実にうっとうしいようなのだ。亭主がべったりと家にいるのが気詰まりで、悠々自適どころか、佐藤さんは邪魔者扱いなのだった。こんなはずではなかった……。予想もしない事態に、佐藤さんは焦った。

そのときふと、シルバーボランティア募集という広告が目に入った。自分に何かやれることはないか……。目を走らせると、園芸という分野がある。庭いじりの好きだった佐藤さん、これなら自分でもできるかもと応募して、スリランカに派遣されることになったのだった。園芸での村おこしのプロジェクトだったが、そこでショックだったのは村を取り巻く山がはげ山だったこと。しかしそこでひらめいた。「この山に木を植えたい！」

帰国後、彼はまず自己資金で苗木を買う算段をして、またスリランカに乗り込み、自ら鍬《くわ》をふるって植林に着手する。最初は怪訝そうに見ていた村人たちだったが、いつしか村の若者たちが近づいてきて、手伝いたいという。そして共同作業で用意した苗木を植え終わると、彼らが佐藤さんに聞いてきた。「こんどはいつ来るのか？」

佐藤さんは、日本に帰って村のスライドを見せながら、会社の元同僚や、学校の同窓生にミニ講演会も開いたりした。彼らは佐藤さんの変貌に驚きつつ、こころよく援助してくれた。そうやって佐藤さんは日本で資金を集めては、毎年スリランカを訪れて植林を続けていったのだという。

「いやあ、私のことを村の若者たちが待ってるんですわ。そして来たら大歓迎でしょう。そして一緒に汗を流して、植林が終わったら、また絶対来てくれよといわれる。最高の気分ですわ」そして佐藤さんはこうもいうのだった。「まあもう七〇前だから、人生はあと一〇年くらいだと思うんだけど、その一〇年がね、私の頭の中では、来年はここ、再来年はあそこに植林ってね、もう考えるだけで楽しくてしょうがない。まあ、いまとなっては女房に邪魔者扱いされたことに感謝ですわ」

二十数年前のこの話を私はいまでも大切に覚えている。まだ若かった私は年老いることは尻すぼみなのだと何となく思っていた。しかし「あと一〇年」を楽しそうに語る佐藤さんの姿は衝撃だった。そしてそのとき「オレもじいさんになったら、こうやって生きれば怖いものなしだな」と思ったのだ。

どんな混沌とした状況下でも、自分の中に大きくなっていく森のイメージを持てれば怖いものはない。そして他人から感謝され、自分を待っていてくれる人がいれば大丈夫なのだ。そして佐藤さんの元同僚や同窓生たちも、自分の援助がスリランカのはげ山を森に変えていくイメージを持って、幸せな気持ちになっていたのではなかったか。

未来への遺産

こうやって再度スリランカでの出会いを振り返ってみて、もうひとつ気づかされたことがある。それは佐藤さんが若き私に、そしてスリランカの若者たちに勇気を与えたということだ。次に続いてくる世代に力を与えること、この世の中も捨てたもんじゃないと思わせること。それは実に素敵なことだ。ある意味、そのこと以上に年長者がこの世界でなし得ることがあるとも思えない。

そして、そうやって植林された森は、そこにいる若者たちだけでなく、まだ生まれていない将来世代に残され、子々孫々と受け継がれていく。それは未来への大いなる遺産になるのである。佐藤さんは将来の森を見据えて、山に木を植え、そして若者の心に、まだ見ぬ将来世代に木を植える人であったのだ。

思い通りに生きる人生は素晴らしい。しかしそれに慢心し、何事も思い通りに行くものだと奢《おご》ってしまったときに、人間には苦悩がふりかかってくる。

それは国家大の出来事でもそうだ。戦力では圧倒的に劣っていたことが分かっていても、これまで勝ち続けたのだからまた勝つだろうと甘い見通しで始めた七五年前の戦争で、三〇〇万人の日本人が亡くなった。そして五年前に起こった原発事故もまた「思い通りに行くはず」という慢心によるものではなかったか。

それは私たち年長世代が自分たちの世代の利益と安楽さを優先し、将来世代のことなどほとんど考えてこなかったという状況が背景にある。そして更にその背景には、まさに「金」と「景気」を何よりも優先して疑問に思わない、私たちの時代遅れの感性があった。老朽化した原発の耐用年数を延長し、津波による重大事故の危険性が指摘されていたにもかかわらず、そうした情報を隠蔽し、何の対応も取らなかったという慢心が大きな苦悩を生みだしたのである。

「思い通りにならない」からこそ開ける未来

あたかも「思い通りに生きられる」かのように自分自身の価値観を調整し、「思い通りにならない」ことに向かい合ってこなかったことのツケを、いま私たちは払わされている。時代の空気に流され、自分の頭で考えず、自分の魂に問うことなく、安易に道を選択してきてしまったことが、ここに来て自分自身と社会の危機を招くこととなってしまっているのだ。

だから、いまの「思い通りにならない生」はむしろ私たちにとってはチャンスだ。佐藤さんよろしく、思い通りにならないことから、新たな可能性が生まれてくる。そしてそれはあなたが何に心を動かされ、喜びを感じるかという、自分自身の側からのエネルギーと、将来世代や未来の世界はあなたに何を求めているかという、未来の側からのエネルギーの交点に浮かび上がってくるはずだ。

何もかも思い通りにいく人生など、つまらない。それは私の頭で考えた世界を超えることのない、予想通りの人生だ。逆に自分が行き詰まり、思い通りにならなくなったとき、そこには新しい世界が開けてくる。そして私たちは新たなご縁に出会っていくのだ。

生きることにせよ、老いること、病むこと、死ぬことにせよ、私たち人間はそうした思い通りにならない苦しみがあればこそ、そこに向かい合うことでご縁を結び合ってきた。

苦があればこそそこからご縁が生まれてくる、それが大乗仏教の慈悲の核心だろう。しかし、私たちは思い通りになるという過信から、むしろご縁のない寂しい社会を到来させてしまったのではなかったか。

生きる中での「思い」を大切にしたい。そして「思い通りにならない」ことも大切にしたい。そこから未来が開けてくる。そして未来からの呼び声が聞こえてくる。

そしてそのご縁のただ中を私は歩んでいくのである。

うえだ・のりゆき

一九五八年東京生まれ。東京工業大学教授。リベラルアーツ研究教育院長。東京大学大学院修了。愛媛大学助教授を経て現職。一九八六年よりスリランカで「悪魔祓い」のフィールドワークを行い、著書『スリランカの悪魔祓い』(徳間書店、後に講談社文庫)によって全国に「癒し」ブームを巻き起こし、『生きる意味』(岩波新書)では「透明な私」を分析。そして『がんばれ仏教!』(NHKブックス)では、日本の伝統仏教の問題点を突き、がんばっていない仏教に強烈な刺激とパンチを与え、『目覚めよ仏教!』(NHKブックス)ではダライラマとの親密な対談を行っている。その他の著書に、『人生の〈逃げ場〉 会社だけの生活に行き詰まっている人へ』(朝日新書)、『人間らしさ文明、宗教、科学から考える』(角川新書)など。多くのメディアでも問題提起や生き方の発信を続けている。

ガイドライン

「生」の章の使い方

死から生を見るということ

時計の針は右まわりします。過去↓現在↓未来。または昨日↓今日↓明日。人々は昨日より今日に、今日よりも明日に期待をかけ、希望を見いだそうとします。

たとえば、医療では、患者さんが今日より明日は回復・改善することを目指して努力します。この際のわたしたちは、「生」の方向から「老・病・死」を見ているということになります。高齢者の介護をしている人々の見方も同じです。しかし、時計の針が左まわりする方向で、いのちや生活を見ている人々もいます。たとえば、ホスピスの患者さんや介護を受けている高齢者などに、このような時間の見方をしている人が見かけられます。

つまり、一方で死を見据えながらも、逆にそこから「残された時間をどう生きるか」ということを一生懸命に考えているのです。必ずだれにも訪れる死から逆算して、いま生きているいのちを見て、そこから生き方を考えるという方法です。

死から生を見るという方法は、残された日々のいとおしさを実感し、生きている「いま」がいかに貴重な瞬間であるかを認識するためのものです。と同時に、「死すべきいのち」を生きているあなたが、いま、本当に必要なものはなにか、大切にしなければいけないものはなにか、そして、そのためにはなにをしたらいいか、ということも考えさせてくれます。

このような視座を持つことによって、わたしたちは納得できる生き方に導かれ、その生き方を実践するための意思や意欲が生まれてくるのだと思います。

本書の内容は、生↓老↓病↓死という時系列で構成していますが、常に「死（旅立ち）」から「生（生きているいま）」に向けての視点を持っていただく方法を組み込んでいます。

この章の内容と使い方

この「生」の章では、いままでの生き方をふりかえりながら、死から生を見るという意識を持ったうえで、「残された日々をこう生きたい」という意思を表明することに重点をおいています。ここでは「生」にまつわるさまざまなお役立ち情報を盛り込んでいます。

以下ではその概要をご説明しますので、**自分が必要な項目から読みはじめてみてください。**

「人生の履歴書」や「自分史」を書く

34ページ

人生の履歴書を書いてみよう

はじめに、自分のこれまでの生き方をふりかえり、今後の人生への意思を表明する方法として、**「人生の履歴書」や「自分史」を書く**という作業をおすすめします。人生の履歴書や自分史を書くことは後ろ向きの作業ではありません。むしろこれまでの人生をふりかえることで、自分を取りまく大切な人々の姿がより鮮明になり、大切にすべきことや感謝する対象がよりはっきり見え、いのちのいとおしさは増していくはずです。

年金

43ページ

年金は大丈夫?

わたしたちが残された人生をいかに楽しんで生きるかということを考えるときに、お金の心配はつきものです。この章では、あなたのこれからの人生設計を考えるうえでとても重要な**「年金」**についてもご説明します。自分がいま入っている年金の種類はなにか、何歳になったらいくらくらいもらえるのか、年金を前倒しでもらう方法はないか、定年後も働き続けるともらえる年金は減ってしまうのか、などなど、知っていると役に立つ情報を掲載しています。

生命保険

73ページ

生命保険の
基礎知識

年金と並んで重要な保障に**「生命保険」**があります。しかし、ひとくちに生命保険といっても、月々の支払金額や保障内容は千差万別です。生命保険料の支払いはとても大きな出費ですが、そのなかには自分にとって本当に必要な保障と、もしかしたら本当は必要でないかもしれない保障とがいりまじっている可能性があります。ここでは、そんな生命保険についてご説明します。この本で得た情報にもとづいて、自分に本当に必要な保障を保険会社の人とご相談してみてください。

旅立ちの人生計画

94ページ

人生の棚卸しとライフプラン

さらに、この章の最後には、「自分が今後どのように生きたいか」というライフプランを立てるうえで大切な**「旅立ちの人生計画」**についてご説明します。それは具体的には、現在からあなたが最期のときを迎える日まで、残された人生の日々のなかでやりたいこと、叶えたいことを実現するための経済プランを考えてみるということです。そのためには、まず自分の持っている資産の状況について確認する作業からはじめてみましょう。たとえば、預貯金や不動産などがいくらあって、何歳までにどれくらい減るのか、というようなことをあらかじめ把握しておけば、今後の人生の計画がいっそう立てやすくなるでしょう。

さて、それでは、どうぞページをめくって必要な項目にお進みください。

1 人生の履歴書を書いてみよう

人生の履歴書を書いてみよう
わたしはだれ？

あなたはだれですか？　なにをする人ですか？　いままでなにをしてきましたか？　だれと出会い、どんな別れがあったでしょう。楽しいことも、うれしいことも、悲しいことも、苦しいこともあったことでしょう。これまでの人生でどんなことを考えてきたでしょう……**そんな人生を、いまここで、ふりかえってみませんか？**

まず、いままでの人生をふりかえるために、「人生の履歴書」を書いてみることをおすすめします。一般的な履歴書は、学業や職業の経歴などを記した書類で、就職や転職の参考（基本情報）として用いられます。しかし、「人生の履歴書」は、あなたのこれからの生き方と、訪れる旅立ちの日に向けて「こうしたい」という意思を正確に伝えるために必要な基本情報です。

「人生の履歴書」には、生年月日、出生地、名前とその由来、血液型などを書き込みます。ご両親のことや兄弟姉妹のこと、そして、あなたの自己紹介も、気どらず、気負わずに書いてみま

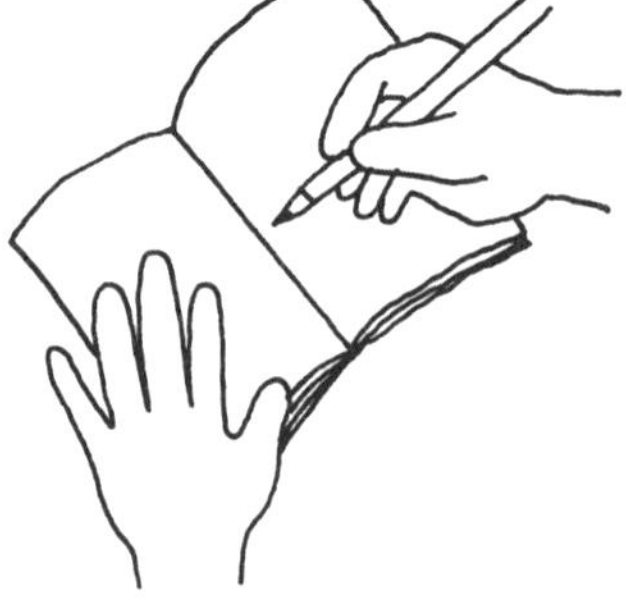

しょう。記憶の糸をたぐりながら、自分の人生を思いかえしてみてください。思い出があふれてきたら、次の段階に進んでください。

幼いころの思い出、父母とすごした四季の風景などが、あらためて脳裏に浮かんでくるはずです。このように、小学校・中学校・高校と順を追って思い出してみると、忘れられない出来事、夢中になったクラブ活動、あこがれた人、そして受験勉強……などの出来事がよみがえってきます。ほろ苦いシーンを思い出すかもしれませんね。でも、それも大切な人生の一幕です。

同じように、学生時代のこと、社会人になってからのことも書いてみてください。出会い・恋愛・プロポーズ・結婚、ご家族を支え、家庭を切り盛りした時代の悲喜こもごも、子どもや孫たちのこと、そしてリタイアしたあとのこと……。

それらはあなたの人生そのものです。つらいこともあり、書きにくいこともあるかもしれませんが、無理をしないで、それでも、できるだけ正直に、正確に、自分の「来し方」を見つめながら書くことをおすすめします。

「人生の履歴書」を書いてみると、ときとして、「あのとき、ああしていれば」という悔いを感じることもあると思います。それは仕方ないことです。悔いるだけでなく、そのことを糧《かて》にして、これからの人生を有意義にすごしていくことが大切ではないでしょうか。

履歴書は過去のことを書くものですが、「これからわたしがやりたいことを書いていく」という未来に向けた意欲を持って、人生の履歴書の新しいページを開くことも重要です。

そうすれば、残された人生のなかで、生きる意味や意義が必ず見つかり、充実した生活を送ることができるでしょう。

「人生の履歴書」を書くことは、**これまでの人生を整理しながら今後の人生のプランを立てる**ための導入としても、その意欲づくりのためにも役立ちます。以下が「人生の履歴書」の目次例です。

「人生の履歴書」目次例

- 父母の思い出と感謝の言葉
- 祖父母の思い出と感謝の言葉
- 幼稚園・小学校・中学校〜楽しかった思い出
- 高校・大学でのさまざまな思い出
- 同級生・恩師の思い出
- 伴侶との出会い・交際・結婚の思い出
- 仕事のこと
- 子どもたちのこと（出産・名前の由来・学業・就職）
- ご家族のこと（家族旅行・イベント）
- 退職・社会活動　など

目次例をもとに、あなたの「人生の履歴書」を書きはじめてみましょう。履歴書は箇条書きの年表形式でかまいません。それぞれの思い出に残る写真を添えてみるのもいいでしょう。

自分史を書こう
新しい自分の発見

「人生の履歴書」から一歩進めて、「自分史」を書いてみてはいかがでしょうか。すでに「人生の履歴書」という下書きがあり、筋書きはできあがっていますから、それをもとに自分史の執筆にチャレンジすることをおすすめします。自分史を書く目的には次のようなものがあります。

自分史を書く目的

- わたしがこの世に生きている「証し」
- わたしはこんなことを思って生きているという「宣言」
- ご家族や子孫や社会への「伝言」
- わたしが体験し、体得したことの「伝承」
- わたしの過去に関する「見直し」
- これからの生き方を考える「再発見」と「再構築」
- 多くの人々に生かされてきたことへの「感謝」　など

今日までをふりかえって、「平凡だったな!」と思っている人でも、必ず人生を左右する出来事に何度も立ち会っているはずです。人生は筋書きのないドラマですから、平凡ななかにも、その人だけの経験や、出会いや、喜怒哀楽がたくさんあるはずです。

自分史は、いままで生きたあなたの「歴史書」ですから、自分にとって、どんなに権威のある歴史書より大切で尊いものであり、**その後の人生をしっかり生きる指針**になるはずです。思いきって、自分史を書き残してみてください。必ず新しい自分が見つかり、将来の道が見えてくるはずです。

自分史は、生きてきたことを率直に書くのが原則です。ですから、いいことも、悪いことも、成功したことも、失敗したことも、なんでも書いていいのです。自分を美しく着飾って見せる必要はありません。ひょっとすると、人には明かせない秘密や、知ってほしくないことなど、書きたくないことも出てくるかもしれませんが、そんな場合はいつか書けるときまで、しっかり胸に秘めておけばいいのです。

文章を書くのが苦手な場合は、年表形式の履歴書だけでもいいと思います。履歴書だと、あなたが生きてきた軌跡が一目でわかります。そして、自分にとって印象的な出来事があった年と、そのとき社会ではなにが起きていたか、ということも書き添えると、当時の時代背景がよくわかって便利です。

感謝の手紙を書こう
大切な人は？

毎年お正月に、自分史の一環として、ご家族や友人・知人への「別れの手紙」を書いている六〇代の男性がいます。彼は「書きはじめようと思ったとき、大切な人の顔が浮かんでくる。そして自分はいま、その人に向けて『感謝のメッセージ』を伝えているような気がする」とおっしゃっています。

このように、自分史は、読み手を意識しながら書く場合もあります。その読み手は、自分にとって大切な人に違いありません。なにも「別れの手紙」というかたちでなくても、「感謝の手紙」でもかまいません。自分の人生をふりかえり、他人へのメッセージを残そうと思ったとき、**あなたの大切な人はだれか？**　ということが、必ずわかってきます。

大切な人へのメッセージ（感謝の手紙）　目次例

- 夫・妻へのメッセージ
- 子どもたちへのメッセージ
- 孫たちへのメッセージ
- 友人たちへのメッセージ

●社会へのメッセージ　など

健康で、元気なときでも、人は死を意識することがあります。それをきっかけに感謝のメッセージを書きつづることは、いつかは必ず「死」という旅立ちを迎える自分という存在を確認する作業にもなります。大切な人に向けての思いや願いを書きつづることで、**いままでの自分とは異なった「生き方」を発見する**ことにもつながります。

人生途上宣言
わたしはこれからこう生きる

人生の履歴書や自分史を書きながら「まるで遺言を書いているようだ！」と思われた方も多いと思います。しかし、これらは人生のふりかえりではありますが、決して後ろ向きのものではありません。むしろ、いままでの自分の生き方に一区切りをつけ、これからどう生きるべきかを探るためのものだと考えてください。

たとえば、あなたが若いときから仕事に打ち込み、定年を迎えたとします。それまでの仕事場での生活や意識と、定年後の環境の変化による意識の持ち方は、大きく異なってくるはずです。定年前と定年後とでは明らかに人生のステージは違います。あなたが**新しいステージで生きる**ためには、過去の経験を糧にし、過去の実績を未来に役立てることが必要です。人生の履歴書、自分史、感謝の手紙は、そのためのものです。

また、これらは一度書いたら完結するというものではありません。自分はまだまだ発展途上、人生の途上であるという意識の表明です。ならば、積極的に「これからのステージのわたし」をイメージし、「わたしはこれからこう生きる！」という宣言につなげていくこともできるはずです。そこから希望は生まれます。

「人生途上宣言」とは、**自分のそれまでの生き方に一区切りをつけたあとの「生き方」の宣言**です。あなたがいつまでも、いきいきと輝き、生涯現役という意識を保って生きていくための宣言なのです。

では、どのような宣言があるのでしょうか。たとえば、

人生途上宣言の例

●チャレンジ宣言

いままで「こうしたい」「ああしたい」と思っていたけれど、状況や環境が許さずできなかったことに、思い切って挑戦してみたい

●熱中宣言

夫婦、ご家族、友人、地域の人々との絆を深くし、そのかかわりに熱中し、趣味や特技をわかちあってみたい

●学び宣言

資格の取得によって、あるいは学問を再開することで、新しい道は開けます。知的好奇心を満足させ、勉強するよろこびを感じたい

●楽しみ宣言

いままでは生きるために働いてきたけれど、これからは楽しみながら生きたい。自分にとって本当に楽しいことはなにかを探して実行してみたい

●健康宣言

定期的な運動をしたり食べ物の自己管理をしたりして、健康で快適な生活を送りたい

●社会貢献宣言

いままでの仕事や専門分野を活かし、ボランティアなど、地域社会や災害被災地、開発途上国などに貢献する活動をしたい

●後始末宣言

これまでの人生で「ああしておけばよかった」「ああ言えばよかった」などの悔いが残る場合もあったはず。しかもそれが気になって仕方ない、という場合も……。そんなときは勇気を振り絞って「後始末」を断行してみましょう。困難はともなうけれど、気持ちは必ず晴れてくるにちがいありません。憂いなく生きるための秘訣です

これらは、人生途上宣言の一部です。人生をふりかえりながら、より多くの情報を得たうえで、ときにアクティブに、ときにマイペースで、発展途上の人生をつくりあげてください。

2 年金は大丈夫？

年金
人生のセーフティネット①

さて、これまでの人生を履歴書や自分史でふりかえり、あなたが人生の旅立ちの時期にさしかかったとき、頭をよぎる不安にはなにがあるでしょう。

体力の衰えを自覚すること、いままでできたことができなくなったこと、病気にかかりやすくなったこと、そして、そのさきに、認知症になる、寝たきりになる、致命的な病気になる、ものが食べられなくなる、そして死が訪れる……。こうしたことが予測され、未知への漠然とした不安に陥るのではないでしょうか。人生とは老い衰え、病気になり、死に向かうものだということは頭ではわかっていても、やっぱり不安になるものです。

しかし、不安だけにとりつかれていては、これからの人生を楽しむことはできません。できるだけ不安を減らして輝ける人生を送るために、この社会が張りめぐらせているセーフティネットの存在を知ることが大切です。**セーフティネットとはあなたの「健康やいのちを支えるため」**

そして「生活を支えるため」のものです。しかし、わたしたちの社会にはどんなセーフティネットがあって、どう活用すればいいのかを知らなければ、それは有効に活用できません。

わたしたちの高齢期を支える代表的なセーフティネットのひとつに年金があります。バリバリ働いていたときに比べると、自分や配偶者の退職後は、一般的に収入が減っていきます。いつかそんな日が訪れることを予測し、あなたが長い歳月をかけて積み立て、備えておいたものが年金です。**年金は老後の生活を維持する柱**となるものです。

また、夫婦で高齢期をすごす場合、どちらかがさきに亡くなったときに、残された側が金銭的にどのように生活を続けていくかということにも、年金はかかわってきます。

基本的に国民だれもが、なんらかの年金制度に入り保険料を支払っています。しかし、その年金を受給するためには、受給の要件など細かな決まりがあります。自分に合ったライフプランをつくるためには、その仕組みや内容を知っておくことが必要です。年金には国が運営する「公的年金」と民間企業が運営する「私的年金」がありますが、ここでは公的年金について詳しくご説明します。

近年、年金の財源にかかわる消費税引き上げなどの問題で、年金の情報はマスメディアに大量に流れています。そこでは「若い世代は、いま年金をもらっている世代と比べて低い金額の年金しかもらえない」とか、あるいは「支払った保険料に見合った金額の年金を受け取ることができない」などの問題が危惧されています。年金の財源に関しては、今後も変化する可能性があり、多分に流動的な状況ですが、できるだけ多くの情報をキャッチして、あなたの年金の受給額、受給年齢などを視野に入れたライフプランをつくってください。

年金については、すでに受給している方、内容をよくご存じの方も多いでしょうが、確認のつもりでご覧ください。なお、**以下でご説明する公的年金に関するお問い合わせ先（ねんきんダイヤルや年金事務所など）**は、**七二ページに掲載**していますので、そちらをご覧ください。

公的年金制度の仕組み
年金ってどうなってるの？

「わたしは年金生活者ですから……」という声をあちこちで聞きます。たとえば、訪問販売などのセールス、あるいは大災害や途上国支援などで寄付をお願いされた場合など、この言葉は「断り」の文句としてよく使われます。このことはつまり、年金生活者は収入が少ない、年金の収入額は日常を生きていくうえでの最低線だ、ということを意味しています。ならば、**年金額に合わせた生活をしていかなくてはなりません**。そのためには、あなたが、いつどのようなかたちでどれだけの年金をもらえるのかを知ることが大事です。

日本年金機構から届く**「ねんきん定期便」（毎年誕生日の月に郵送される）**には、以下の四つの情報が記載されています。

ねんきん定期便に記された情報

①これまでの年金加入期間
②年金の見込み額
③（参考として）これまでの保険料納付額
④最近の月別加入状況

この「ねんきん定期便」を見れば、あなたがどれだけの金額の年金がもらえるかのおおよそがわかりますので、大切に保管しておいてください。

それでは、以下で公的年金制度の仕組みを簡単にご紹介します。

〈公的年金の種類〉

公的年金には、**「国民年金（基礎年金）」**と**「厚生年金」**のふたつの種類があり、それぞれ加入対象者が決まっています。かつては「共済年金」という公務員が加入する年金がありましたが、二〇一五年一〇月から厚生年金に統一されています。

公的年金の種類

● 国民年金（基礎年金）

国民全員が加入する基礎的な年金のこと。二〇〜六〇歳未満の自営業者、学生、専業主婦（主夫）などは、基本的にはこの国民年金のみに加入することになります

● 厚生年金

民間企業の会社員、公務員などは国民年金（基礎年金）に加えて厚生年金に加入します。年金の支給額は基礎年金に上乗せ（増額）して支給されます

公的年金は「三階建て」と呼ばれる仕組みになっています。**国民年金（基礎年金）というのはその一階に当たる部分ですべての基礎になる**ものです。あなたが加入している年金の種類や加入している基金によって、その一階部分に上乗せして、二階、三階分の支給額が増額されていきます。

ここで注意しなければならないのは以下の点です。年金には国民年金（基礎年金）と厚生年金の二種類があるという場合、よくある誤解は「厚生年金に加入している人は国民年金（基礎年金）には加入していない」というものです。しかしそうではありません。

国民年金（基礎年金）は国民すべてが加入する必要のあるものです。つまり、**厚生年金に加入している人は、この国民年金（基礎年金）に加えて厚生年金にも加入しているということ**です。この場合、基礎年金の金額に厚生年金分が上乗せして支給されます。逆に国民年金（基礎年

金）にしか加入していない人は、支給の上乗せは基本的にはありません。

一般的には前者を「厚生年金の加入者」、後者を「国民年金の加入者」と呼ぶことも多いので間違えやすいのですが、厚生年金の人は「国民年金（基礎年金）＋厚生年金」に加入しているということになります。この仕組みをまとめたものが下図です。

年金を家屋にたとえると、あなたは何階建ての家に住んでいるでしょうか？　平屋（国民年金のみ）なのか、二階建て（国民年金＋厚生年金・国民年金基金）なのか、それとも三階建て（国民年金＋厚生年金＋年金払い退職給付・厚生年金基金）なのか、よく確認しておきましょう。

〈被保険者の種類〉

さきにご説明した二種類の年金に加えて、年金の被保険者（＝あなた）にも三つのタイプがあります。

年金制度の3階建ての仕組み

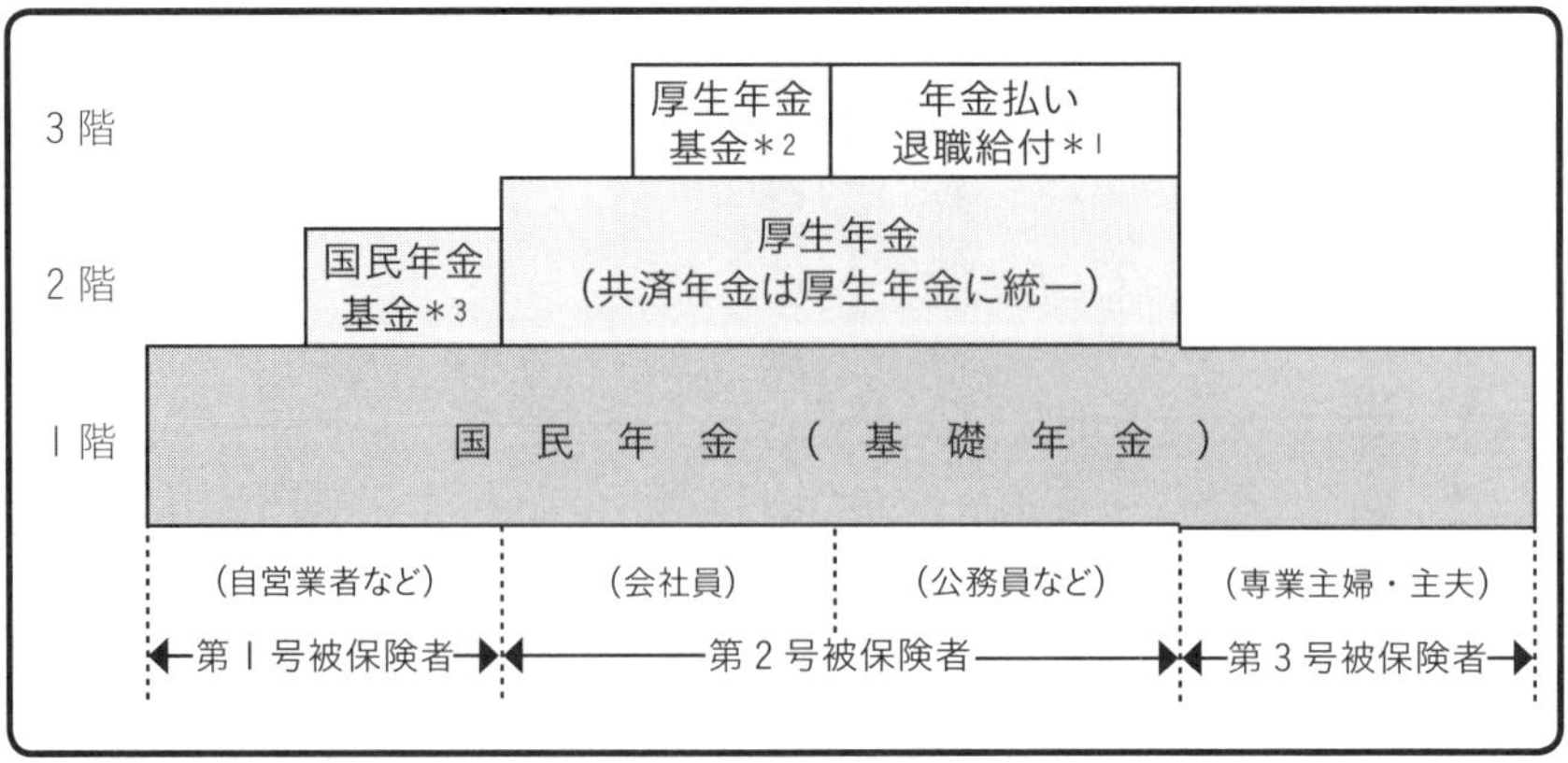

＊1　旧共済年金の「職域加算」の廃止（経過措置あり）にともない新設されました
＊2、3　会社や個人で別途基金に加入している場合は、年金の支給額にその分が上乗せされます

年金の被保険者の種類

● 第一号被保険者
　自営業・学生・無職の方
● 第二号被保険者
　民間企業の会社員や公務員など、厚生年金の加入者
● 第三号被保険者
　厚生年金加入者（第二号被保険者）の配偶者を持ち、その収入により生計を維持している二〇～六〇歳未満の方（専業主婦または主夫）でパートなどの年収が一三〇万円未満であること

「年金の種類」と「被保険者の種類」のお互いの関係が少しわかりにくいかもしれませんので、こちらも前ページの図をご確認ください。たとえば、あなたが専業主婦（主夫）でパートなどの年収が一三〇万円未満の場合、あなたが加入している年金は「国民年金」のみで、あなたは「第三号被保険者」にあたります（図の一番右端です）。

〈職業が変われば加入する年金も変わる〉

あなたが加入している年金の種類は、それぞれのライフステージによって変化します。たとえ

ば、学生→会社員→主婦という人生をたどったAさんの場合を例にとってみましょう。

Aさんの加入している年金の変遷

①二〇～二二歳＝大学生（第一号被保険者／国民年金）
②二二～三〇歳＝会社員（第二号被保険者／国民年金＋厚生年金）
③三〇～六〇歳＝専業主婦（第三号被保険者／国民年金）

このように、その時々の職業に合わせて加入している年金の種類が変わります。この場合Aさんは、将来、これまで支払ってきた国民年金と厚生年金の両方を合わせた分の年金が受給できます。

〈年金のタイプ〉

国民年金、厚生年金などの種類とは別に、年金には目的別にいくつかのタイプがあります。たとえば、**老後の生活費のために支給される年金のことを「老齢年金」といいます**。これは原則として六五歳から受け取ることができるもので、わたしたちが一般に「年金」という場合は、この老齢年金を指すことがほとんどです。正式には六五歳からもらえる国民年金のことを「老齢基礎年金」といい、六五歳からもらえる厚生年金のことを「老齢厚生年金」といいます。

この他、老齢年金以外の年金のタイプには、障害を負った人のための「障害年金」やご家族を亡くした人のための「遺族年金」がありますが、これについては別項（p61「障害年金、遺族年金」）でご説明します。

〈年金の受給手続きの流れ〉

年金は**自分で請求しなければ受け取れません**。そのためには受給の手続きの仕方をしっかりと押さえておくことが大切です。以下は年金受給のための一般的な流れです。ご確認ください。

年金受給手続きの流れ

①まずは、あらかじめご自分の年金記録や見込み金額を確認しておくとよいでしょう。見込み金額はねんきん定期便でご確認ください
②支給開始年齢（通常は六五歳）の誕生日の三ヶ月前に郵送で請求用紙が届きます
③誕生日の前日から請求が可能になります。請求用紙に戸籍謄本（抄本）、住民票などの書類を添付して年金事務所、または街角の年金相談センターへ提出します
④その後、年金証書が届き、支給が開始されます

年金額と受給資格
どれくらいもらえるのか知ろう

ここからは年金の種類ごとにいつ、いくらくらいもらえるのかご説明していきます。最初にあなたが支払っている年金保険料について見ていきましょう。

〈支払う保険料はいくらか〉

あなたがこれまで支払った（あるいは、現在支払っている）保険料の月額はどのくらいでしょうか？　保険料は加入している年金の種類によってそれぞれ異なります。

年金の支払い保険料額

- 国民年金＝月額一万六二六〇円（二〇一六年度の金額）
  保険料は引き上げやその年ごとの改定率の違いなどにより、毎年少しずつ異なりますのでご注意ください
- 厚生年金＝在職中の給与・賞与の額によって異なります
  厚生年金は会社（事業主）と被保険者（あなた）が折半で保険料を負担します。したがって、

毎月の給与明細に記載された控除金額の二倍があなたの厚生年金の保険料の金額となります。
なお、この金額のなかには、すでに国民年金（基礎年金）分の保険料もふくまれているので、
別途国民年金分の保険料を支払う必要はありません

〈加入期間と待機期間〉

年金の保険料を納める期間のことを加入期間といいます。国民年金（基礎年金）の場合は二〇～六〇歳未満まで、厚生年金の場合は七〇歳になるまでの在職中がこの加入期間にあたります。六〇歳を超えてから受給年齢（六五歳）に達するまでのあいだは、原則として国民年金の保険料を支払う必要はありませんが、**まだ年金の支給がはじまっていないので、これを待機期間といいます**。

かつては年金がもらえるのは六〇歳からでしたが、現在はその年齢が六五歳からに引き上げられています。その結果として待機期間というものが生まれました。しかし、**実は必ずしも六五歳からしかもらえないわけではありません**。手続きをすれば繰り上げ受給も繰り下げ受給も可能です（☞**p59**「繰り上げと繰り下げ」）。

それでは、年金の種類ごとにさらに細かく見ていきましょう。

〈国民年金（基礎年金）〉

国民年金の場合は次のようになります。

国民年金を受け取れる年齢

原則として六五歳から受給できます。六〇～六四歳でも希望すれば繰り上げ受給ができ、六六歳から七〇歳のあいだに繰り下げ受給も可能です。

もらえる国民年金の額

国民年金は満額で年間七八万一〇〇円（二〇一六年度の金額）になります。これを月額に直すと**約六万五〇〇〇円**です。年金は老後の生活を支える大切な収入源ですが、とくに一階建ての国民年金のみの場合は、それだけで生活のすべてをまかなうことはむずかしい場合もあります。貯蓄や民間の私的年金の活用など、早めに老後の計画を立てておくのがよいでしょう。

国民年金の受給資格

原則二五年間（三〇〇ヶ月）以上保険料を払わないと年金が受給できません。また、加入期間が四〇年（四八〇ヶ月）に満たない場合は年金額は通常よりも少なくなります。この加入期間のことを「受給資格期間」といい、次のように計算します。

年金の受給資格期間の計算式

受給資格期間＝保険料納付期間＋保険料免除期間＋合算対象期間（カラ期間）

ここでいう**「保険料納付期間」**というのは、実際に保険料を支払った期間のことを指しています。また**「保険料免除期間」**とは、一定の障がいがある人や所得の少ない人、災害などの特殊な事情で保険料が払えない人、もしくは学生などで保険料の納付が免除されている期間のことをいいます。

保険料の免除については、経済的な状況などによって、全額免除、四分の三の免除、二分の一の免除、四分の一の免除などに分かれています。一部免除の場合は、支払う保険料の額が少なくなるだけで決められた一定額は支払う必要があります。そのため、期間中に保険料を支払わなかった場合は「未納」扱いとなり、受給資格期間にカウントされなくなりますのでご注意ください。

また、**「合算対象期間（カラ期間）」**というのは、年金額の計算には含まれないけれど、受給資格期間には含まれる期間のことをいいます。現在の年金制度では基本的には国民年金に全員が加入することが義務付けられていますが、一九八六（昭和六一）年以前には、国民年金への加入が任意だったり、そもそも国民年金の適用外だったりした方もいます。その時期に未加入だった人をフォローするために、支給される金額には反映されないけれど、受給資格期間には含まれるカラ期間というものが設けられました。
二五年間も年金を払い続けていないので、**自分には年金の受給資格がないと思っている方も、「保険料免除期間」や「カラ期間」がある可能性がある**ので、詳しく知りたい方は、ねんきんダイヤルやお近くの年金事務所などにお問い合わせください。

〈厚生年金〉

厚生年金については次のような仕組みになっています。

厚生年金を受け取れる年齢

厚生年金の受給も原則六五歳からですが、希望すれば繰り上げ受給や繰り下げ受給が可能です。また、厚生年金には**六〇～六五歳未満のあいだにも受け取ることのできる「特別支給の老齢厚生年金」**という制度があります。これは年金を受け取れる年齢を六五歳に引き上げた際に、その変更によって生活が困難になってしまう人が急増するのを防ぐために、一時的な対策としてつくられたものです。したがって、これを受け取ることのできる年齢は性別や生年月日により異なっています。

たとえば、男性では一九六一（昭和三六）年、女性では一九六六（昭和四一）年以降に生まれた方はこれを受け取ることはできず、六五歳からの通常の老齢厚生年金のみの受給になります。詳細は次ページの表をご覧ください。

特別支給の老齢厚生年金を受けとれる年齢　（日本年金機構ホームページより）

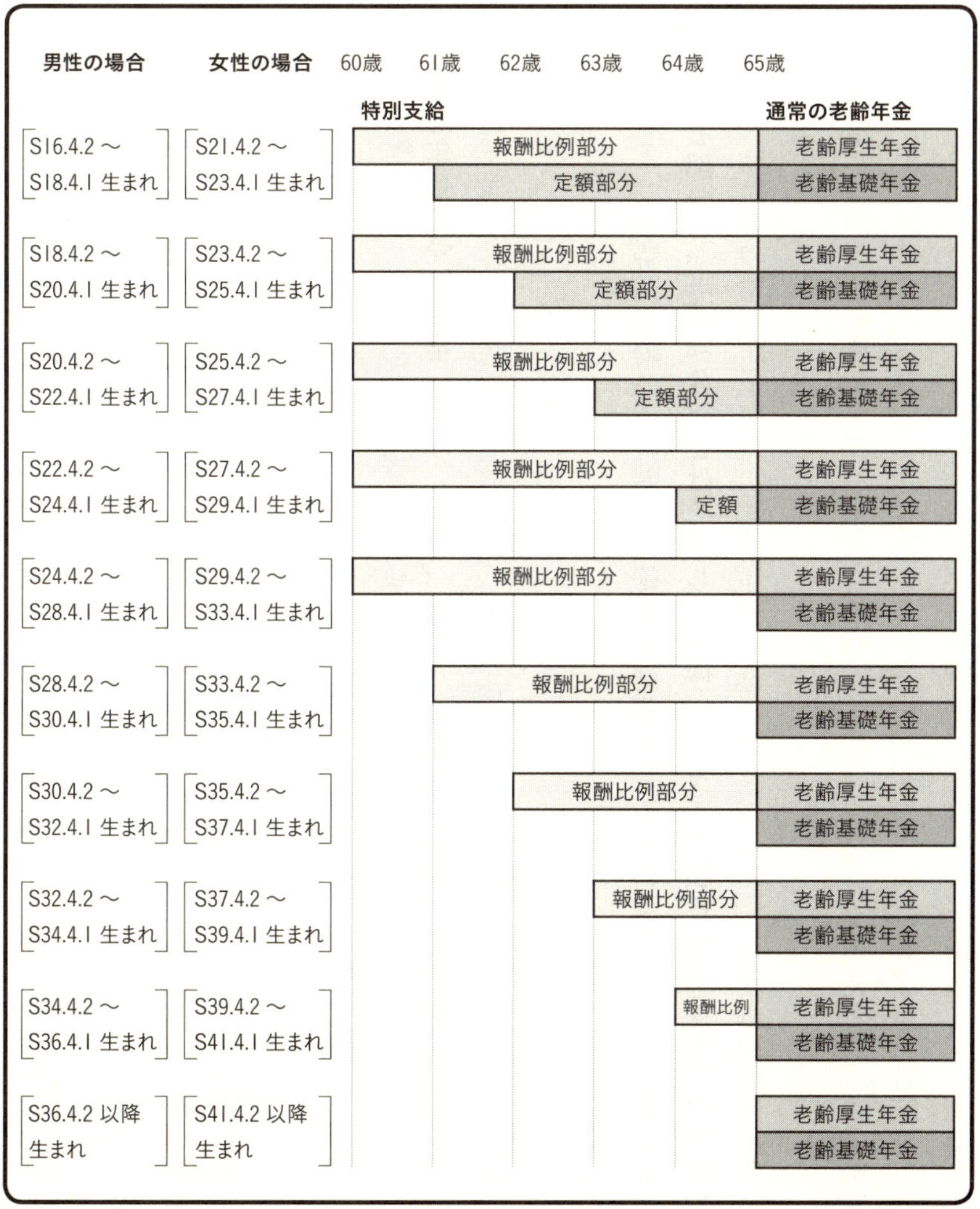

＊共済年金に加入していた女性については、男性の欄にある生年月日により支給開始年齢を判定します

もらえる厚生年金の額

あなたがもらえる厚生年金の金額については、六〇〜六五歳未満まで（特別支給）と六五歳以降とで異なります。また、あなたの働いていたころの平均月収（平均報酬月額）や家族構成（妻や子どもの有無やその年齢）、生年月日などによっても異なります。具体的な金額については、ねんきん定期便をご覧いただくか、ねんきんダイヤルなどにお問い合わせください。

厚生年金の受給資格

国民年金の受給資格期間を満たし、かつ厚生年金に一ヶ月以上（特別支給の場合は一年以上）加入していることが条件です。

なお、前ページの特別支給の表にある**「報酬比例部分」とはあなたの平均月収によって年金額が増減する部分、「定額部分」とはそうした条件によらず支給される一定額の年金のこと**です。一般に、在職時の給料が多い方が支払保険料も多くなるので、もらえる報酬比例部分の年金も高くなります。

このような「特別支給の老齢厚生年金」とは別に、六五歳以降にもらえる通常の老齢厚生年金についても、年金額の計算は似たような仕組みになっています。たとえば、二階部分の「老齢厚生年金」の額は、在職時のあなたの平均月収に比例（報酬比例）して増減し、一階部分の「老齢基礎年金（国民年金）」の額は「定額部分」と同様に、すべての人に共通して固定した金額になっています。

繰り上げと繰り下げ
受給時期による年金額の増減

年金を受給できるのは基本的には六五歳からですが、さきにも触れたように、**申請すれば六〇〜六五歳未満までで繰り上げての受給**ができます。同じように**六六〜七〇歳まで繰り下げて受給**することも可能です。

〈繰り上げ受給〉

老齢基礎年金、老齢厚生年金の受給要件を満たしている六〇〜六五歳未満の人は、繰り上げ受給の申請をすれば、六五歳から支給されるべき額から、政令で定める率により減額支給されます。つまり、**年金を繰り上げ受給すると早く年金をもらえるけれど、毎年もらえる年金の額は通常よりも安くなる**ということです。

たとえば、一九四一（昭和一六）年四月二日以降に生まれた人が老齢基礎年金の繰り上げ受給を申請した場合には、年率〇・五〜三〇％の範囲で減額された年金が繰り上げで受け取れることになります。受け取りを開始する年齢が若いほど減額される率は高くなります。

ここで注意しなければならないのは、**一度繰り上げ受給をすると、六五歳に達しても元の金額には戻らず、生涯を通して減額のまま**になるという点です。

その他、保険料の追納ができなくなるなどといったデメリットもありますし、繰り上げ受給をあとから取り消すこともできませんので、繰り上げ受給を考えている場合は、事前に年金事務所などとよくご相談のうえ決めるようにしてください。

〈繰り下げ受給〉

老齢基礎年金、老齢厚生年金の受給要件を満たしている場合、六六歳に達する前に年金の請求をしなかった人は、受給の繰り下げを申し出ることができます。この場合、政令で定める率によって増額支給されます。

たとえば、一九四一(昭和一六)年四月二日以降に生まれた人が老齢基礎年金の繰り下げ支給を申請した場合には、年率八・四〜四二%の範囲で増額された年金が受給できます。**繰り下げ受給をすると年金を受け取ることのできる期間は短くなりますが、毎年もらえる年金の額は通常よりも多くなり**ます。

年金の受給手続きは自己申請制なので、六五歳になっても年金の請求をし忘れてしまった人、あるいはその時点ではまだ年金を受け取る必要を感じない方は、繰り下げ受給の制度を活用するといいでしょう。

あなたのライフプランに合わせて適切な受給の時期を考えてみてください。

障害年金、遺族年金
いろいろな年金のタイプ

年金には老後の生活資金としての老齢年金、ご本人が重度障がいになったときにもらう障害年金、ご本人が死亡したとき遺族に支給される遺族年金があります。これまで老齢年金を中心にご説明してきましたが、ここではその他のタイプについてご説明します。

〈障害年金〉

国民年金に加入して保険料を払っている人が**障がいを負った場合、障がいが残っている限り、亡くなるまでずっともらえる年金**です。ただし、障がいの程度によって「年金」というかたちで出る場合と「一時金」というかたちで出る場合とがあります。

金額は障がいの程度によって異なり、子どもがいれば加算されます。障がいの程度は「3級→2級→1級」の順番で（数が小さくなるほど）重くなります。**障害年金は六五歳未満でももらえますが、六五歳になり（あるいは繰り上げ支給で）すでに老齢年金をもらっている人は、障がいの状態になっても障害年金を同時にもらうことはできません。**

障害年金にも、それまで加入していた年金の種類によって「障害基礎年金」「障害厚生年金」の二つの種類があります。障害基礎年金を受給する場合、以下の三つの条件をすべて満たすことが必要です。少し複雑な条件になりますので、むずかしくてよくわからないという方は、お近くの年金事務所などにお問い合わせしてみてください。

障害基礎年金を受給するための要件

①次のいずれかの時期に初診日がある病気やケガで障がい状態になった場合
　二〇歳未満／国民年金の加入期間中および待機期間中（老齢基礎年金を繰り上げて受給している場合を除く）

②初診日の前日において、その月の前々月までに保険料を納めた期間（免除期間も含む）が国民年金の加入期間の三分の二以上ある場合。または、直近一年間に保険料の滞納がない場合

③障害認定日に1級または2級の障がいがある場合

障害認定日は一部の例外を除き、原則として初診から一年六ヶ月を経過した日になります。これは傷病が「障がい」として固定するかどうかを判断する期間が必要とされるからです。障害年金は障害認定日を過ぎてからしか受給できません。

なお、厚生年金の加入者で障がいを負った方は、障害基礎年金に上乗せして障害厚生年金を受給することができます。その場合にも、以下の三つの条件をすべて満たす必要があります。

障害厚生年金を受給するための要件

①厚生年金の加入期間中（七〇歳までの在職中）に初診日がある病気やケガで障がい状態になった場合

②初診日の前日において、その月の前々月までに保険料を納めた期間（免除期間も含む）が公的年金の加入期間の三分の二以上あること。または、直近一年間に保険料の滞納がないこと（初診日に六五歳未満の場合）

③障害認定日に１級から３級の障がいがある場合

障害年金の金額は、障がいの程度に応じて下記の表のようになっています。

障害年金をもらっている人に、一八歳以下の子ども（正確には、一八歳の誕生日以降、最初の三月三一日を迎えるまでの子ども）がいる場合、あるいは二〇歳未満の子どもがいて、その子どもも障害等級が1～2級だった場合は、もらえる障害年金の金額が増額されます**（表の「子どもの加算額」）**。

厚生年金に入っている人は、障害基礎年金の額にさらに障

障害等級ごとの障害年金額　（日本年金機構ホームページより）

障害等級	年金額（2016年度の金額）	
	障害基礎年金	障害厚生年金
1級	975,125円 （＋子どもの加算額）＊1	報酬比例の年金額×1.25 （＋配偶者の加給年金額）＊2
2級	780,100円 （＋子どもの加算額）	報酬比例の年金額 （＋配偶者の加給年金額）
3級	なし	報酬比例の年金額 （最低保障額585,100円）

＊1　子どもの加算額＝1人あたり224,500円。ただし、子どもが3人以上いる場合は3人目から1人あたり74,800円

＊2　配偶者の加給年金額＝224,500円。65歳以下の配偶者がいる場合に加算されます（例外あり）

害厚生年金がプラスされます。障害厚生年金の金額は通常の厚生年金の場合と同様に、あなたの働いていたときの平均月収などにより異なっています**（表の「報酬比例の年金額」）**。なお、障害厚生年金の受給者で、六五歳未満の配偶者がいる人の場合、条件によっては「加給年金」というものが上乗せされて支払われる場合があります**（表の「配偶者の加給年金額」）**。

また、**障害等級が3級以下の方は障害基礎年金はもらえません**。この場合、厚生年金加入者で条件を満たしている人は障害厚生年金のみ支給されますが、国民年金（基礎年金）にしか入っていない人はなにも支給されませんので、ご注意ください。

〈遺族年金〉

年金加入者ご本人が亡くなったときに、**残されたご遺族に支給されるのが遺族年金**です。夫婦二人で老後をすごす場合、どちらかがさきに亡くなったとき（とくに夫がさきに亡くなった場合）には、残された配偶者が遺族年金を受給できるかできないかは、その後の生活に大きな影響を及ぼします。「遺族基礎年金」の支給要件は、亡くなった方が次のいずれかの条件に該当していることです（すべてに該当しなくてもかまいません）。

遺族基礎年金の支給要件

① 国民年金の加入期間中および待機期間中の方が死亡したとき

②国民年金の受給資格期間（三〇〇ヶ月）を満たしている方が死亡したとき
③すでに国民年金を受給している方が死亡したとき

①の方は、必ずしも三〇〇ヶ月以上保険料を支払っている必要はありませんが、**国民年金の加入期間の三分の二以上のあいだ保険料を納めていること（免除期間も含む）**、**あるいは直近一年間に保険料の滞納がないこと（死亡日に六五歳未満の場合）などが条件**です。

また、残されたご遺族で遺族基礎年金の受給の対象者になるのは以下の方です。いずれも、死亡した人によって生計を維持されていた**被扶養者であることが条件**です。

遺族基礎年金の受給対象者

①子どものいる配偶者
②死亡した人の子ども
（ここでいう「子ども」とは一定の条件を満たした子どものことです）

受給資格の優先権は①、②の順番になります。配偶者が第一順位ですが、注意しなければならないのは、**子どものいない配偶者は遺族基礎年金を受け取ることができない**ということです（次にご説明するように、遺族厚生年金の受給は可能です）。また、ここでいう**子どもが満たすべき一定の条件**とは、その子どもが一八歳以下（正確には、一八歳の誕生日以降、最初の三月三一日を迎えるまで）であるか、あるいは二〇歳未満で障害等級が1～2級である場合です。たとえば、死亡した人の子どもが二五歳だった場合、配偶者もその子ども自身も遺族基礎年金は受け取れません。なお、遺族基礎年金の金額は以下のようになっています。

遺族基礎年金の年額（二〇一六年度の金額）

- 遺族基礎年金額＝七八万一〇〇円＋子どもの加算額
- 子どもの加算額＝一人につき二二万四五〇〇円（二人まで）。一人につき七万四八〇〇円（三人目から）

次に、厚生年金の加入者が亡くなったときに支給される「遺族厚生年金」についてご説明します。遺族厚生年金の支給要件は、亡くなった方が次のいずれかの条件に該当していることです（すべてに該当しなくてもかまいません）。

遺族厚生年金の支給要件

①厚生年金の加入期間中（七〇歳までの在職中）の方が死亡したとき
②在職中の病気やケガ（厚生年金の加入期間中に初診日がある病気やケガ）が原因で、初診日から五年以内に死亡したとき

③障害等級１～２級の障害厚生年金を受給している方が死亡したとき
④厚生年金の受給資格期間を満たしている方が死亡したとき
⑤すでに厚生年金を受給している方が死亡したとき

遺族基礎年金の場合と同様に、①②の方は、年金の加入期間の三分の二以上のあいだ保険料を納めている（免除期間も含む）か、直近一年間の保険料の滞納がないこと（死亡日に六五歳未満の場合）などが条件です。

また、残されたご遺族で遺族基礎年金の受給の対象者になるのは以下の方です。いずれも、死亡した人によって生計を維持されていた**被扶養者であることが条件**です。

遺族厚生年金の受給対象者

①子どものいる妻、あるいは子どものいる五五歳以上の夫
②子ども
③子どものいない妻、あるいは子どものいない五五歳以上の夫
④五五歳以上の父母
⑤孫
⑥五五歳以上の祖父母

受給資格の優先権は①～⑤の順番になります。なお、ここでいう「子ども」とは遺族基礎年金の場合と同様の条件を満たした子どものことを指しています。**遺族厚生年金については子どものいない配偶者でも受け取ることができます。**金額は次のように計算されます。

遺族厚生年金の年額（二〇一六年度の金額）

● 遺族厚生年金額＝報酬比例の年金額の四分の三（＋中高齢寡婦加算）

● 中高齢寡婦加算＝五八万五一〇〇円（妻が遺族厚生年金を受け取る場合で一定の条件を満たしたときは、四〇歳から六五歳になるまで受給できます）

報酬比例の年金額については、死亡した人の平均月収などによって変動しますので、具体的な金額や中高齢寡婦加算を受けるための条件などについて詳しく知りたい方は、七二ページに記載されたお問い合わせ先にお尋ねください。

なお、**遺族年金を受給している人が六五歳以上の場合、ご自身の老齢年金と遺族厚生年金を合わせて受給することができます**（ただし、遺族基礎年金部分については支給が停止されます）。たとえば、あなたが女性で、厚生年金に加入していたとします。五五歳のときに夫を亡くし、夫の遺族年金を受け取っていた場合、ご自身が六五歳以降になったときにあなたが受け取ることのできる年金は、下記の図のようになります。

老齢年金と遺族年金を同時に受給する場合

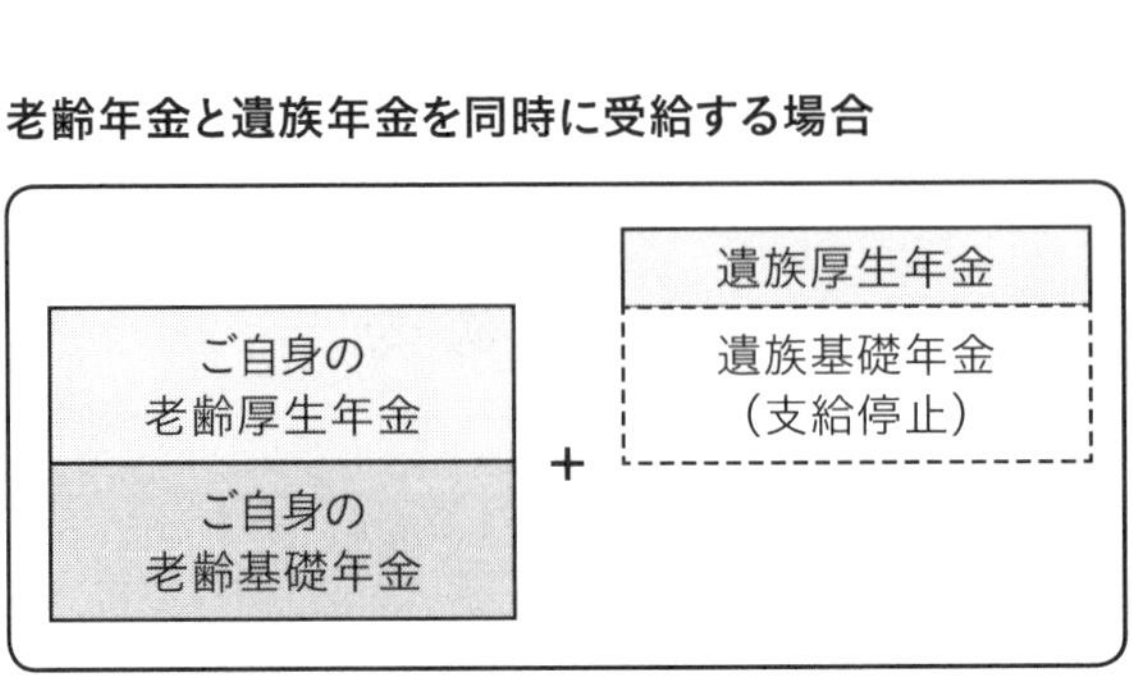

在職老齢年金
働き続けると年金は減るのか?

最近では、六〇歳になっても働いている人、働こうと思っている人は多くなっています。しかし、**六〇歳以上で働いていると年金額はどうなるのでしょうか?** 老齢厚生年金や雇用保険との給付の調整があり、**場合によっては、受け取れるはずの年金が減額されたり支給が停止されたりする**ことがあります。もちろん、六〇歳を超えて働いたからといって必ず減額になったり支給停止になったりするわけではありません。アルバイトやパートなど、働いても厚生年金の保険料を支払う必要がないものは調整の対象にはなりません。また、六〇歳以降も働く場合に年金が減額や支給停止になるかどうかは、月々の年金額と勤務先でのお給料のバランスによって決まりますので、その**範囲内でうまく調整して働く**ことが大切です。

それでは、具体的にどういう条件で減額になるのでしょうか。六〇歳を超えても働きながら、同時に老齢厚生年金を受け取るときは、年金の「基本月額」(年金の年額を一二で割った金額)と勤務先の「総報酬月額相当額」(賞与も含む年間の給与額を一二で割った金額)のバランスに応じて、年金額が支給停止(全部または一部)される場合があります。**働きながらもらう年金のことを、「在職老齢年金」といいます**。年金の基本月額と総報酬月額相当額が**合計で二八万円以下(六五歳以上の方は四七万円以下)の場合は、全額支給**されますが、詳しい仕組みは次ページの図をご覧ください。

60 歳以上 65 歳未満の在職老齢年金の計算

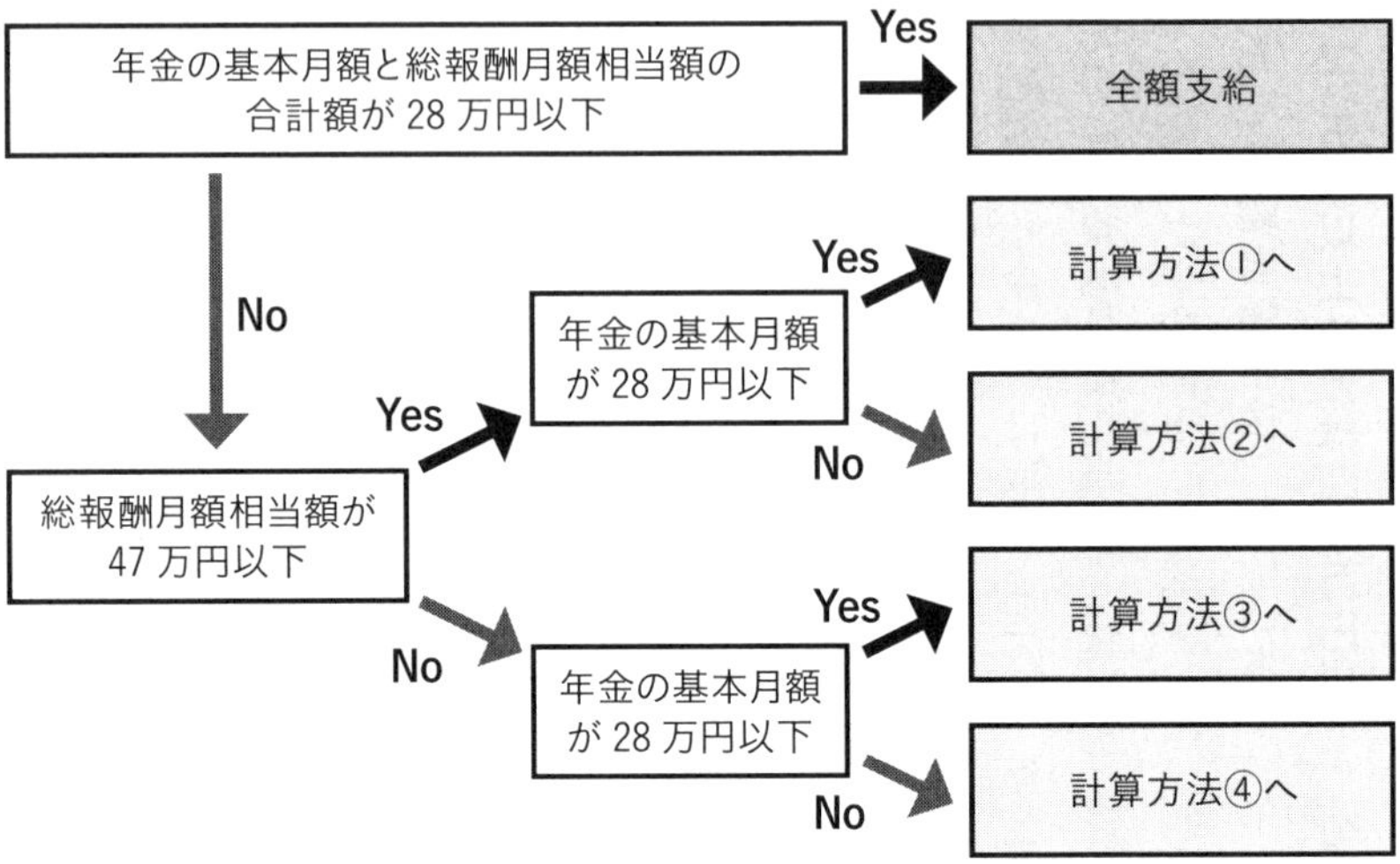

調整後の年金受給額（月額）は次のとおりです

計算方法①　基本月額－（総報酬月額相当額＋基本月額－28万円）÷2
計算方法②　基本月額－総報酬月額相当額÷2
計算方法③　基本月額－{（47万円＋基本月額－28万円）÷2
　　　　　　＋（総報酬月額相当額－47万円）}
計算方法④　基本月額－{47万円÷2＋（総報酬月額相当額－47万円）}

65 歳以上の在職老齢年金の計算

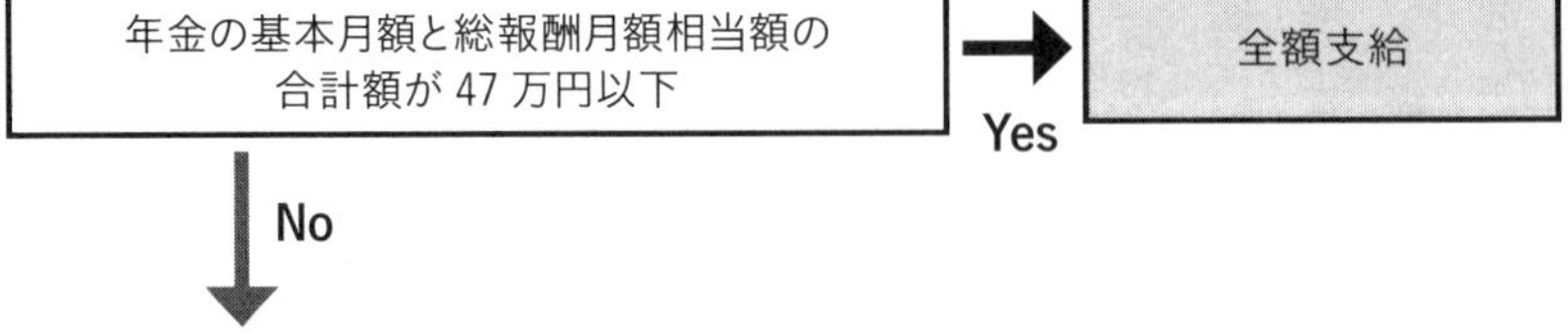

調整後の年金受給額（月額）
＝基本月額－（基本月額＋総報酬月額相当額－47 万円）÷2

70歳以上で働いている方も厚生年金保険には加入していませんが、
在職老齢年金の対象になります

（日本年金機構ホームページより）

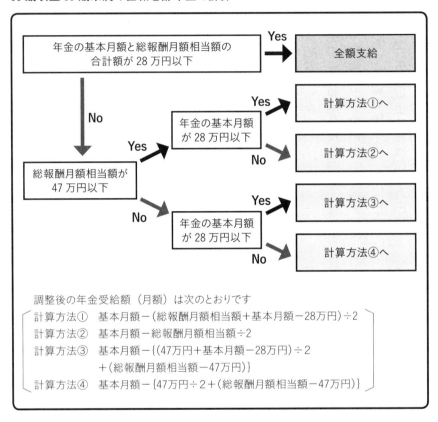

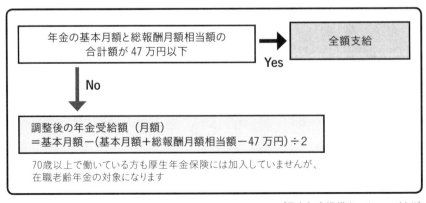

さらに、失業保険は老齢厚生年金と同時に受け取ることはできません。また、高年齢雇用継続給付などの雇用保険とのあいだにも調整が入りますので、詳細はねんきんダイヤルやお近くの年金事務所などにご確認ください。

年金制度の崩壊？
年金って、本当にもらえるの？

公的年金は一人ひとりが保険料を負担し、国民全体が生活を安定させる目的でつくられています。しかし、若い世代の中には「将来、年金なんかもらえないから、保険料は払わない」と考えている人もいるようです。では、本当にもらえなくなるのでしょうか？

年金がまったくもらえなくなるということは、日本という国が破綻の危機に瀕するようなことが起こらない限りはありません。しかし、残念ながら、**年金額が現在ほどもらえなくなるという事態は避けられない**でしょう。実際、日本では毎年の年金額の改定がおこなわれており、少しずつもらえる年金が目減りしています。

このようなことが、「将来年金がもらえなくなるのではないか……」という人々の不信感をあおっています。しかし人生はなにが起こるかわかりません。思わぬ障がいを持ってしまう場合もあり、若くして事故や災害でいのちを失う人々もいます。もし年金に加入していなかったら、障害年金は支給されず、遺族の生活基盤をつくることもできません。

やはり、老齢年金だけでなく、障害年金や遺族年金なども含めて、公的年金制度の重要性は今後も揺らぐことはないでしょう。しかし、今後少子高齢化が加速していくことは確実なので、現役世代と受給者世代の人口のバランスを考えると、将来もらえる年金額が少なくなってしまうのはやむをえないことです。

あなたが将来もらえる年金の見込み額は毎年届けられるねんきん定期便に掲載されています。一人ひとりがこれを確認したうえで、**足りない部分は民間の保険を活用する**などの対策を自ら講じていく必要があります（☞p73「生命保険の基礎知識」）。

あらゆる面からあなたのいのちや生活に直結する年金です。どうぞ大切に考えてみてください。

お問い合わせ先

年金に関する相談窓口には以下のようなものがあります。ご自身の年金の支給見込み額などの詳細について知りたい方は、**ねんきん定期便をご覧いただくか、下記のお問い合わせ先にご連絡して**みてください。
また、本書の巻末にもお問い合わせ先の一覧を掲載していますので、ご参照ください。

日本年金機構「ねんきんダイヤル」

■電話
0570-05-1165（ナビダイヤル）
03-6700-1165（一般電話）

日本年金機構
「全国の相談・手続き窓口」の一覧

■ホームページ
https://www.nenkin.go.jp/section/soudan/

3 生命保険の基礎知識

生命保険
人生のセーフティネット②

現在、日本人の約九〇%の人がなんらかの保険に加入しているといわれています。二〇一二年の調査によると、保険料の年間払込額の平均が、生命保険と個人年金の合計で四一万円を超えているということです。もしもこの金額を三〇年間払い続けた場合には、一二三〇万円にもなります。これが**「保険は住宅の次に高い買い物」**といわれるゆえんです。

わたしたちは保険に加入し、毎年保険料を払い続けていますが、そもそもその目的はなんでしょうか？　それは、ご自身の病気や入院、死亡したあとにご家族が困らないための用意であり、生命のリスクに対する備えです。しかし、ある調査によれば、いま六〇歳の人の平均余命（☞p110「平均余命」）は男性で約二三年、女性で約二九年で、六割近い人が八〇歳まで生きられるそうです。

六割近い人が八〇歳まで生きられるのならば、生命保険は単に「入っておけば安心」というものではないという気がします。とはいえ、いまではほとんどの生命保険は医療保険とセットに

なっているので、「万が一深刻な病気にかかったときに、やっぱり保険に入っていれば安心」という気持ちもあるでしょう。実際、高齢化が進むということは、医療が発達しているということの裏返しなので、その分医療費はよけいにかかることになります。しかし、**生命保険の保障内容のなかには、自分に本当に必要なものとあまり必要でないものがあるかもしれません。**このような状況のなかで、自分に合った保険のタイプをどう選択したらいいのでしょうか。

自分に必要な保険は、年齢が進むにしたがって異なってきます。ライフステージごとにあなたの生き方を予測しながら、なるべく無理、無駄のない保険を選んでいく必要がありそうです。保険は年金と並んで老後のセーフティネットとなりえます。その網の目をできるだけ密に張り巡らせることが必要です。ここでは、そのために知っておくべき保険の基礎知識をご紹介します。

生命保険の基本
三つの保険のタイプ

老後に備えて保険を選ぶとき、あなたの目的をはっきりさせることで、どの保険を選択したらいいのかが決まってきます。**保障の期間を「何歳まで」と限定したほうがよければ定期保険、期間を限定せずに一生涯保障を受けたいのならば、終身保険**がいいでしょう。

また、保険には、同じ保障内容でも年齢が若いうちから契約したほうが月々の支払金額が安くなるものもあります。年をとるにつれ病気や死亡などのリスクが高まるため、契約時の年齢によって月々の支払金額が変わってくるのです。一度契約をしてしまえば、月々の支払金額はずっと同じなので、若いうちに契約したほうが保険料は安いままですが、その分長く保険料を払い続けることにもなります。ご自身のライフプランに合わせて適切な時期を考えてみてください。

以下では、生命保険の基本を簡単に説明してみます。生命保険には基本形が三つあります。

〈定期保険〉

定期保険は、**保障する期間が決まって**います。また、途中で解約しても**解約時の「返戻金」はほとんど戻ってこない**か、あってもごくわずかなのが一般的です。解約時の返戻金というのは、保険を途中で解約した場合に、これまで払い込んだ保険料のうち契約者に払い戻されるお金のことです。なかには一定の額の返戻金があるタイプの定期保険もありますが、それも保険期間が満了に近づくにつれて払い戻しの金額はゼロ円に近づいていきます。これが「掛け捨て」といわれているゆえんです。

たとえば、「保険期間一〇年」といわれるプランだと、保障の期間は一〇年間で終了してしまいます。しかし、その分月々の保険料が割安になっているので、保険期間中に死亡した場合には、**安い保険料**で高額な保険金を受け取ることができます。

この保険は期間が満了しても自動更新することができます。自動更新の場合は、新たに健康状態を診査されることはないので、もしもその時点で自分が深刻な病気にかかっていたとしても、保険を更新することができます。更新した場合、月々の保険料は更新時点の年齢で再計算されるので、一般的に更新前よりも高くなります。

定期保険のメリット

支払う保険料が安い。契約期間中に死亡した場合には、支払った保険料に比べて高額な保険金がおりる。

定期保険のデメリット

契約期間中になにごともなく満了した場合は、それまでに支払った保険料が掛け捨てになる。

イメージしにくいかもしれないので、具体的な例を見てみましょう。たとえば、あなたが女性で三五歳のときに、一〇〇〇万円の死亡保険金を受け取れる「保険期間一〇年（自動更新つき）」の定期保険に、半年払い（半年に一回まとめて保険料を支払うこと）一万一四〇〇円で入り、六五歳まで三〇年間更新し続けたとすると、下の表のようになります。

〈養老保険〉

養老保険は、定期保険と同様に**保障する期間が決まって**います。ただし、

定期保険の一例

年齢	1年間の支払保険料	10年間の支払保険料総額	満期時の解約時返戻金	死亡保険金
35～45歳	22,800円	22.8万円	0円	1000万円
45～55歳	34,600円	34.6万円	0円	1000万円
55～65歳	53,300円	53.3万円	0円	1000万円
累計支払総額		110.7万円		

＊10年ごとに自動更新される場合の試算（平成28年4月1日現在）

「掛け捨て」ではないので、保険期間が満了すると**「満期保険金」**が支払われます。満期保険金と死亡保険金の金額は同じです。たとえば、死亡時に一〇〇〇万円の保険金がおりる養老保険の場合、契約期間中に死亡せず、期間が満了したときにも一〇〇〇万円の満期保険金がもらえます。期間中に死亡してもしなくても（期間満了しても）**必ず保険金が支払われるプラン**です。

また、**途中解約した場合は返戻金がもらえます**。返戻金は、これまで支払ってきた保険料の総額よりもやや少ないくらいか、契約の長さによっては多くなることもあるので、貯蓄性の高いタイプの保険だといえるでしょう。ただし、その分**保険料も割高**です。

養老保険は一部の例外を除いて、通常は**自動更新されない**ので、重い病気になった場合は期間満了後に診査に通らなくなり、新たな保険に加入することができない可能性があります。また、養老保険に入院保障（病院に入院したときに給付金がおりる保障）をつけている場合、入院保障も自動更新されないので注意が必要です。

養老保険の一例

年齢	累計支払総額	解約時の返戻金	死亡保険金
36 歳	30 万円	0 円	1000 万円
40 歳	150 万円	117 万円	1000 万円
45 歳	300 万円	280 万円	1000 万円
50 歳	450 万円	437 万円	1000 万円
55 歳	600 万円	607 万円	1000 万円
60 歳	750 万円	794 万円	1000 万円
65 歳	900 万円	1000 万円	1000 万円
期間満了後	900 万円	1000 万円 （満期保険金）	0 円

＊ 金額は概算（平成 28 年 4 月 1 日現在）

養老保険のメリット

解約時の返戻金があり、満期になった場合にも、死亡時と同じ額の満期保険金が受け取れる。保険期間中に死亡した場合は死亡保険金が支払われる。

養老保険のデメリット

月々の支払い保険料が定期保険や終身保険に比べて高い。

こちらも具体的な例で見ていきましょう。あなたが女性で三五歳のときに、死亡時に一〇〇〇万円の保険金を受け取れる「保険期間三〇年」の養老保険に、月払い約二万五〇〇〇円で入ったとすると、前ページの表のようになります。

〈終身保険〉

終身保険は**一生涯保障**され、死亡した場合に保険金が支払われるタイプの保険です。一生涯保障されるといっても、**一生涯保険料を払い続けなければならないわけではありません**。それぞれのプランごとに「保険料の払込期間」が設定されているので、払込期間が過ぎたあとは、それ以上保険料を支払うことなく保障が受けられます。どんなに長生きしても、人はいつか必ず死ぬことになりますから、終身保険も**必ず保険金が支払われるプラン**だといえるでしょう。

保険料は定期保険よりも割高で、養老保険よりは安くなります。「掛け捨て」ではないので、

途中解約時にも返戻金が出ます。この返戻金は期間の経過とともに増加していきます。払込期間の終了後、何年かすると返戻金とこれまでの支払保険料の総額が同じくらいになり、時間の経過とともに死亡保険金の額に近づいていきます。

もともとは老後の保障として養老保険がありましたが、いまは平均寿命が延び、老後よりも前に満了になってしまうケースが多く、その後の無保険状態を補うため、このような終身保険が出てきました。しかも、終身保険は、若いうちに加入すれば毎月支払う保険料が安くなります。

終身保険のメリット

一生涯保障が受けられる。解約時の払戻金がある。死亡時に保険金が受け取れる。

終身保険のデメリット

支払い保険料が養老保険よりは安いが定期保険に比べて高い。

こちらも具体的な例で見ていきましょう。あなたが女性で三

終身保険の一例

年齢	累計支払総額	解約時の返戻金	死亡保険金
36 歳	22 万 8000 円	1 万円	1000 万円
40 歳	114 万円	86 万円	1000 万円
45 歳	228 万円	199 万円	1000 万円
50 歳	342 万円	309 万円	1000 万円
55 歳	456 万円	428 万円	1000 万円
60 歳	570 万円	557 万円	1000 万円
65 歳	684 万円	697 万円	1000 万円
払い込み終了後	684 万円	以降毎年少しずつ 増えていきます	1000 万円

金額は概算（平成 28 年 4 月 1 日現在）

五歳のときに、死亡時に一〇〇〇万円の保険金を受け取れる「保険料の払込期間三〇年」の終身保険に、月払い約一万九〇〇〇円で入ったとすると、前ページの表のようになります。

保険の変換制度
お得な保険の活用方法

一般的な定期保険では、解約時の返戻金はないかまたはあってもごくわずかです。一方、長期の定期保険には、途中で解約をすると返戻金が支払われるものもあります。ただし、途中で保険を解約した場合は保障がなくなります。しかし、実は**保障を残しながら解約時の返戻金ももらえる方法**があります。それが「変換制度」です。

生命保険の変換制度とは、すでに加入している定期保険を、契約期間中に新たな保険に切り替えるものです。たとえば、あなたが女性で三五歳のときに、「保険期間・払込期間七〇歳まで」で死亡時に一〇〇〇万円を受け取れる定期保険に加入したとすると、月々の保険料は約三七〇〇円になります。あなたが六五歳になったときに、この定期保険から死亡保険金三〇〇万円の終身保険に変換したとすると、定期保険の解約時の返戻金が二一万円戻ってきて、終身保険に月払い約一万一〇〇〇円で、無審査で加入できます。

このように**加入している定期保険に変換制度があれば、途中で終身保険などに変更することもできます**。新しく加入する保険の支払保険料はその時点の保険料率で再計算されますが、健康状態を問われることもなく、終身タイプなどの保険に移行できるので安心できます。

ただし、この制度はすべての保険会社にあるわけではありません。また、変換できる保険の種類や期間なども保険会社によって異なりますので、興味のある方は保険会社に問い合わせてみてください。

一時金や介護年金
さまざまな保険のタイプ

これまで「定期」「養老」「終身」と三つのタイプの保険についてご説明してきました。しかし、どの保険にもさまざまなバリエーションがあり、保障内容や保険料もまちまちです。また、**ひとくちに生命保険といっても、必ずしも死亡したときにだけしかお金がもらえないわけではありません**。

たとえば、**「生前給付型（生活保障）の終身保険」**というものを選べば、がんや脳卒中、心筋梗塞になったとき、あるいは障がい状態・要介護状態（障害等級3級・要介護度2以上）に該当した場合に、死亡保険金の代わりに一時金をもらえます。この場合、特定の病気になった際に死亡時の保険金と同額のお金が一時金としてもらえますが、一時金をもらうと死亡時の保険金はなくなります。

要介護状態になったら介護年金がもらえる生命保険というものもあります。**「終身介護保険」**

というものに入れば、要介護状態になったときに、死亡するまで毎年介護年金がもらえます（要介護度がどれくらいでもらえるかは保険会社によって異なります）。また、要介護状態にならずに亡くなった場合は死亡保険金がもらえます。

さらに、生前給付型の保険でなくても、生命保険のなかには、契約者が亡くなったときだけでなく、高度障がい状態（両眼が失明したり、両手の機能がなくなったり、両足の機能がなくなったなどの状態）に陥った場合や要介護度5で障害者認定を受けた場合にも保険金を請求できるものもあります。ただし、一度高度障がいで保険金を請求すると、病気で入院したときなどの特約はすべてなくなります。

もちろん、こうした特定疾病《しっぺい》保険金などの**オプションの付いた保険は保険料も割高**になりますので、死亡したときだけ保険金がほしいという方には、保険料が割安で死亡保険のみが付いたプランもあります。

このように、保険の保障内容は、保険会社やプランによって千差万別です。ご説明したほかにもさまざまな名前の保険がありますが、そのひとつひとつをきちんと覚えている必要はありません。**大事なのは、まず「自分が保険によってどんな保障を得たいのか」という目的をできるだけはっきりとさせておくことです**。そのうえで、保険会社の担当者にプランを単に「おまかせ」するのではなく、「わたしはこれくらいの予算の範囲で、こういう保障を受けたいと思っている」という要望を、できるだけ詳しく伝えてみてください。

保険はあなたの人生のセーフティネットです。そして、あなたの人生の主役はあなた以外にはいないのですから。

医療保険について もしも病気になったら……

これまでは生命保険（死亡保険）を中心にご説明してきました。医療保険にも「定期保険」と「終身保険」のふたつのタイプがあり、そのメリットとデメリットは死亡保険の場合と同じです。狭義の生命保険（死亡保険）は「契約者が死亡した場合に保険金が出る」というもので、医療保険は「契約者が病気になったときに給付金が出る」というものです。

現在では、死亡保険と医療保険はセットになっている場合も多く、死亡保険に医療保険が特約で組み込まれているケースもあります。しかし、**生命保険と医療保険がセットになっているものだと、生命保険を解約したり、保障内容を変更したりすると特約の医療保険もなくなってしまうことが多い**ので、生命保険と医療保険を切り分けて、別々に契約するという方法もあります。ここでは医療保険についてご説明しましょう。

病気になって入院すると、医療費だけでなく差額ベッド代（健康保険の対象外になる特別室の使用料のこと）や寝具料、病院に付き添う交通費もかかります（☞p286「知っておきたい保険外の出費」）。病気になるとご家族は病院へ通い、勤め先で残業もできないため収入が減り、医療費の負担が重くのしかかってくることもあります。こんなときに役に立つのが医療保険です。

たとえば入院日数一日につき一万円の入院給付金が支給される保険ならば、単純計算すれば三〇日間入院すれば三〇万円のお金がもらえることになります。健康保険と民間の医療保険を組み合わせることで、健康保険ではまかなえない、自己負担分の医療費を捻出することが可能になります。医療保険は経済的な負担感を減らし、ご家族を精神的に安定させる役割も担っているのです。

入院給付金や手術給付金は、あなたが入院中でも請求できるので、退院時の病院代の支払いについての不安も軽減してくれます。しかし、退院して病院の施設ではないリハビリ施設に入った場合、リハビリ施設の費用は出ないことがあります。そんな場合、医療保険に退院給付金を付けておくと便利です。退院の際に出た給付金をリハビリ施設の費用にあてましょう。

医療保険については、**請求すれば出ていたはずなのに、請求もれでお金が出ないというトラブル**も耳にします。たとえば、手術を受けたけれど一日程度の入院だった場合などに、請求もれになっているケースもあります。加入している保険会社や信頼できる担当者に相談することも忘れないでください。

老後の保険選び
医療保険の上手な使い方

公的な医療保険（健康保険）（☞p266「公的医療保険について」）では、七〇歳以降は医療費の自己負担が二割（七〇歳未満は三割）になり、七五歳以上の後期高齢者になると一割になります。入院費については自動的に高額療養費の控除（☞p275「高額療養費（減免）制度」）の対象になるので、自己負担額は軽減されます。つまり、**七〇歳以降は健康保険による保障がこれまでよりもずっ**

と手厚くなるので、高額な民間の医療保険に加入する必要性は少なくなります。

したがって、医療保険を七〇歳までの定期保険と終身タイプの医療保険の二階建てにするのもひとつの選択肢です。七〇歳までは二階建ての保険で手厚い保障を受けておいて、七〇歳以降は二階部分の医療保険をなくして（解約して）しまって、一階部分の終身タイプのみの生命保険を残せば、負担の軽減につながるでしょう。

医療保険は保険期間（何歳まで保障されるのか）も大切ですが、**入院日数（何日までの入院日数が保障されるのか）で選択することも大切です**。近年、病院での入院日数は短期間になりつつありますが、一度退院しても、同じ病気で再入院することもありえます。

現在、医療保険で保障が受けられるもっとも短い入院日数の型は「六〇日タイプ」です。一回の入院で六〇日間まで入院給付金が受けられるのですが、同じ病気で何度か入退院を繰り返すと、入院日数が通算されてしまい、合計で六〇日を超える場合は給付金がおりなくなります。年齢が高くなるにつれ、入院日数も長期化する傾向にあるので、再入院の可能性も踏まえて保険を選択することをおすすめします。

がん治療に保険はきくか？
がん治療・先進医療と保険

いまや、**日本人の二人に一人はがんを発症し、三人に一人はがんで亡くなっている**といわれています。がん治療には高額な費用がかかることもありますし、治療方法も多岐にわたるので、インフォームドコンセント（医師と患者の間で正しい情報を交換して納得できる治療方法を合意すること）やセカンドオピニオン（主治医以外の別の医師の意見も聞いてあなたの見識を深めること）を受けることや、医療コーディネーターに相談することが必要です（p253「医療の考え方主役は自分」）。**がんと診断された場合に、入院費用が保障される「がん保険」**や、**一時金が出る「生前給付型」の生命保険**があることも知っておいてください。

がん保険の月々の支払保険料は、生命保険（死亡保険）に比べて安くなっていますので、商品を比べることなく、ついつい安易に決めてしまいがちです。しかし、がん保険にも各社の特徴があり、特定の症状には適用されないものもあります。また、がんで身体が弱っているところに、合併症や心不全などで亡くなった場合、直接的な死因ががんではないので、死亡保険金が満額でないケースもあります。もしもがんになったとき、自分はどんな保障を望むのかということを、加入時に保険会社とよく話し合ってみてください。

最近、先進医療という言葉を耳にする人も多いと思います。先進医療とは、健康保険が適用されない進んだ医療技術で、「治療効果が高い」「身体に優しい」「回復が早い」などのメリットを持っていますが、厚生労働省に承認された医療機関でしかおこなうことができません。

基本的に、**先進医療の技術料は公的医療保険の対象外で全額自己負担**なので、医療費がとても高額になることもあります（p271「保険サービスの種類」）。そのため、保険へのニーズが高まり、最近は医療保険やがん保険に特約として「先進医療特約」をつける場合が多くなってきました。た。支払い保険料も比較的安価です。ただし、保険会社やプランによって保障される金額が異なりますので、こちらも加入時に担当者からしっかりと説明を受けておくことが大切です。

リビングニーズ
余命六ヶ月！　死ぬ前に保険金は受け取れるか？

もしあなたが、医師から六ヶ月の余命宣告をされた場合、加入している生命保険の**「リビングニーズ」という機能を利用して、生前に死亡保険金を自分が受け取る**ことも可能です。

たとえば、がんで余命六ヶ月の宣告を受けたとしましょう。しかし、最新の医療技術や保険適用のない抗がん剤を利用すれば治る可能性がある場合、その治療費をどうしたらいいでしょうか？　あるいは、残された時間にご家族との思い出をつくるために必要な旅行費用は？　もしくは、いまあなたに借金があり、どうしても死後にご家族に迷惑をかけたくないという気持ちがある場合は……。このような状態を解決するために、生きているうちに保険金を活用することをリビングニーズといいます。保険会社によっても、保険のプランによっても異なりますが、**生前に最大で三〇〇〇万円程度まで請求できます。**残りは死亡保険金として支払われます。

リビングニーズの請求に必要な書類

①特約保険金請求書（保険会社の指定用紙）

②医師の診断書
③医師の承諾書（主治医が保険会社に対して、病気の内容を説明したり、証明書を発行することを承諾する書面）
④被保険者（あなた）の印鑑登録証明書（市区町村の役所で発行できます）

これらの書類を揃えて保険会社に請求すると、被保険者（自分）の口座に生前に保険金が振り込まれてきます。このお金で、種々の支払いや、寄付、死後の準備に備えることができます。

死亡保険金
あなたが死んだあとの保険金

あなたが旅立ったあと、残されたご家族、配偶者やパートナーにどんな問題が起きてくるのか、想像してみてください。病院への支払い？　残された配偶者やパートナーの生活？　あるいは学費など子どもたちの将来への心配でしょうか。

死はだれもが必ず通る道です。その道には、配偶者や子ども、パートナーや親戚など、たくさんの人たちが関係しています。**あとに残される人たちに、どこまでの安心を保障したらいいのか。あなたが元気なうちから考えてみましょう。**

死亡保険金は、たとえば、あなたが夫婦二人世帯で子どもがいない場合は、お互いが受取人になります。どちらかがさきに亡くなられた場合は、受取人に指定されている方が受け取ります。その際、決して忘れてはならない手続きは、ご自身の生命保険の受取人を（すでに亡くなられた配偶者から別の人に）変更することです。保険金を受け取る手続きには次の書類が必要です。

保険金を受け取る手続きに必要な書類

①保険金請求書（保険会社の指定用紙）
②死亡診断書（死体検案書）のコピー（がんや災害で死亡した場合は別途保険会社の指定用紙が必要です）
③受取人の印鑑登録証明書
④受取人の戸籍抄本（省略の場合もあります）
⑤亡くなった人の死亡記載のある住民票
（③～⑤は市区町村の役所で発行できます）

これらを揃えて生命保険会社に請求することで、受取人の指定する口座に保険金が振り込まれてきます。一般的に、**請求から五営業日後くらい**に振り込みがおこなわれます。

保険金の請求手続きは、ご遺族の心が落ち着いてからになる場合がほとんどですが、その間に病院への支払いや葬儀社への支払いが生じます。しかし**亡くなった人の銀行口座は凍結**されて、一定の手続きを終えるまで払い出しができません。そこで一部の保険会社ではクイックサービスとして簡易の取り扱いをし、保険金を素早く支払う仕組みをとっている場合もあります。

一方、配偶者も子どもも、受取人指定をしたパートナーもおらず、一人残された方が死亡した場合は、生命保険の受取人はいないことになります。受け継ぐ人がいない場合は、保険金は近親者もしくは「特別縁故者」に支払われるか、国庫に納められるか、あるいはそのまま保険会社に塩漬けになってしまいます。

このような事態を未然に防ぐためには遺言をしておく（p215「遺言　死んでからでは、遅い！」）のが効果的です。近年、保険法の改正によって、遺言で生命保険の受取人を変更することもできるようになりました。ただし、ご自身が亡くなったあとに代理でその遺言を実行する「遺言執行者」を忘れずに指定しておくことが必要です。

保険の整理
あなたはいま、どんな保険に入っている？

いま、あなたはどんな保険に入っていますか？　保険はあなたが病気になったとき、死亡したあとなど、経済面での重要な位置を占めますから、その内容をあらかじめ把握しておくことはとても大切です。一度、自分が加入している保険契約証書を全部テーブルの上に並べてみてください。そして、以下のことを確認してみてください。

加入保険について確認すべきこと

●いつまで保険料を支払うのか？

老後まで支払うのか。年金生活で支払っていけるのか。死ぬまで支払うのか。重大な病気になったとき支払いは免除になるか

●どのようなときに給付金・保険金は支払われるのか？

入院したとき。手術したとき。がん・心筋梗塞・脳卒中になったとき。先進医療を受けたいとき。余命六ヶ月と宣告されたとき。要介護状態になったとき。高度障がいになったとき。死亡したとき

●いくら支払われるのか？

入院給付金や手術給付金、がん診断給付金（がんと診断されたときにもらえるお金）の金額はいくらか。介護一時金（所定の要介護状態になったときにもらえるお金）はいくらか。リビングニーズの上限額はいくらか。先進医療の場合はどうか

●受取人はだれか？

配偶者。子ども。パートナー。親戚。自分自身（生前給付やリビングニーズ）。非営利団体などの法人。受取人は生きているか（配偶者などが先立っていないか）

●手続きをだれに頼むのか？

指定代理請求人（あなたが病気などで自分で請求することが困難な場合に、代理で手続きをおこなう人）はだれか。何親等まで可能か

●保険証書はどこに保管してあるのか？
証書の置き場所の確認。ご家族はあなたが保険に加入していることを知っているか
●手続きの印鑑はどれか？（本人が請求する場合は印鑑が不要のこともあります）
代理請求は可能か。その場合実印が必要か

保険はなんのため？
経済的な安定と心の安定

あなたが病気になって入院したり、手術をしたり個室に入ったり、あるいは要介護状態になったりしたときに、十分なサービスを受けるために必要なお金が手元にあるのならば、民間の医療保険・介護保険に加入する必要はありません。死亡したときも、現金が十分にあり、病院への支払いや葬儀費用、税金の支払い、ご家族の生活費などにも困らないのであれば、生命保険の必要もありません。

しかし、現実にわたしたちは、現金のかたちですべての財産を持っているのでなく、土地や建物、株式、預金など、さまざまなかたちで財産を保有しているものです。死亡時には頼みの綱の銀行口座は凍結され、ご家族でさえすぐに引き出すことはできません。また、残されたご家族は「預貯金から支払ったあとの残高が不安……」などの問題を抱えて生活をしています。こんなときに役立つのが生命保険です。

介護費用の支払いに困らなければ、ご家族の温かい絆も保てます。葬儀費用の支払いに不安がなければ、心に残る葬儀もできますし、残されたご家族も安心かもしれません。**自分自身やご家族の経済的な保障と心の安定を図るために、保険は欠かせないもの**だといえるでしょう。生命保険が年金とともに「人生のセーフティネット」である理由です。

お問い合わせ先

生命保険の内容について確認や相談をしたい場合は、加入している生命保険会社のカスタマーセンターに電話するのがいいでしょう。**カスタマーセンターの電話番号をすぐにわかる場所にメモしておくか、登録しておくこと**をおすすめします。
また、本書の巻末にもお問い合わせ先の一覧を掲載していますので、ご参照ください。

4

人生の棚卸しとライフプラン

ライフプランの重要性

旅立ちまでの計画を立てる

社会で成功を収めた先人たちの多くが、**ライフプラン（人生計画）を立てることの重要性**を語っています。彼らはまず大きな「夢」を持ち、夢の実現に向けた現実的で綿密な行動プランとルート図を描き、資金や人材を確保し、時期に応じてそれらを投入しながら行動しています。そして、長い期間をかけて夢を実現させているのです。このことは、一握りの成功者に限られたことではありません。

年老いても、意欲的に新しいステージに立とうとしているあなたなら、彼らの知恵や手法を借用し、ライフプランをつくりあげることは十分可能です。しかもそれは、成功者が立てたプランや、若いときの冒険心に満ちたプランとはひと味もふた味も違う、おだやかで、心やさしく、ご家族や自分を取りまく人々とともに生きていくライフプランになるはずです。

たとえば、住宅や車の購入、教育資金の積み立て、あるいは海外旅行など、**あなたやご家族**

の夢を実現させるためになにをしたらいいのか。それには、いつ、どのくらいのお金が必要になるのか、どのくらいの貯蓄が必要になるのか。そのためにどのように、どんな順番で考え、行動していったらいいのか、という計画を立てるのです。

これは、あなたがまだ元気ないまの時点から、旅立ちまでの期間における、自分とご家族のためのライフプランです。旅立ちまでのライフプランを立てようというと「まるで人生の最期を迎えるための計画のようだ……」と、ためらわれるかもしれません。しかし、いまだからこそ、これまで培った資源（財産や自分が持っている人間関係）を確かめながら、老いに向かって計画性を持った準備をし、それらを最大限有効に使いきっていくことができるのではないでしょうか。若いときにできなかったことが、いまだからこそ実現できる場合もあるのです。

老いを逆手にとった、驚くべきライフプランを仕掛け、ワクワクするような夢を実現する。それがわたしたちの「生」を輝かせるコツのひとつかもしれません。**最初にまず、自分がこれから実現したい夢や希望を書きだしてみましょう**。

これからの夢や希望の例

- 元気なうちはできるだけ働いたり社会参加したりしたい
- 長男家族と一緒に家族旅行がしたい
- 夫婦水入らずでヨーロッパ旅行がしたい
- 年に一度は友人たちと温泉旅行がしたい

● 大好きな山登りを続けるために体力を維持したい
● 俳句教室に通いたい
● 好きなカラオケをするためにホームカラオケを購入したい
● 老後の趣味としてそば打ちを習いたい
● 園芸用の農地を借りたい
● 孫の教育資金を出してあげたい
● 娘の海外留学を助けてあげたい
● 自宅をリフォームして住み心地よくしたい
● 田舎に家を買って田舎暮らしを楽しみたい
● 車を買い替えたい　など

人生の棚卸し
資金は持ちそうですか？

旅立ちまでのライフプランを立てるためには、まず、あなたがあと何年生きたいか（生きることができそうか）を予測し、**自分が旅立つ見込みの年度までの収入と支出のバランス（夢や希望を叶えるためのお金のバランス）を考えた財政計画をつくる**ことが必要です。そしてそれは、いままで培った人間関係や地域とのかかわりなどをプランに組み込み、自分がストレスなく生きられる方法を考えることでもあります。

そのためにしなければならないことが**「人生の棚卸し」**です。棚卸しとは、会社などの決算の際に、商品・製品・原材料などの在庫を調査して数量を確かめることをいいます。これを人生の旅立ち（決算）に当てはめ、棚卸しした自分の財産や人間関係をもとにして、あなただけのライフプランを組み立てていきます。

定年後のあなたは、これからの生活を年金と預貯金、それに生命保険や持っている不動産などでまかなっていかなければなりません。いつどんな費用が必要になるのか、漠然と考えていると不安になってきます。それならば、具体的に自分やご家族の財産の棚卸しをして、これから必要となる経費を予測してみましょう。**これから必要な経費が、あなたの現在の財産総額に納まれば安心**です。財産に見合った生活をすれば、あとで困ることはありません。自分がこれからどういう人生を生きたいのかという目標にしたがって、どこに手厚くお金をかけ、なにを節約すべきなのかを考えてみましょう。

支出を減らし、安定した収入を得ることは経済面の安定をもたらし、その結果、これからの生活に安心感と楽しさを生み出してくれます。しかし、高齢期に支出を減らすことは工夫次第でできそうですが、収入を増やすことはなかなかむずかしいと考えられています。年金を節約する以外に、何か方法はあるのでしょうか。その具体例をいくつか挙げてみます。

老後にお金を稼ぐ方法の例

- 健康である限り企業や団体で働く
- パソコン指導、塾の運営、事務など、いままでの仕事を活かして収入を得る
- 危険物管理、建物管理など、いままでの資格を活かして収入を得る
- ホームヘルパーなどの資格取得や技能を高めて収入を得る
- シルバー人材センターへ登録して得意分野の作業を受託する
- 手芸や伝統工芸品などの創作技術を高め、有償で提供する
- 農地を借りて野菜をつくり、直売所へ出荷する
- 農林漁業の繁忙期に手伝って副収入を得る
- NPO活動に参加して有給職員となる
- 空き地や空き家を貸して不動産収入を得たり、売却して譲渡収入を得る　など

生活の再設計

まずは「財産の明細」を作成しよう

あなたはいま、どのくらいの財産を持っているかご存じですか？　財産には有形・無形のものがあります。たとえば自分の人生を支えてくれるご家族や仲間は、お金では測ることのできない

無形の財産です。また、現金や預貯金、土地などの不動産、株式や有価証券などは有形の財産です。

さきにご説明したように、老後を安心して暮らすためには、たとえ大ざっぱでもいいから自分の財産を棚卸しして、将来どのくらいのお金がかかり、自分にはどのくらいの資産があるのかを把握しておくことが必要です。そのために、**貯蓄など「財産の明細」を作成することをおすすめします**。しかし、書きだした自分の財産の一覧表を、他人が簡単に見られる場所においておくと、無用のトラブルを招きます。書きだした一覧表は、あなた自身と信頼できる人だけが知っている場所に大切に保管しておいてください。

以下では、なるべく簡潔な表の作例と記入方法をご説明しますが、「それでもやっぱりむずかしい……」という方や「もっと詳細な表をつくりたい！」という方は、一〇八ページのお問い合わせ先をご覧ください。あなたに代わって財産の明細などをつくってくれる方に依頼するという方法もあります。

わたしたちは日常的に利用している金融機関は記憶していますが、若いころにつくった口座や、高齢期になって介護保険などを利用するためにつくった新しい口座など、意外にいくつもの口座を持っているので、頭のなかで覚えているだけだと、記憶力の減退とともに、どこの金融機関に自分の口座を持っていたのか、残高はいくらなのか曖昧になってきます。

そうした事態に備えて、自分の財産の棚卸しをしてみましょう。ここでは「貯蓄」「不動産」「その他財産」の三つに分類していますが、**はじめは貯蓄を把握するだけでも大丈夫です**。

〈財産の明細の記入方法〉

最初に**「貯蓄」欄の書き方**についてご説明しましょう。まず、あなたの貯蓄の種類をすべて書きだします。普通預金や定期預金などです。株式・証券や国債などを持っている方はそれも記入しましょう。

次に、右隣の「残高」欄にそれぞれの金額を記入します。預金の場合は預金額を、証券などは評価額（時価）を記入します。証券の評価額については、取引している証券会社から定期的に送られてくる「取引残高報告書」に書いてあります。株式や証券などは相場の変化で購入時よりも評価額が大きく変動するので注意が必要です。

これらを書きだしたら、その隣の「内容」欄に銀行名や支店名、必要な

備考	連絡先など
日常の生活費などに使うためのお金（生活資金） 年金不足や不測の事態の出費に備える預金（緊急資金） 孫の教育資金などに備えて購入（使用予定資金） いまのところ使う予定がないお金（余裕資金）	
いつでもお金に換えられないが、賛同した組合に出資した	

年　　月　　日　現在

場合は口座番号や定期預金の満期日なども記入しておきましょう。「備考」欄に「何のための貯金なのか」というおおよその使い道を書いておくことも大切です。また、右端の「連絡先」欄に担当者の名前や電話番号などを記入しておくと便利です。

ひとまず貯蓄がいくらあるかを把握するところからはじめてみましょう。とはいえ、もしも貯蓄が不足すれば、貯蓄のほかの財産をお金に換えることを検討しなければなりません。「不動産」「その他財産」の欄はそんなときのために必要になってきます。

では、**「不動産」欄の書き方**について ご説明しましょう。まず、不動産は土地と建物に分類します。次に、「残高」の欄にその評価額（時価）を記入します。評価額については、毎年四、五月

財産の明細

分類		残高	内容
貯蓄	普通預金	300万円	あおぞら銀行　千葉支店
	定期預金	500万円	くまさわ銀行　四谷支店 （2025年12月1日に満期）
	国債	600万円	第45回　利付き国債
	上場株式	100万円	ライフプラン株式会社
	貯蓄合計　①	1500万円	
不動産	土地	600万円	千葉県○○市1丁目7番地
	建物	200万円	自宅家屋
	不動産合計　②	800万円	
その他財産	自動車	1万円	2000年5月2日に取得
	貴金属	1万円	
	生命保険	1万円	死亡時500万円 / 入院時1万円＝120日保障
	出資金	50万円	みずうみ協同組合の出資金
	その他財産合計　③	53万円	
財産合計	①＋②＋③	2353万円	
借金	住宅ローン　④	すべて返済	やまねこ銀行 千葉支店
純財産合計	①＋②＋③－④	2353万円	

＊ 最初は貯蓄がいくらあるかを把握するだけでかまいません。貯蓄が不足する方、転居を考える方、相続や遺言などに活用したい方は不動産やその他財産まで把握することをおすすめします

に市区町村から送られてくる「固定資産税納税通知書」の課税明細書に書かれています。

「その他財産」欄の書き方は、まず自動車、貴金属、生命保険、出資金などに分類してそれぞれの処分見込み価格を記入します。もし価格がわからなければ、とりあえず「残高」欄には「一万円」などと書いておきましょう。実際はもっと高く売れるかもしれませんし、逆に安いかもしれませんが、こうして記入しておけば、その存在を忘れることはありません。積立保険などがある場合は「契約内容のお知らせ」に記入された「解約時受取金額」の試算を記載します。「内容」覧には、自動車なら取得年月日を書いておくと買い替え時期を判断する目安になります。生命保険は、「内容」欄に死亡時の保険金額や入院時の見舞金などを記載します。出資金は、組合などの解散や脱退時の財務内容が悪化していれば返還される金額も減少しますので、返還額を見込んで記載します。

そして**「借金」欄の書き方**です。たとえば住宅ローンなどがある場合には、「残高」欄に残りのローン残高を書いておきましょう。これはあなたの財産からマイナスされる金額です。すでにローンがすべて終わっている場合は「すべて返済」と書いておきましょう。「内容」欄にはお金を借りている銀行名などを書きます。

いかがでしたか?　これであなたの「財産の明細」が完成しました。こうしてまとめておけば、なにがどうなっているのか一目で確認できるので安心です。これをもとに自分のライフプランを立ててみましょう。

旅立ちの人生計画シート
心の財産を豊かにする方法

続いて次ページの**「旅立ちの人生計画シート」**を見ていきましょう。これは**あなたのライフプランを実現しようとしたときに、どのくらいの費用がかかるのかを時系列で確認する**ためのシートです。これを書くことによって、自分のこれからの夢や希望をどのように実現していったらいいのか、具体的に考えることができます。

このシートを書いてみて、「とても費用が足りない！」と不安になることもあるでしょう。しかし、必ずしも「足りないからすべての夢をあきらめなければいけない」というわけではありません。むしろこのシートは、**自分の夢を実現するためのガイドラインになります**。自分のライフプランの障がいはなにか、ということがあらかじめわかっていれば、どうすればその一部でも実現できるのか、という計画がより立てやすくなり、工夫のしがいも生まれます。

〈旅立ちの人生計画シートの記入方法〉

それでは、作例とともに書き方をご説明しましょう。この表には、現在（今年）から自分が死を迎えるだろう年まで（あくまで予測です）を時系列で縦軸に記入して、横軸に「家族」「今後の人生計画」「収入」「支出」「差引過不足」（収入と支出を差し引きして、足りない分の金額）を

年　　月　　日　現在

収入			支出			差引過不足
年金	その他	計	生活費	その他	計	
月額22万×12ヶ月 264万円	月額8万×12ヶ月 (シルバー人材センター) 96万円	360万円	月額27万 ×12ヶ月 324万円	(車の買い替え) 200万円	524万円	▲164万円
264万	96万	360万	324万	(イタリア旅行) 100万	424万	▲64万
264万	96万	360万	324万	(碁会所会費) 10万	334万	26万
264万	96万	360万	324万	(湯布院旅行) 30万	354万	6万
264万	96万	360万	324万	(社交ダンス教室会費) 15万	339万	21万
264万	96万	360万	324万	(趣味用品代) 15万	339万	21万
264万		264万	324万		324万	▲60万
264万		264万	324万	(孫の教育費) 100万	424万	▲160万
264万		264万	324万		324万	▲60万
264万		264万	324万		324万	▲60万
264万		264万	324万	(住宅改修費) 200万	524万	▲260万
264万		264万	324万	(趣味用品代) 10万	334万	▲70万
264万		264万	324万		324万	▲60万
264万		264万	324万		324万	▲60万
264万		264万	324万		324万	▲60万
264万		264万	324万		324万	▲60万
264万	(死亡保険金) 500万	764万	324万	(本人の入院・葬儀代) 150万	474万	290万
月額15万×12ヶ月 180万		180万	月額20万 ×12ヶ月 240万	(一周忌) 30万	270万	▲90万
180万		180万	240万	(老人ホーム) 50万	290万	▲110万
180万		180万	240万		240万	▲60万
180万		180万	240万	(妻の入院・葬儀代) 150万	390万	▲210万
5208万	1076万	6284万	6468万	1060万	7528万	▲1244万
					「財産の明細」の貯蓄合計より→	1500万
					256万円の余裕あり→	256万

作例の人物の
家族構成・財産・人生計画など

1. 家族構成
本人（夫） 70歳 妻 69歳
長男35歳（別居、妻子あり）

2. 収入と預貯金・不動産等
(1) 本人年金 16万円
妻年金 6万円
（夫の遺族年金は9万円を想定）
(2) 預貯金 1500万円
(3) 生命保険
本人（夫） 死亡時500万円

3. これからの夢や希望
① 75歳までは働き続けたい
②車を買い替えたい
③夫婦で海外旅行 1回
④囲碁を楽しみたい
⑤息子や孫と家族旅行 1回
⑥妻に趣味を楽しんでほしい
⑦ゲートボールやバードウォッチングを楽しみたい
⑧孫の教育費をサポートしたい
⑨住宅改修（バリアフリーに）
⑩自宅で映画を楽しみたい

旅立ちの人生計画シート

年度	家族		今後の人生計画
	本人	妻	
2016年	70歳	69歳	シルバー人材センター登録 ／ 車の買い替え
2017	71	70	夫婦でイタリア旅行
2018	72	71	碁会所に通う費用（会費3年分）
2019	73	72	湯布院に息子夫婦・孫と家族旅行
2020	74	73	妻の社交ダンス教室（会費3年分）
2021	75	74	ゲートボール用品・ バードウォッチング用カメラ購入
2022	76	75	
2023	77	76	孫が大学入学（教育資金贈与）
2024	78	77	
2025	79	78	
2026	80	79	本人が介護認定／ 住宅バリアフリー改修
2027	81	80	趣味の映画のため ホームシアターセット購入
2028	82	81	
2029	83	82	
2030	84	83	
2031	85	84	
2032	86	85	本人の入院・葬儀／ 死亡保険入金
2033		86	本人の一周忌
2034		87	妻が有料老人ホーム入居（入居費用）
2035		88	
2036		89	妻の入院・葬儀
合 計（①）			
貯 畜（②）			
差 額（①－②）			

記載します。

「今後の人生計画」欄には、年齢ごとに自分がやりたいこと、するべきことなどの予定を書き込みましょう。

次に**「収入」「支出」欄の書き方**です。収入は、まず年金とその他収入（たとえば賃金や保険金など）に分けて記載し、次に支出は日常的に使う生活費とその他支出（旅行、孫の教育資金、家の改修など生活費に含めない支出）に分けます。その他支出を考えるときに家族構成は欠かせません。「家族」欄に記載した同居のご家族にかかわる支出だけでなく、たとえば、別居の親の介護や孫の教育費などが影響することもあるからです。

続いて一番右の列にある**「差引過不足」欄の書き方**をご説明します。この欄には、収入と支出を差し引きして足りない分、もしくはある分のお金（差引過不足）を記入します（作例で「▲」となっているのは差し引きしてマイナスになった足りないお金という意味です）。そして、その足りない分のお金を、さきほどの財産の明細に記された貯蓄合計と差し引きすれば、自分がどれくらい貯金を取り崩したり、株式を売ってお金を得たりする必要があるのかがわかります。具体的には表の一番右下の**「差額」欄の金額がプラスになれば、あなたの生活には余裕がある**ということになります。

作例でとりあげたケースでは、妻が八九歳を迎える二〇三六年までの収入合計が六二八四万円となり、支出合計が七五二八万円となったことを示しています。その結果、年度別の過不足の合計は一二四四万円の赤字（収入不足）になります。しかし貯蓄合計が一五〇〇万円あるので、差し引き二五六万円の余裕があることを示しています。

妻が有料老人ホームに入居したあとの自宅の活用（貸し出しや売却など）も考えると、子どもや孫との楽しみ、自分の趣味などにもう少しお金がかけられるということです。しかし貯蓄を入れ込んでもマイナスになってしまう場合は、旅行やイベントにかかる費用を節約するとか、生活費を抑える、あるいは新たに働いたり、ご家族の支援を得たり、などの方法で収入を増やす必要があるということがわかります。

一般的には、年度別の差引過不足がプラスになるのは（現役で働いている）六〇歳くらいまでで、年金収入だけだとマイナスになることが多いです。この**不足資金をあらかじめ予測し、それをどう補っていくか考えることが、旅立ちの人生計画シートの核心**となります。

このシートは一度つくって終わりというものではありません。**人生は計画どおりにいかないことがたくさん起こります**。しかし、自分の人生に予想外の変化が起こったときにも、このシートを頼りにすれば、自分の生活のどこをどう変えていけばいいのかがわかります。物価の上昇で生活費も変わっていきますし、年金もこれからまた変わっていくでしょう。そのときは、つくったシートをもとに変化のあった部分を改定していきましょう。最初から全部つくり直すわけではないので、変化のあったところだけ直すのはずっと簡単です。パソコンなどにデータを保存しておけばより便利です。

リバースモーゲージ

自宅で暮らしたまま不動産を処分する？

もし、生活費を抑えるなどの工面をしても必要な金額が足りなければ、不動産などを処分して生活資金を確保する必要があります。あなたがお住まいのご自宅以外に売却できる不動産があれば安心ですが、多くの人がいま住んでいるご自宅以外には不動産を持っていないのが現状です。

そのときは、**不動産を担保にして、生活資金を確保する「リバースモーゲージ」というサービ**

お問い合わせ先

人生の棚卸しをするととても便利なのはわかったけれど、**やっぱり自分で棚卸しをするのは大変だという方は、ファイナンシャルプランナーに依頼するのがいいでしょう。**一時間5000円くらいの相談料であなたの相談に乗ってくれます。また、こうしたシートの作成も代行してくれますので、興味のある方はご近所のファイナンシャルプランナーの事務所に相談してみてください。

下記のホームページからお住まいの地域のファイナンシャルプランナーを検索することもできます。

また、本書の巻末にもお問い合わせ先の一覧を掲載していますので、ご参照ください。

NPO法人
日本ファイナンシャル・プランナーズ協会
「CFP®認定者検索システム」

■ホームページ
http://www.jafp.or.jp/confer/search/cfp

スを利用することも考えられます。

リバースモーゲージとは、自宅を担保にして銀行などの金融機関や自治体から借り入れをし、その借入金を年金として受け取るというものです。そして、あなたの死亡時に、担保物件（自宅）を処分し、借入金・利息を返済する仕組みになっています。このサービスを利用することで、一ヶ月あたり三〇万円以内のお金を貸し付けてくれます（死後に自宅の売却益で相殺されます）。**現金収入が少なく、自宅しか財産がない高齢者が自宅を担保することで、住み慣れた自宅に居住し続けながら、年金代わりにお金を受け取ることができる**という仕組みです。

リバースモーゲージは、公的機関によるものと民間の金融機関などがおこなっているものがありますが、代表的なものは各都道府県の社会福祉協議会が実施している「不動産担保型生活資金」の貸付制度です。

リバースモーゲージの条件は、原則として居住者が六五歳以上の世帯であることと、一軒家で暮らしていることです。子どもが同居している場合やマンションの場合は利用できません。注意しなければならないのは、宅地の評価額が一〇〇〇万円以上であること、遺産の相続人のなかから、連帯保証人になってもらう人を選ばなければならないという点です。**土地の評価額が高い都会ではこの制度は利用しやすい**ですが、土地の安い地方ではむずかしい場合もあります。

リバースモーゲージとは別に、**要保護世帯（この貸付を受けなければ、生活保護世帯になると福祉事務所が認めた世帯）向けの不動産を担保にした生活資金貸付の制度**もあります。この場合は居住している不動産の評価額が五〇〇万円以上であることが条件で、連帯保証人はいりません。

平均余命
あなたは何歳まで生きられるのか？

旅立ちの人生計画シートをつくるとき、はたと困るのが、自分は何歳まで生きるのか、配偶者、パートナーの余命は何年にしたらよいのかということです。平均寿命というのは、いま、おぎゃあと生まれた赤ちゃんが平均何歳まで生きられるかということですが、「平均余命」というのは、たとえばいま六〇歳の人があと何年くらい生きられるのかという平均年数のことです。

お問い合わせ先

リバースモーゲージ、生活資金貸付制度に興味のある方は、**お住まいの自治体の社会福祉協議会に連絡してみてください。**
下記のホームページに都道府県別の社会福祉協議会の連絡先の一覧表が掲載されています。
また、本書の巻末にもお問い合わせ先の一覧を掲載していますので、ご参照ください。

全国社会福祉協議会
「都道府県・指定都市社会福祉協議会」の一覧

■ホームページ
http://www.shakyo.or.jp/links/kenshakyo.html

下の平均余命表によると、六〇歳の男性の余命は約二三年、女性は約二九年です。そうすると、あなたが現在六〇歳ならあと二〇年以上は生きると考えられますから、それに沿ったシートをつくるのがいいでしょう。ただしこの表はサンプルであり、あくまでも予測に過ぎないものだということをご承知ください。

それぞれの人生は、病気や事故で短命かもしれませんし、もしかしたら一〇〇歳のご長寿老人になるかもしれません。また、現段階では予想もできないところで多額の出費があるかもしれません。しかし、シミュレーションとはいえ、こうした計画を立てることにより、他人にお金のことで迷惑をかけない目安となりますし、よけいな心配をしないですみます。**大切なことは、お金の心配をしない分だけ心の財産を豊かにすることです。**

その過程で、高齢期だからこそ追いかけることができる「夢」が見えてきます。そしてその実現のために、どこに手厚くお金をかけ、なにを節約するのかを計画するのです。必要なときに必要なお金を有効に使っていくことが、心を安定させ、人生を豊かにするための秘訣です。旅立ちの人生計画シートには、単にお金のことだけでなく、自分自身の生き方があらわされているのです。

平均余命表（男性）　（厚生労働省ホームページより）

50 歳	55 歳	60 歳	65 歳
32.2 年	27.7 年	23.4 年	19.3 年
70 歳	**75 歳**	**80 歳**	**85 歳**
15.5 年	11.9 年	8.8 年	6.3 年

平均余命表（女性）

50 歳	55 歳	60 歳	65 歳
38.0 年	33.2 年	28.7 年	24.2 年
70 歳	**75 歳**	**80 歳**	**85 歳**
19.8 年	15.6 年	11.7 年	8.4 年

安全率
必要資金に余裕を持とう

旅立ちの人生計画シートをつくることを通して、あなたのこれからの人生の必要資金が見えてきます。ただ、必要資金がギリギリまかなえそうだからといって安心してはいけません。人生はいつ不測の事態が起こるかわかりません。**いざというときのために、ある程度余裕を持って、いつでも使える資金を確保しておく**のが望ましいでしょう。これを**「安全率」**といいます。

そうした安全率を見込んだうえで、あなたの資金に余裕ができたときは、楽しみのためにもっと旅行を増やそうとか、社会貢献のために寄付しよう、あるいは災害の義援金などに協力しよう、などということもできるようになります。

さて、これまで人生の棚卸しとライフプランの立て方についてご説明してきました。自分自身のライフプランを立てるためには、たとえば介護費用はどのくらいかかるのか（☞p149「介護保険について」）、葬式にはいくらかかるのか（☞p396「葬儀の流れと死後のあれこれ」）など、たくさんの知識が必要になってきます。この本はそれらの基本的な知識を、できるだけわかりやすくお伝えするために書かれています。

ライフプランを立てることの大切さは、お金の不安や生活の不安を解消するためだけではありません。こうしたことにあなたが関心を持ち、勉強することは、あなた自身の生活にハリと力を与えることにもつながるでしょう。**もっとも大事なことは「残された人生をいかに楽しんで生**

きるのか」ということです。そして、あなたが自分のためのライフプランを立てることは、その過程で、自身が「どんな人生を生きていきたいのか」を考えるためのよいきっかけにもなることでしょう。

第2章

老

老後の住まいについて

介護保険について

成年後見制度について

相続
お墓に財産は持っていけない！

遺言
死んでからでは、遅い！

エッセイ

他人さまのお世話になるために

老い衰える

老いる、というのを、最近わたしは「老い衰える」と言いかえるようにしている。老いてもまだまだ元気、死ぬまで現役、という考えに与《くみ》しないからだ。

サクセスフル・エイジングということばがある。「成功加齢」と訳される。カタカナことばであることからわかるように、アメリカ生まれの概念だ。ジェロントロジスト（老年学者）の秋山弘子さんがみごとな定義をしてくださった。いわく「死の直前まで中年期を引き延ばす思想のこと」。中年期のまま死を迎えるなら、いっそ、「老年に直面することを拒否する思想」とホンヤクしてもらいたいくらいだ。

ＰＰＫ（ピンピンコロリ）という標語もある。死の直前まで元気いっぱいなら、だれも老いを怖れる必要はなくなる。年齢なんて関係ない、と言っていればすむからだ。昨日まで元気だったひとが、ある日ぽっくり逝くことを、突然死という。突然死は変死の一種だから、解剖学的所見の対象とされる。究極の突然死は予期しない事故死だ。突然死がよいからと言って、いったいだれが、自分や家族の事故死をのぞむだろうか。

超高齢社会で老いることとは、ゆっくり衰えることを意味する。古諺《こげん》にいうとおり、「歯、眼、マラ」の順番に機能が衰えてゆき、足腰が弱くなり、骨がもろくなり、しだいに食べられなくなり、最後は呼吸ができなくなる。昨日できたことが今日できなくなり、今日で

社会学者・東京大学名誉教授・ウィメンズアクションネットワーク理事長

上野千鶴子

きたことが明日できなくなる。成長と反対の方向に、下り坂を下がるようにゆっくり進行していく。その期間が昔よりうーんと長くなったのが文明社会というものだ。言いかえれば、寝たきりになっても、ぼけても、生きていられる社会、生かしてもらえる社会というもの。よい時代が来たものだ。こういう社会を、わたしたちは願って、努めて、ようやく手に入れてきたのだ。長寿を呪う必要なんてない。

他人さまに頼る作法と技法

老い衰えることは、他人さまに支えられることと不可分である。生まれたときもひとり、死ぬときもひとり、とは傲慢なせりふ。生まれたときだってまわりからお世話してもらわなければ一日たりとも生きていけなかったように、死ぬときもまわりにお世話してもらわなければゆっくり死んでいくことはできない。そもそも自分の遺骸《なきがら》ひとつ、自分では思うようにならない。一身の始末を他人さまにゆだねなければならない、ということが、老いて死ぬということだ。これまで他人の世話にはならない、ひとに迷惑はかけない、と豪語してきたひとたちには、この現実はさぞつらかろう。ＰＰＫとかサクセスフル・エイジングとかにこめられた思いは、そういうつらさを、見たくない、聞きたくない、考えたくない、という忌避の気持ちのあらわれだろう。だけど、はっきり言おう、老いはだれにでもかならず来る。そしてゆっくり来る。それがわたしたちの生きている超高齢社会というものだから。

　だから老い衰える、ということは、どうやって他人に助けを求めるか、という作法と技法とつながっている。それまで他人に助けを求めてこなかったひとたちには、これはむずかしいことにちがいない。でも、どんなスキルも、学習して身につけることができるはずだ。

　他人に助けてもらえるしくみをつくるために、介護保険もできた。地域包括ケアセンターもあれば、ケアマネジャーや民生委員もいる。いろんな公的支援の選択肢は増えたのに、各地で「孤独死」だの「孤立死」だのが絶えない。行政はどうしてたんだ、公的支援はどうなってるんだ、という声が聞かれるけれど、ちょっと待って。介護保険も生活保護も、どちらも自己申告制。困ってる、だから助けて、と本人が言わないかぎり周囲は手も足も出せない。

　無縁社会だの、無援社会だのと言われるけれど、地域にはさまざまなボランティアや支援の受け皿は増えたのに、自分から孤立し、支援の手を拒むひとたちがいる。自分が弱者になったのに、弱者であることを認めたくないひとたちだ。遺品整理業の有限会社キーパーズの代表取締役、吉田太一さんに、『遺品整理屋は見た！』（扶桑社、二〇〇六年）というこわーい本がある。それを読むと、孤独死するひとの大半は、五〇代から六〇代のそれも男性。高齢者ではない。この年代の男性たちの自殺率も、ほかの年代や女性にくらべてダントツに高い。困っているのに、困った、助けて、と言えないひとたちだ。ＮＨＫクローズアップ現代取材班が、『助けてと言えない　いま30代に何が』（文藝春秋、二〇一〇年）という本を出したが、それもフリーターや引きこもりをしている三〇代、四〇代の男性たち。男にはなにか問題がある、と思わざるをえない。

弱さを認めるのは弱さではない。弱さを含めて自分のありのままを認め、受けいれるのは、生きていくための第一歩。元気なときだけでなく、落ちこんだときも、弱ったときも、困ったときも、現実を認めて受けいれることから、それにどう立ちむかうかを考えはじめることができるのだ。そして老いるとは、自分がもはやかつての自分ではないこと、衰えた自分の変化を受けいれることを意味する。

超高齢社会は人生一〇〇年時代。だれにも頼らない、と肩で風を切って歩いていたのは何歳までだったか。人生の上り坂はせいぜい五〇代までだとすれば、前半生は上り坂、後半生は下り坂。上り坂の昇り方は他人が教えてくれたし、お尻を叩いて叱咤激励もしてもらえたけれど、下り坂の降り方はだれにも教えてもらえない。

上り坂のときには、「他人に迷惑をかけないように」というせりふをさんざん聞かされたかもしれないが、下り坂のときにはもうそういうわけにはいかない。むしろ安心して迷惑をかけられるしくみ、じょうずに迷惑をかけあうしかけが必要だ。歴史上前例のない超高齢社会には、助け合い、支え合いのしくみやノウハウを本気でつくりださなきゃならないのだ。だって、それ以前には、そんなしくみは必要なかったのだし、存在しなかったのだから。

ミウチと他人

「他人に迷惑をかけてはいけない」というせりふは、「ミウチにはどれだけ迷惑をかけてもかまわない」という現実とセットになってきた。このミウチとは家族、それも長男の嫁。三世代同居があたりまえだった時代のはなしだ。介護といえば家族介護、老いては家族に依存するのが年寄りの運命だった。そう言えば「子が親を看る美風」と言って、介護保険に反対した自民党の政治家もいたっけ。

だが、そんな時代は終わった。娘だけがいて、息子のいない家族も増えた。長男がいても、いっこうに嫁の来る気配のない場合もある。さいわいに結婚相手がみつかっても、いまどき舅《しゅうと》姑《しゅうとめ》とは同居してくれない。息子の妻には「家の嫁」意識が薄い。息子の妻にだって、自分の両親がいるから、介護するならとうぜんそちらが優先だ。それにうんと長生きすると、息子や娘に先立たれることだってある。それよりなにより、こんなに長期にわたって介護が続くなんて、本人も家族も予期していなかった。家族介護をいったんはひきうけたものの、悲鳴をあげて、じいちゃん、ばあちゃん、頼むから家を出て行ってくれ、となるのがオチだろう。

『おひとりさまの老後』（法研、二〇〇七年）を書いたわたしは、夫無し、子無し。家族のいないおひとりさまの老後は、みじめさの代名詞だったのだけれど、わたしの本は、だからといって、「ひとりでがんばって生きましょう」とまなじりを決して宣言する本ではない。ひとりで生きられなくなったのだから、支えあって生きていこう、そのためのしかけもノウハウもあるのだから、という提案だった。いまや、家族がいようといまいと、状況は同じ。この本が、既婚者、非婚者を問わず、大きな共感を得たのはそのせいだろう。

どう生きたいかは自分で決める

それなら、自分で自分の老後を考えるための条件はいくつもある。なんでも家族だのみ、家族まかせではなく、どこでどう生きたいか、は自分で決めよう。さいわい、高齢者が安心して住める住宅の選択肢は急速に拡がった。価格もクォリティもピンからキリまで。自分の目で見て、自分のアタマで判断しよう。なにか緊急の事態があったときに、まっさきに電話をかける相手はだれ？　１１９番するのがためらわれるなら、遠くにいてすぐには動けない息子や娘に代わって、ご近所の友人や知人、地域の見守りネットや自治体の二四時間安心コールを利用したらよい。自分がどうしたいかは、つねひごろ身近なひとたちに伝えておこう。念のため、リビングウィルや遺言状など、文書にしておいてもよい。

なにより年金や資産など、おカネの管理は自分でやろう。高齢者のおカネを、高齢者が自分の生きているあいだの幸せに使えないことが、さまざまな問題を起こしている。家族（とくに子ども）が、親のカネを管理して使わせないようにするからだ。これを経済的虐待というが、これでは子どもがいることが幸せなのか不幸なのか、わからない。

それでも、自分のことを自分で決められるうちはよい。認知症になったらどうするか？　こちらも、判断力がなくなったら家族が代行するのがあたりまえだった。家族は一心同体、と考えられていたからだ。さまざまな研究からわかったことは、家族はそれぞれ利害がちがうということ。夫と妻も、親と子も、けっして利害を共有しない。たとえ家族であっても自分の利害を優先するのが人情。ほんとうに自分の利益を最大限に尊重してもらおうと思えば、成年後見人を指定しておくのも一案だ。その際、家族のだれかを指名することはやめたほうがよい。家族は利害の当事者だからだ。では善意の第三者は？　善意の第三者が悪意の第三者に変わる可能性はいくらでもある。成年後見人による横領事件が報道されているように、これだって危険。最近は市民後見とか法人後見とかいうしくみができて、信頼のできる法人が、団体で請け負ってくれる。

これまで経験したことのない新しい事態には、新しいしくみが次々に登場する。ニーズのあるところには、知恵と工夫が生まれ、試行錯誤が始まる。エンディングノートだって、市販されて多くのひとが手にとるようになるなんて、二〇〜三〇年前には考えることもできなかっただろう。遺言状なんて、家族関係がふくざつな一部の資産家が書くもの、と相場が決まっていた。エンディングノートを遺言状と訳すのは正しくない。ほかに呼びようがないのでカタカナことばにしたんだと思うが、ニホンゴにすれば「人生をしまうための本」。人生をおしまいにするためにも、他人さまにお世話になるほかないのだ。

生まれることも死ぬことも自分では選べない。それなら安心して他人さまに、自分の生も死もゆだねよう。ただし、そのための準備はおさおさ怠るまい。エンディングノートとはそのための手引き書だ。

うえの・ちづこ

一九四八年富山県生まれ。東京大学名誉教授。立命館大学特別招聘教授。認定NPO法人ウィメンズアクションネットワーク（WAN）理事長。京都大学大学院社会学博士課程修了。九五年より東京大学大学院教授を務め二〇一一年退職。長年、日本における女性学・ジェンダー研究のパイオニアとして活躍、さまざまな社会問題へ発言を続ける。近年は介護とケアの問題に研究範囲を拡げる。二〇一二年朝日賞受賞。『近年家族の成立と終焉』（岩波書店）でサントリー学芸賞受賞。『おひとりさまの老後』（法研、後に文春文庫）、『おひとりさまの最期』（朝日新聞出版）など著書多数。

ガイドライン「老」の章の使い方

老いても輝きを失わないために

日本人の平均寿命が八〇歳を超え、多くの人が「老い」を意識しながら暮らすことが多くなりました。老いは肉体的、知的な後退現象をもたらします。しかし、**老いることは特別なことではありません。**

日ごろからの心がけ、物事のとらえ方や考え方、実践の仕方などによって、老いても輝いて生きることができるのです。そのために、元気なうちから準備しておくことはたくさんあります。

いま、高齢者の生活には多くの選択肢が出てきました。少子高齢社会のなかで、高齢者を支えるためのさまざまな社会的な仕組みがかたちづくられつつあります。

そのような制度や仕組みを実際に使いこなし、自分の生活に活かすためには、できるだけ社会に広く目を向けて情報を集め、必要なものを取り入れる積極的な意欲を持つことが大切です。

ここでは、老いても輝きを失わないために、あなたをサポートしてくれるさまざまな仕組みに目を向けていきます。

この章の内容と使い方

「老」の章では、あなたが納得のいく高齢期をつくりあげるために必要な情報を載せています。

社会保障制度などの説明は少し難しいかも

しれませんが、ここに挙げられた項目をすべて理解する必要はありませんし、**あなたが興味のある項目から読みはじめて**いただいてかまいません。安心できる高齢期をすごすためのヒントがあちこちにちらばっているはずです。

老後の住まい

128ページ

老後の住まいについて

最初に、高齢期の生活を支えるために重要な役割を果たす**「老後の住まい」**についてご説明します。現在では、自宅だけでなく公的なものから民間まで、安いものから高いものまで、介護サービスの付くものから付かないものまで、さまざまな種類の高齢者の住宅が用意されています。これらの住まいの入居条件はどうなっているのでしょうか？ 費用はいくらくらいなのでしょうか？ ここでは、そうしたことについての知識を深め、自分に合った住まいを探すためのヒントも提供します。

介護保険制度

149ページ

介護保険について

次に、あなたの老後の生活をサポートする**「介護保険制度」**についてご紹介します。介護保険はもともと、高齢化社会が進むなかで、介護の問題を社会全体が協力して引き受けるためにできた制度です。介護が必要となった時期に、ご家族の負担を和らげるばかりでは

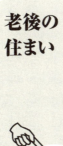

なく、ご家族がいないおひとりさまを支えるものとしても、介護保険は重要な役割を果たしています。

それでは、介護保険には具体的にどのようなサービスがあるのでしょうか？ また、介護保険制度を利用した場合の費用負担はどれくらいになるのでしょうか？ ここでは介護保険制度に関するさまざまな情報を掲載しています。

成年後見制度

182ページ

成年後見制度について

「成年後見制度」をごぞんじでしょうか？

加齢や認知症、精神疾患などであなたの判断能力が衰えてしまったとき、契約や財産の管理などをどうしたらいいのでしょうか。そんなときに役に立つのがこの制度です。

後見人はあなたに代わって財産の管理や契約の代行などもしてくれます。こうした制度について、まだ判断能力があるうちから知っておきましょう。判断能力のあるいまなら、自分の意思で後見人を選べますし、どこまで後見人におまかせするかも決められます。

相続

202ページ

相続
お墓に財産は持っていけない！

あなたが亡くなったあと、大切な財産はだれに**「相続」**されるのでしょうか？ 相続について事前に知っておくと、遺産をめぐるさまざまなトラブルが起きるのを未然に防ぐことができます。また、ここでは相続税に関して、知っておくと便利な税金対策・節税方法についてもお知らせします。

遺言書

215ページ

遺言
死んでからでは、
遅い！

この章では、最後に**「遺言書」**についてご説明します。遺言書は自分の死後の財産の行き先について、法律的な効力を持ったかたちであなたの生前の意思を表明するものですが、同時に残された人々に自分の感謝のメッセージを伝えるためのものでもあります。

しかし、遺言書が法律的に有効なものになるためには、さまざまな条件がありますし、ひとくちに遺言書といってもいろいろな書き方があります。ここでは遺言書の書き方や種類についてご説明します。

さて、それでは、どうぞページをめくって必要な項目にお進みください。

1 老後の住まいについて

バリアフリー・リフォーム
助成金を活用しよう

老いても輝きを失わずに生活するために「住まい」は重要です。高齢者の多くは、長年住みなれた自分の家で、老後をすごすことを希望しています。自分の家では自分が主人公でいられるし、生活上の自由度も高くマイペースですごせます。また、隣人関係など、長年のお付き合いで培った人間関係もあります。しかし、自分の家で暮らすためには、年齢に合わせたリフォームが必要になることがあります。最近は安全と安心のためのバリアフリー・リフォームが多くなっていますが、リフォームは、あなたが働いていて経済的な余裕のあるときに考えておくことが重要です。

バリアフリー・リフォームには、自治体からの助成金などが利用できる場合があります。たとえば、以下のような助成制度があります。

バリアフリー・リフォームの助成制度

- バリアフリー改修促進税制などの利用（借入金の一定割合が所得税額から控除されます）
- 介護保険の住宅改修費補助制度の利用（詳細は一六三ページをご覧ください）

これらの制度について知っておくと、バリアフリー・リフォームの費用を安く抑えることができるので、ぜひご活用ください。

お問い合わせ先

バリアフリー・リフォームの助成金や支援制度については、**各自治体担当課にお問い合わせください。**もし、各自治体の担当課の連絡先がわからない場合は、あなたがこれからバリアフリー・リフォームを頼もうと思っている**会社の担当者に「バリアフリー・リフォームの助成金制度を使いたい」と相談**してみてください。
下記のウェブサイトからも各自治体ごとの住宅リフォーム支援制度が検索できます。
また、本書の巻末にもお問い合わせ先の一覧を掲載していますので、ご参照ください。

一般社団法人
住宅リフォーム推進協議会「地方公共団体における住宅リフォームに関する支援制度検索サイト」

■ホームページ
http://www.j-reform.com/reform-support/

田舎暮らし、海外暮らし
悠々自適の第二の人生

老いを「第二の人生」と考え、自分の生きる目的や生き方に合った場所に転居する（住み替える）人々も年々増えています。たとえば、都会で暮らしていた人が、豊かな自然やおいしい空気を求めて田舎に転居する**「田舎暮らし」は、リタイア後の「のんびり暮らし」として人気に**なっています。田舎暮らしのメリットは、都会よりも生活コストが安いこと、自給自足的な生活を可能にすること、農作業などでいきいきとすごすことによって、老化を防げることなどが挙げられています。

また、**最近は海外へ移住やロングステイする人々も増えています**。ロングステイというのは、移住や永住のことではなく、海外に住居を確保（保有・賃貸）したうえで二週間以上の長期滞在をすることです。田舎や海外に拠点を持ってロングステイで滞在したり、移住したりするようなライフスタイルが広がっています。

海外移住に対しては、老後は暖かい地域で、のんびり、ゆったり暮らしたいというあこがれを持つ人が多くいます。ハワイ、オーストラリア、シンガポール、マレーシア、タイなどが人気です。最近、人気の高い移住先はマレーシアのペナン島だといわれています。暖かく、物価も安く、治安がいい、ということで選ばれているようです。

もしもロングステイを実行するなら、できれば事前に何度かその地に足を運び、自分に合っているかどうかを確かめることも必要です。ビザの種類により滞在期間が国によって異なることもありますので、事前に調べておくことも重要です。いま、ロングステイを扱う会社が国内外にできていますので、そこからの情報も得てみてください。

田舎暮らしも海外ロングステイも、交通の不便さや文化の違い、医療環境の違い、言葉の問題などはありますが、日々を大切に、元気な老後を送ろうという意欲を持つ人々にとっては魅力的なものです。これらについて詳しく知りたい方は、不動産会社や旅行会社、その他ロングステイを扱う会社にお問い合わせください。

終《つい》の棲《す》み家《か》を選ぶ
高齢者向け住宅探しのポイント

近年、元気なうちに安心して最期まで暮らせる場所（終の棲み家）探しをする人々も多くなりました。こうした要望に応え、交通の便利な街中に**「有料老人ホーム」**や**「ケア付きマンション」**などが建設されています。これらは、高齢となり、身体的な衰えを感じたとき、それをカバーするものが「便利さ」だと考える人々が利用しています。街中には身近な範囲に必要なものが揃っています。また、配偶者に先立たれ、子どもとの同居も望めず、独居になったときなど、強く孤独を感じることもあるでしょうし、「病気になったときはどうしよう……」といった不安にも陥るでしょう。そのような**身心の不調や不安に対して、随時相談やケアが受けられること**

も、この種の住まいの魅力です。これからもこのスタイルの住まいは増加すると思われます。

しかし「老い」は、住まいに関して、さまざまな問題を浮き上がらせてきます。有料老人ホームやケアハウスなどの高齢者向けの住宅に入居すると、安心感は得られる一方、転居にともなって新たな人間関係をつくることや、生活環境の変化に慣れるための努力が必要になります。

住みなれた家で最期まで暮らしたい。でも自分には同居の家族もいないし、万が一倒れて電話連絡もできないときはどうしよう……。そう不安に感じている人も多いでしょう。しかし、実際には、**訪問型の介護や医療を利用しながら、自宅でひとり、最期を迎える心の準備をしながら自立して生きる人もいます**。あるいは身の回りの整理をし、早くから高齢者向けの住宅に移って、周囲のサポートを上手に利用しながら生活する人もいます。

このように、いつ、どのような住まいを選択するかは、人それぞれの生き方、考え方、財産などによって決まってきます。

もしもあなたが旅立ちの時期の住まいについて考え、高齢者向けの住宅を選択することになったら、以下のことに留意しておきましょう。

高齢者向け住宅探しのポイント

- 情報をたくさん集める
- 現場を見学し、管理者と会い、話を聞く
- 信頼できる人、そこに入居している人たちに話を聞く

- 体験入居ができる「住まい」もあるので、その場合は二、三泊し、職員の対応、食事の内容、入居者の様子などサービスの状態を見きわめる
- 無理のない費用かどうかを検討する
- 介護が必要になった場合を想定し、どのようなサービスが受けられるかを調べておく

自宅で最期まで暮らしたい
あなたを支える在宅介護・医療

「住みなれた自宅で最期まで暮らしたい、というのはお年寄りの悲願です」といったのは社会学者の上野千鶴子さんです。いまは元気で自宅で暮らしているけれど、自分には介護をしてくれる家族もいない（あるいは同居している家族に負担をかけたくない）し、やっぱりいつかは施設に入らなければならないのではないか……。そういう不安を抱える人は多いと思います。しかし、さきにもご説明したように、最近では、**「おひとりさま」でも最期までご自宅で生活し続ける選択**をする人たちも増えています。

いま、国は高齢社会に備えて、できるだけ住みなれた地域で、高齢者が最期まで暮らし続けることができるように、さまざまなサービスをつくろうとしています。そのためにまず**必要なのは、あなたが暮らしている地域には、どんなサービスやサポート制度があるのか、ということをきちんと知っておくことです。**あなたが「できれば最期まで自宅ですごしたい」という希望

をお持ちならば、「でも、自分には無理そうだ……」と思ってしまう前に、まずはお住まいの地域に在宅医療のサービスや訪問介護・訪問看護のサービス、支援してくれる地域のＮＰＯなどがないかどうか、調べてみることが大切です。

たとえば、最近では地域ごとに**「地域包括支援センター（高齢者相談センター）」**というものがあります。まずはそこに相談してみるのもいいでしょう。在宅介護のサービスについては別項（☞**p160**「介護サービスの内容」）で詳しくご説明します。また、在宅医療や訪問看護については「病」の章（☞**p290**「病院医療と在宅医療」）でご紹介します。

お問い合わせ先

在宅介護について知りたければ、**あなたがお住まいの自治体の地域包括支援センター（高齢者相談センター）や担当のケアマネジャーにお問い合わせください。**

連絡先がわからない場合は、地方自治体のサービスなので、**まずは市区町村の担当課に電話をかけて**「自分が住んでいる地域の地域包括支援センターの電話番号を教えてください」と伝えれば、連絡先を教えてくれます。

また、本書の巻末にもお問い合わせ先の一覧を掲載していますので、ご参照ください。

自立して生活できる場合の住まい
要介護認定を受けていない人向け

次に、自宅ではなく**介護施設やケア付きの住まいへの住み替えを考えた場合の一般的な知識**についてご説明します。あなたが「ある程度自立して生活はできるけれど、ひとりでの生活には不安があるので、日常生活をサポートしてくれるサービスが付いた住まいに入居したい」と望む場合は、次のような住まいがあります。以下は**要介護認定**（☞p157「要支援度と要介護度」）**を受けていない人向けの施設**です。

〈**有料老人ホーム**（**住宅型、健康型**）〉

住居の確保に加えて生活支援サービス（食事の提供や安否確認など）が受けられます。ひとり暮らしや高齢夫婦のふたり暮らしには不安があるけれど、まだ介護が必要とまではいえない人が入居する施設ですが、**要介護状態になっても外部の介護サービスを利用して住み続けられます。**

相部屋ではなくて**個室**です。浴室・トイレは各部屋にあるところと、共用のところがあります。とくに浴室は、展望のよい広い場所に共用の浴室が設置されているところも多いです。**食事の提供サービス**があるので、各部屋のキッチンはお湯を沸かす程度の一口コンロが多いようですが、ホームによっては立派なキッチンが付いているところもあります。

これらの**附属設備の充実度は、毎月の利用料にも関係**してきます。入居を決める前に自分がどのような暮らしをしたいのか、そのための必要な設備があるかどうか確かめることが大切です。たとえば浴室について、ひとりで入浴するのが不安な場合は、共用の浴室のほうが安心ですし、場所によっては、温泉を利用した展望風呂が付いているホームもあります。キッチンも、自炊したい場合は適当な広さが望ましいけれど、三食食堂に行く場合は、簡単なもので間に合います。

入居条件：原則として六〇歳以上の単身者、またはどちらかが六〇歳以上の夫婦。

費用：入居時に支払う一時金も含めて、設備やスタッフによって格差が大きい。一時金はゼロ円〜数千万円のものまでありさまざまです。入居時に一時金として家賃を前払いする方式と、月払いで支払う方式があり、ホームによって選択できる場合があります。以前はゴルフの会員権のように、ホームに入居する「権利金」のような名目で、入居に際して多額の一時金を必要とする施設もありましたが、現在では老人福祉法の改正によって、権利金などの算定基準のあいまいなお金の受領は禁止されています。

〈サービス付き高齢者向け住宅（サ高住）〉

高齢の単身・夫婦世帯が安心して暮らせるように、**「安否確認」と「生活相談」のサービスが付いた賃貸住宅**です。最近高齢社会に合わせて建設が急ピッチで進んでいます。さきにご説明した有料老人ホームとの基本的な違いは、サ高住が「高齢者への住宅提供」を目的としているのに対し、有料老人ホームは住宅提供だけではなく「高齢者への福祉」も目的としていることです。目的の違いから、サ高住は有料老人ホームに比べて、必要なスタッフ数のしばりがゆるやかなので建設しやすく、数が増えてきています。

サ高住は基本的には賃貸住宅なので、安否確認と生活相談以外のほかのサービスは外部の事業者に依頼することになります。しかし、最近では、同じ建物内に訪問介護ステーションを設置したり、食事の提供をしたりしているサ高住も増えてきているので、有料老人ホームとの違いがわかりにくくなっています。

原則としてすべて**個室**です（二五㎡以上の広さが基準ですが、共用スペースの広さによっては一八㎡以上の場合もあります）。各部屋にトイレ・洗面所・台所・浴室・収納設備を備えていることが基本ですが、台所、浴室、収納設備が共用スペースにある場合もあります。

日中はケアの専門職員が常駐していますが、**夜間は必ずしも専門職員がいない場合もあり、その際は緊急通報装置でコールする**ことになります。介護の必要性があまりなく、自立した生活を送りたい人におすすめです。

入居条件：原則として六〇歳以上の単身者、またはどちらかが六〇歳以上の夫婦。
費用：家賃と光熱費に食費などの生活費がかかります。賃貸住宅なので物件によって家賃は異なります。礼金はありませんが、敷金は必要です。一時金は必要ありません。

＜ケアハウス（自立型）＞

ケアハウスには基本的に自立している人を対象にした「自立型」と常に介護を必要とする人を対象にした「介護型」がありますが、ここでは自立型についてご説明します。自立型のケアハウスは、日常生活に不安があり、ひとり暮らしやご家族がいない高齢者が入居する施設です。自治体の助成があるので一般的に**有料老人ホームやサ高住より安く**入ることができます。費用は、前年度の所得に応じて決まります。

高齢者対応の整備（バリアフリー・車イスへの対応など）がされていて、全室**個室**になっています。各部屋に簡単なキッチン、洗面所、トイレ、収納スペースがついています。食事、入浴の補助などのサービスに加えて、相談や助言、健康管理や緊急時への対応サービスもあります。

入居条件：原則として六〇歳以上の単身者、またはどちらかが六〇歳以上の夫婦。
費用：入居者の前年度の所得によって変動しますが、食費も含めて八万～一六万円が目安。入居時に敷金程度の一時金の支払いがあります。

＜生活支援ハウス＞

孤立した家でひとり暮らしが不安な高齢者に、**デイサービスなどの介護施設に隣接した住まい**ですごしてもらうことを目的としてつくられました。地方自治体が運営し、各種の相談や助言をおこなうサービスに加えて、居住者の身体の状況に合わせて介護サービスが受けられます。

原則として**食事などは自分で準備する**必要があります。個室の場合もあれば**相部屋の場合もあり**さまざまです。**ずっと暮らし続ける住まいではなく、短期間の住まいです**。一時的にひとり暮らしが不安な状況になった人におすすめです。

入居条件：原則として六〇歳以上の単身者、またはどちらかが六〇歳以上の夫婦。

費用：入居者の前年度の所得によって変動しますが、家賃は月にゼロ円～五万円。一時金は必要ありません。

〈シルバーハウジング（高齢者向け公営住宅）〉

生活援助員（ライフサポートアドバイザー）による相談や緊急時対応のサービスがある**高齢者向けの公営賃貸住宅**です。県営住宅や市営住宅の一部がシルバーハウジングとなっています。地方自治体や住宅供給公社が運営しています。

個室でバリアフリー設計になっていて、トイレや浴室に緊急通報装置などが設置されています。公営の賃貸住宅なので、食事や入浴の介助が必要になったら、外部の事業者に依頼します。

有料老人ホームやサービス付き高齢者向け住宅に比べて、**経済的負担が少なく、自由度も高い**ので自立している人におすすめです。

入居条件：原則として六〇歳以上の単身者、またはどちらかが六〇歳以上の夫婦。
費用：入居者の前年度の所得により変動しますが、家賃と光熱費、生活費がかかります。賃貸住宅なので物件によって異なります。一時金は必要ありません。

〈養護老人ホーム〉

経済的、身体的、精神的な事情によって、自宅での生活が困難な人が入所できる老人ホームです。地方自治体や社会福祉法人が運営しています。虐待、破産などの事情を抱え、**自宅で生活するのが困難だと行政が判断したときに入所できます**。

介護職員ではなく「支援員」と呼ばれる人たちが入居者の生活をサポートします。食事などの提供サービスもあります。個室の場合もあれば**相部屋の場合もあり**さまざまです。名前が似ていますが、要介護者が入居する「特別養護老人ホーム」とは別の施設です。

入居条件：原則六五歳以上（例外もあります）。市区町村の福祉事業所が、その人の生活状況を見て、入所の必要があると認めれば入所できます。
費用：入居者とその扶養者の所得によって違います。月にゼロ円～八万円くらいまで差があります。一時金は必要ありません。

このように、ひとくちに高齢者の住まいといっても、あなたの身体的・経済的な状況に合わせてさまざまなものがあります。入居できる条件も費用やサービスの質もさまざまです。一般に民間の会社が運営するものは、社会福祉法人や公営の施設よりも費用は高くなる傾向にあります。**資料だけを見て入居を決めるのではなく、一度ご自分で施設を見学して、**立地環境やそこで働いている人の様子などを確かめてみることが必要です。

お問い合わせ先

地方自治体が運営する施設については、**お住まいの市区町村の担当窓口にご相談ください。**民間企業や社会福祉法人が運営するものについては、**各団体にお問い合わせください。**

都道府県の公式ホームページを開くと、行政が認可したケアハウス、有料老人ホーム、サービス付き高齢者向け住宅などの一覧表があるので、どこにどんな施設があるのか、参考になります。

また、本書の巻末にもお問い合わせ先の一覧を掲載していますので、ご参照ください。

自立した生活が困難な場合の住まい
介護が必要になった人向け

食事の用意や入浴が自力でできなくなり、ご自宅で暮らし続けることが困難だと感じた場合、介護保険制度を使って入所できる施設を検討し、必要があれば申し込みをおこなうことになります。ここでは、前項よりも、さらに介護サポートを必要とする人々向けの施設をご紹介します。

以下の施設は「要介護」と認定された人（介護が必要だと認定された人）（☞p157「要支援度

と要介護度」）**のみが利用できます**。介護保険の改定により、各施設を利用する**費用は前年度の所得やご本人の預貯金高によって違ってきます**。たとえば二〇一六年現在、ご本人が一〇〇〇万円以上の預貯金を持っているかどうかなどで、施設の部屋代や食事代が違ってきます（☞p171「施設に入所したときのサービス費」）。また介護保険を利用したときの自己負担額も所得によって一割の人と二割の人がいます。また、個室か、相部屋かによっても違ってきます。**原則としてすべての施設で入所時の一時金は必要ありません**（介護型のケアハウス・有料老人ホームを除く）。

こうした費用負担の割合は、介護保険制度の改定によって年々違ってくるので、市区町村が発行している福祉・介護に関する最新のパンフレットを参考にするのがよいでしょう。

これから説明する各施設は、すべて日常的な介護が必要になってから入居するものなので、共通して以下のような特徴を持っています。

介護保険で利用できる施設の特徴

①部屋は個室の場合もあり、相部屋の場合もあり、さまざまです
②食事の提供サービスがあるので、キッチンは部屋には設置されていません
③トイレは、各部屋に付いている場合と、共用の場合があります
④浴室は共用ですが、個浴（家庭のお風呂のようにひとりで入浴できる）の入浴設備がある施設もあります
⑤入居時の一時金は原則として必要ありません(介護型のケアハウス・有料老人ホームを除く)。

ただし、敷金として退去時の必要経費を預かる場合はあります
⑥入居できる年齢は、原則として介護保険が適用される六五歳以上です

〈介護療養型医療施設〉

病気になって、病状が急速に変化している時期（急性期といいます）の治療が終わり、安定期に入った高齢の患者さんのための施設です。医療・療養上の管理、看護と医学的管理下での介護、機能訓練が受けられます。

基本的には、**介護というよりも医療を重視した施設**なので、高齢で寝たきりの患者さんなどの長期療養に適しています。したがって、**症状が改善してきた場合は退所を求められることもあります**。

入居条件：要介護認定を受けていること。
費用：要介護度や病状、ご本人・ご家族の所得や預貯金高によって変動します。また個室か相部屋かによっても異なります。介護保険の自己負担率が一割の場合、自分で支払う費用の目安は月に六万〜一六万円前後。

〈老人保健施設（老健）〉

介護が必要な方が入所する施設ですが、基本的には、**在宅生活への復帰を目指した、リハビリに重点をおいています**。たとえば、脳疾患や骨折などで入院した際に、退院が決まっても、病気になる前に比べると身体が思うように動かなくて、自宅に帰るには不安だという場合があります。そうした人たちがリハビリをして自宅での生活ができるようにするのがこの「老人保健施設」です。いわゆる「（病院から自宅への）中間施設」といわれるものです。入所すると、看護やリハビリ、食事、トイレ、入浴などの介護や日常生活上のケアを受けることができます。

老健はリハビリをして自宅に帰りたいと思う方に向いていますが、逆にリハビリを目的としているため、**長期間入所することはできません。三ヶ月たつと、別のところに移ることを求められます**。本来は長期間の入所を目的としてつくられた施設ではないのですが、特別養護老人ホームなどの順番待ちがあふれているような状況のなかで、やむなく老健を転々とハシゴするというケースもよく見られます。

入居条件：要介護認定を受けていること。

費用：要介護度やご本人やご家族の所得、入居する部屋の形態などによって変動します。目安として一ヶ月の自己負担金は六万～一六万円前後（介護保険の自己負担率が一割として）。

〈特別養護老人ホーム（特養）〉

心身に障がいがあるため常に介護が必要な方や自宅では介護できない高齢者の入所が可能です。食事、トイレ、入浴などの介護や日常生活上の世話や健康管理を受けられます。**要介護度が比較的重度の方に向いています。**

重篤な病気で入院しなければならなくなったり、医療措置が必要になったりした場合は退所しますが、**最近では看取りまでしてくれる施設も多くなりました。**退所する人が少ないため、**順番待ちが多く、**希望してもなかなか入れない施設です。

入居条件：原則として要介護度3以上。

費用：要介護度や病状、ご本人・ご家族の所得、入居する部屋の形態などによって変動しますが、目安は月に五万五〇〇〇～一六万円前後（介護保険の自己負担率が一割として）。

〈認知症対応型グループホーム〉

認知症の高齢者が、家庭的な雰囲気のなかで生活援助を受けながら、**認知症の進行をゆるやかにし、安定した生活を送る**ことを目的とする施設です。ひとつのグループが九人の定員なのでケアスタッフの目が届き、入居者同士も馴染みの関係が醸しだされます。個室になっています。

入居条件：認知症であること。

費用：要介護度によって変動しますが、目安は月に一二万～一八万円前後（介護保険の自己負担率が一割として）。

〈ケアハウス（介護型）〉

一三八ページでも触れた「介護型」のケアハウスのことです。ケアハウスのスタッフから二四時間対応の特別養護老人ホームと同じ程度のケアが受けられます。**特養との違いは、介護付きケアハウスは費用（事務費）が入所者の所得によって決まる**ことです。特養と違って要介護度3以上でなくても入居できます

入居条件：要介護認定を受けていること。

費用：要介護度、ご本人・ご家族の所得によって変動しますが、目安は月に八万～一五万円前後（介護保険の自己負担率が一割として）。入居一時金として、家賃の二ヶ月分を敷金として預かるところが多いようですが、もっと高額な一時金のところもあり、施設によってまちまちです。

〈有料老人ホーム（介護型）〉

一般の有料老人ホームでは介護サービスは外部に依頼しますが、介護型の有料老人ホームでは**職員による介護サービス**があります。**ただし、自己負担の費用が高い**ので、特養、老健などの入居待ちの人が一時的に入居するケースが見られます。ホテルや社宅をリフォームしたものや新築など、施設によって設備面での格差が大きいことも特徴です。

入居条件：要介護認定を受けていること。

費用：入居時に一時金が必要です。一時金の費用も月々の費用も一三五ページでご説明した住宅型、健康型の有料老人ホームと同様にピンからキリまであります。

これらが介護保険で利用できる六つの住まい（施設）です。あなたの心身の状態や、いままでの生き方に合わせた住まいの選択にお役立てください。

お問い合わせ先

地方自治体が運営する施設については、**お住まいの市区町村の担当窓口にご相談ください。**民間企業や社会福祉法人が運営するものについては**各団体にお問い合わせください。**また、本書の巻末にもお問い合わせ先の一覧を掲載していますので、ご参照ください。

高齢期の住まい、施設選びのポイント

チェック項目		チェック結果
ホーム名：		
連絡先：		
入居の条件：		
諸費用の確認	入居時に必要な費用	
	入居後毎月の費用	
	退去費用（現状回復の費用負担など）	
入居一時金などの確認	退去時に返還されるのか	
	償却はいつの時点からか	
	初期償却の割合	
	償却期間	
	前払い金の安全措置の内容	
	短期解約特例制度があるか	
サービス内容の確認	どこで介護サービスの提供を受けるのか	
	介護サービスを提供する職員の人数	
	夜間勤務の体制	
	食事・排泄・通院介助、健康管理などのサービスの有無と費用負担	
	食事メニューは複数から選べるか	
	高血圧、糖尿病などの特別食の対応はあるのか	
	医療との連携はどうなっているか	
	職員の対応や入居者の雰囲気はどうか	
	定員と入居者数、入居率はどのくらいか	
	退去しなければならないのはいつか	
施設や設備の確認	個室か相部屋か	
	個室の間取りや広さは適当か	
	トイレ、浴室、シャワーは部屋にあるか	
	緊急通報装置は部屋にあるか	
	防火対策、スプリンクラーの設置	
	介護施設では、匂いに注意	
その他の確認	立地・環境（医療機関や金融機関の利便性）	
	行政による監督状況	
	事業主体の経営状況をホームページや第三者評価で確認する	
	体験入居はできるか	

2 介護保険について

意識の転換
「他人さま」のお世話になっちゃおう！

老いは、身体能力や思考力、記憶力を少しずつ（あるいは急激に）うばいとっていきます。昨日できたことが今日はできないという現実（喪失感）を感じたとき、あなたのショックは大きくなり、悲嘆も深くなります。

でも、それはいのちの流れのなかでは、必ず起きることです。喪失を悲しみ、嘆くのではなく、また、いままでの生活を自分だけの力で無理に維持しよう、と必死になるのでもなく、**思いきって「もう、だれかのお世話になろう！」という「おまかせ意識」へ転換する**ことも大切です。同時に、あなたに残されている心身機能を最大限活かして、それを長持ちさせるにはどうしたらいいのか、という意識の転換も必要となります。わたしたちの介護の物語は、こういった意識の転換というページをめくることからはじまっていくのです。

「だれかのお世話になる」というときの「だれか」は、いままでは「家族のだれか」でした。娘

さんや息子さん、あるいはお嫁さんが、お年寄りのお世話をした時代が長く続き、いまもそういうケースはあちこちに見られます。

もちろん、ご家族は大きな介護の力となりますが、**いまは介護を一〇〇パーセントご家族に依存する時代ではありません**。なぜなら、核家族化が進むことによって、おじいちゃんやおばあちゃんとの同居のご家族もどんどん減っていますし、昔と違って共働きの家庭も増えているので、ご家族だけの力で介護を支えることが、かつてよりもむずかしくなっているからです。そんな状況を受けて、**ご家族に代わり「他人さま」があなたを支える制度（介護保険制度）**が動いています。ここでは、そんな介護保険についてご説明します。

介護保険とはなにか？
目的と特徴

介護保険は「介護が必要となった人々が、人間としての尊厳を守られながら、その人が持つ能力に応じた日常生活を営む」ために、必要な福祉や保健医療のサービスを公的に受けることができるようにつくられた制度です。

これまで介護は、ご本人やご家族の「私的」な問題だと考えられてきました。しかし、さきにもお話ししたように、少子高齢化時代が進むなかでご家族にその負担が大きくのしかかるようになっており、介護負担を「公的」にサポートする必要性が出てきました。そこで、**介護の問題**

を社会が一緒になって支えていくためにつくられたのが、介護保険制度です。介護にかかわるさまざまな専門職が、食事や入浴のサポートなどをはじめとして、利用者の日常生活を支えてくれます（☞p160「介護サービスの内容」）。

これにより、ご家族の介護にかかる精神的・経済的負担は軽減されます。ご家族の日常的な負担が軽減されることにより、ご家族には心の余裕が生まれ、より優しい気持ちで高齢者に接することができるようになる——介護保険は、そんなご家族への心遣いの制度なのだともいえましょう。ご家族のいない**おひとりさまにとっても不可欠の制度**です。

介護保険によって、利用者が自分に合った多様な医療や福祉のサービスを自由に選択できるようになりました。さらに、法人格のある介護事業者が介護保険の事業へ参入できるようになり、サービスの量も拡大しました。

介護保険はそれまでご家族が担ってきた介護の一部を社会が引き受けるだけではなく、**介護される人が「自分で自分に必要なサービスを選ぶ」という、選択の主役になる**ことを理想としています。介護保険のサービスを受ける要支援・要介護認定者は年々増加しており、いまでは高齢者が五人に一人の割合（厚生労働省の二〇一四年の調査）で介護保険を利用しているという状況です。

介護保険料と自己負担率
自己負担は一～二割

介護保険制度に加入する年齢は四〇歳からです。原則として**四〇歳以上の人は全員被保険者となり、介護保険料の納付義務が生まれます。**

月々の**介護保険料の支払金額は、その人の住んでいる地域や年収などによって異なります。**また、介護保険料の月額は介護保険法によって**三年ごとに見直される**ことになっています。四〇歳から六四歳までの会社勤めの人は、健康保険料と同様に給料から保険料が天引きされます。自営業の人などは国民健康保険料と一緒に介護保険料を徴収されます。六五歳以上の方は、もらっている年金の金額などの条件によって、年金から天引きされる「特別徴収」と口座振替や納付書による支払いの「普通徴収」に分けられます（老齢年金・退職年金・遺族年金・障害年金などが年額一八万円以上の方は特別徴収です）。

六五歳の誕生月に介護保険証が届き、介護保険のサービスを利用できるようになります。四〇歳から六四歳までの人でも、国が指定した以下の一六の特定の病気がある場合のみサービスを利用できます。

国が指定した一六の疾病

がん（がん末期）／関節リウマチ／筋萎縮性側索硬化症／後縦靱帯骨化症／骨折をともなう骨《こつ》粗《そ》鬆《しょう》症《しょう》／初老期における認知症／進行性核上性麻痺（大脳皮質基底核変性症・パーキンソン病関連疾患）／脊髄小脳変性症／脊柱管狭窄症／早老症（ウェルナー症候群など）／多系統萎縮症／糖尿病性神経障がい・糖尿病性腎症・糖尿病性網膜症／脳血管疾患／閉塞性動脈硬化症／慢性閉塞性肺疾患／両側の膝関節または股関節に著しい変形をともなう変形性関節症

あなたがもし特定の病気で日常生活に困っている場合、**「六五歳未満だから介護保険は利用できない」と思ってしまう前に、これらの一六疾病に当てはまるかどうか確かめてみましょう。**

介護保険では、利用者が受けたサービスの量に応じて、決められた限度額の範囲内で、その**総額の一～二割を負担することになっています**（一割負担か二割負担かは世帯の収入や課税状況によって異なります）。健康保険証を使うと病院にかかったときに、医療費を一～三割しか払わなくてすむのと同じ仕組みです。

サービスを受けるために
自分か関係者が申し出ること

介護保険は**自己申告制**です。自分（ないしは関係者）が申請しないと介護サービスを受けることはできません。もしあなたが生活に不自由を感じはじめたとき、つまり、自分には介護が必要だと思いはじめたときには、次のような段階を踏んだ手続きが必要となります。

お問い合わせ先

介護保険についての詳細は、お住まいの**自治体の地域包括支援センター（高齢者相談センター）や福祉保険局、市区町村の担当窓口（介護保険課や高齢福祉担当課）など**にお問い合わせください。
以下の厚生労働省のホームページから各都道府県の地域包括支援センターの一覧を探すこともできます。
また、本書の巻末にもお問い合わせ先の一覧を掲載していますので、ご参照ください。

厚生労働省「地域包括ケアシステム」より「地域包括支援センターについて」

■ホームページ
http://www.mhlw.go.jp/stf/seisakunitsuite/bunya/hukushi_kaigo/kaigo_koureisha/chiiki-houkatsu/

第一段階

まずあなたのお住まいの地域の**市区町村の担当窓口や福祉保健局、地域包括支援センター（高齢者相談センター）などに問い合わせて、**あなたのお身体の状況について相談してみてください。

第二段階

申請書類（要介護、要支援認定申請書）を行政の担当窓口でもらうか、市区町村のホームページからダウンロードしてください。

書類にはあなたの氏名や年齢、被保険者番号（介護保険の被保険者証に記載されています）や住所のほか、担当医師（主治医や市区町村指定の病院の医師）の名前や病院名を記入する必要があります。

記入したら、**市区町村の担当窓口か地域包括支援センターに書類を提出**します。提出の際には書類のほかに介護保険の被保険者証を持参しましょう（さきにご説明した一六疾病に該当する六五歳未満の方は、健康保険証を持参しましょう）。書類を提出するのがご本人やご家族でない場合は印鑑も持っていく必要があります。

第三段階・第四段階

書類を提出したら、市区町村の調査員があなたの自宅や施設（入院中なら病院）にやってきて「自分でできること、できないこと、手助けがどの程度必要なのか」などについて調査がおこなわれます（第三段階）。そのあと、介護認定審査会により**要介護度が決定（要介護認定）**されます（第四段階）。

第五段階・第六段階

ここまできたら、次は**あなたの居宅介護支援専門員（ケアマネジャー）を選ぶ番**です（第五段階）。ケアマネジャーというのは、あなたに必要な介護（サポート）を見きわめて、あなたやご家族と相談しながら必要な介護サービスの計画（ケアプラン）をつくってくれる人です。**このサービスの計画にもとづいて、あなたは必要なサービスを受けることができます**（第六段階）。

要介護認定と介護サービスを受けるには、おおむね以上のような段階を踏むことになりますが、二〇一七年からは市区町村の窓口（あるいは地域包括支援センターの窓口）段階でまずチェックがなされるようになりました。そのままさきにご説明した手順で要介護判定に進むのが一般的ですが、窓口でのチェックの結果、明らかに介護保険のサービスを使うほどの状態ではないと判断された場合は、地方自治体が運営する介護予防のサービス事業（総合事業）を紹介される場合もあります。

要支援度と要介護度
あなたに必要な介護の度合いは？

要介護認定の手続きをすると、あなたにはどのくらいの介護が必要か、ということが審査会によって認定されます。そこで決められる**あなたに必要な介護の段階を「要介護度」といいます**。要介護認定は大きく分けて「要支援」「要介護」の二段階があります。

要支援というのは、あなたには生活支援が必要だけれど、まだ介護が必要とまではいえない段階だという意味です。**要介護**というのは、あなたは日常的な介護を受ける必要がある段階だということです。

さらに支援の程度により、**「要支援度」は1～2の二段階、「要介護度」は1～5の五段階**に分かれています。数字が大きいほど、あなたに必要な介護の度合いが大きいと考えてください。また、**介護保険には利用できるサービスの限度額がありますが**、この数字が大きいほど、あなたが利用できるサービスの種類や限度額も増え

要介護認定の段階

区分	本人の状態
要支援 1	生活機能の一部に若干の低下が見られるが、介護予防サービスにより改善が見込まれる状態
要支援 2	生活機能の一部に低下が見られるが、介護予防サービスにより改善が見込まれる状態
要介護 1	疾病や外傷などで、身体状況により部分的な介護が必要な状態。日常生活動作の一部分で能力が低下し部分的な介護が必要な状態
要介護 2	身の回りの日常生活全般に部分的な介護が必要な状態
要介護 3	日常生活動作が著しく低下し、日常生活全般に見守りや介護が必要な状態
要介護 4	さらに日常生活動作が低下し、日常生活全般に介護が必要な状態
要介護 5	介護なしには日常生活を営むことが不可能な状態

＊「介護がどれくらい必要か」によって、要介護認定は 7 段階に分かれます。表はあくまでも目安としてください

ていきます（☞p169「在宅サービスの利用限度額と費用」）。

ただし、二〇一五年度からは「要支援」の人たち、「要支援」にも該当しない人たち（「自立」）を対象とした一部のサービス（総合事業）については、管轄が国から市区町村に移管されたため、**あなたがお住まいの自治体によって利用できるサービスの量や内容が異なってきます**。

サービス利用の相談相手
だれに相談すればいいの？

介護保険は自己申告制とはいっても、なかなか自分ではどのような介護サービスを受けたらよいのかわかりません。では、いざ介護を受けようという場合、どこのだれに相談したらよいのでしょうか。以下ではあなたの相談相手やサポーターについて考えてみます。

〈地域包括支援センター（主に「要支援」の場合）〉

あなたが要介護認定で「要支援」の認定を受けた場合、申請のときから引き続き、地域包括支援センターに相談することになります。**地域包括支援センターは高齢者への総合的な生活支援の窓口となる地域機関**です。地域によっては地域包括支援センターのことを**高齢者相談センター**という名前で呼んでいるところもあります。

市区町村または市区町村から委託された法人が運営し、介護にかかわる専門家が集まっています。地域の介護予防（要介護状態になるのを予防し、できるだけ地域で自立して暮らすための予防策）の拠点として、高齢者やご家族からの相談に対応し、介護、福祉、医療、虐待防止などに必要な支援が、継続的に提供できるように調整する役割を果たしています。

地域包括支援センターはこれから、地域の総合的なケアの力を結集して、それをコーディネイトする地域包括ケアシステム（☞p180「介護保険制度の将来」）の要となる予定です。

〈ケアマネジャー（主に「要介護」の場合）〉

あなたが要介護認定で「要介護」の認定を受けた場合、市区町村の窓口で**居宅介護支援事業所（ケアマネジャーの事業所）**の一覧表をもらいましょう。さきにもご説明したように、ケアマネジャーはあなたに必要な介護サービスの計画を練ったり、あなたの要介護度で補助される保険の範囲内でどういうサービスを受けられるのか、というようなことを調整（マネジメント）する役割を担っている人です。ケアマネジャーはこの一覧表の中から自分で選びます。「家に近い」「母体が信頼できる病院や施設で安心感がある」「知人が使ってよかった」などの情報を参考にしましょう。

介護保険は、要介護状態になった人たちを社会全体で支援していこうという目的でつくられたものです。そのため、要介護者の多様性に合わせたさまざまなサービスがあります。サービス計画を自分で作成する方もいらっしゃいますが、**基本的には、サービスの種類、利用料の計算な**

どを熟知しているケアマネジャーに作成をお願いすることをおすすめします。

ケアマネジャーにサービス計画をつくってもらう場合も、介護の現場では、**主役はいつもあなた（介護される人）**です。ケアマネジャーにお願いする際は、「こうしてほしい」「こういうことに困っている」というような、あなたの希望をできるだけ丁寧に伝えるようにしてください。遠慮しすぎて「本当はこうしてほしいのに……」という気持ちを抱え込んでしまう前に、できるだけたくさんの自分のサポーターを探してみることも必要です。

介護サービスの内容
介護保険にはどんなサービスがあるの？

ここでは、要介護認定で「要介護1～5」と認定された場合に、あなたが受けられる介護サービスの内容についてご説明します。介護サービスは大まかに、**自宅でサービスを受ける「在宅型」**と、**施設などに長期にわたり入所する「入所型」**に分けられます。入所型は施設に入ることでさまざまなサービスが受けられます。これについてはすでにご説明しました（☞p141「自立した生活が困難な場合の住まい」）ので、以下では在宅型のサービスについてご紹介します。

在宅型には「訪問型」（訪問介護など、自宅で生活の支援や身体の介護を受けるもの）と「通所型」（あなたがデイサービスなどに通って介護を受けるもの）のサービスがあります。

〈訪問型（自宅で受けられるサービス）〉

在宅・訪問型のサービスは次のとおりです。

訪問介護（ホームヘルプ）

おむつ交換や食事づくり、入浴や掃除・洗濯などの生活支援をしてほしいときに利用するサービスです。ホームヘルパーが自宅を訪問し、日常生活の介護や身の回りの世話をしてくれます。

訪問入浴介護

自宅の浴槽では入浴が困難な人が、お風呂に入りたいときに利用するサービスです。訪問入浴車が自宅を訪問し、介助しながらお風呂に入れてくれます。

訪問看護

看護師が自宅を訪問して、床ずれの手当てや点滴の管理など、療養上のお世話をしてくれます。

訪問リハビリテーション

自宅でリハビリを受けたいときに、リハビリの専門家（理学療法士・作業療法士など）

が自宅を訪問し、リハビリの指導をしてくれます。

居宅療養管理指導

医師、歯科医師、薬剤師などが自宅を訪問し、薬の飲み方や食事の指導、歯や入れ歯の管理といった療養上の管理・指導をしてくれます。ただし、介護保険はあくまで「介護」についての保険なので、病気の治療や診療を自宅で受けたい方は、在宅医などの訪問医療サービスにご相談ください（☞p290「病院医療と在宅医療」）。

福祉用具のレンタル

高価な福祉用具を安く借りることができます。介護用ベッドやスロープなどがほしいときに利用できます。レンタル料の一～二割の負担で借りることができます。利用できるレンタル品は一三種類あります。

特定福祉用具販売

ポータブルトイレやシャワーイスなどが必要なとき、特定の福祉用具を定価の一～二割の自己負担（八～九割引き）で購入することができます。ただし、一年につき一〇万円までが限度です。なお、介護保険の指定を受けていない事業者から購入した場合は支給の対象となりませんのでご注意ください。

住宅改修費の補助

自宅に手すりを付けるなど、介護のために特定の住宅改修をしたあと、工事費用の補助が受けられます。限度額は二〇万円までです。工事費の一～二割が自己負担です。ただし、要介護状態が著しく悪化（三段階以上）した場合、もしくは転居した場合はあらためて一八万円もしくは一六万円までの支給を受けることができます。なお、住宅改修は市区町村に登録してある工事業者でないと支給の対象にならない場合があります。また、新築の場合は対象にならず、支給には事前と事後の申請が必要です。

〈通所型（日帰り施設で受けられるサービス）〉

在宅・通所型のサービスについては次のとおりです。

通所介護（デイサービス）

デイサービス施設に通うことで、入浴や食事のサービス、日常生活のお世話や相談などが受けられます。レクリエーションなどを通して同世代の仲間をつくったり、家の外に出て人と交流することでよい気分転換になります。送迎があるので、ご家族は昼間働いていても安心です。

通所リハビリテーション（デイケア）

医療施設などリハビリの専門家（理学療法士や作業療法士）がいるところに通って、リハビリが受けられます。

〈その他のサービス〉

以上が代表的な介護サービスですが、その他のサービスは次のとおりです。なお、見出しのカッコ内に「地域密着型」と書かれているものは、市区町村など地方自治体の管轄のサービスです。施設ではなく在宅での暮らしを継続するために重要なサービスですが、お住まいの自治体によって利用できるところとできないところにばらつきがありますのでご注意ください。

短期入所（ショートステイ）

ショートステイとは、介護者が病気、出産、介護疲れ、急用の外出などで介護できないときに、要介護者（介護される人）が施設などに短期間入所し、日常生活のお世話や機能訓練などを受けることができる介護サービスです。

介護系の施設に短期間入所して介護やリハビリなどが受けられる「短期入所生活介護」と、医療施設などに短期間泊まって、医学的な管理のもとで介護やリハビリなどが受けられる「短期入所療養介護」の二種類があります。

小規模多機能型居宅介護（地域密着型・二四時間サービス）

在宅でもサービスが受けられ、施設への短期間の泊まりでもサービスが受けられる、地域に密着した柔軟なタイプの介護施設です。介護が必要になった高齢者が、地域社会のなかでいままでの人間関係や生活環境を維持したまま生活できるように、「（施設への）通い」を中心に「（施設から自宅への）訪問」「（施設への）泊まり」の三つのサービスを一体化して、二四時間切れ間のないサービスが受けられます。

定期巡回・随時対応型訪問介護看護（地域密着型・二四時間サービス）

利用者が可能な限り自宅での生活を継続できるように、定期的にホームヘルパーや訪問看護師が巡回に来てくれるサービスです。また、定期的な巡回だけでなく、夜間でも通報すれば自宅までかけつけてくれます。介護だけではなく、看護などの医療サービスとも連携しています。二四時間・三六五日、必要なときにサービスを受けられるのが特徴で、これからの在宅介護・医療の強い味方です。

特定施設入居者生活介護

有料老人ホームやケアハウス、サービス付き高齢者向け住宅などのうち、介護保険の指定を受けた施設で、食事、排せつ、入浴などの介護、その他日常生活の世話や機能訓練を受けることができます。

介護予防サービス

要介護状態を先送りしよう

介護予防とは、要介護状態になることや状態の悪化をできるだけ防ぐことに重点をおいて、高齢者が快適に日常生活を送ることができるようにするサービスのことをいいます。

介護予防サービスを受けることができるのは、要介護認定で「要支援1」「要支援2」と判定された人です。介護予防サービスにも、介護サービス（「要介護1～5」の人が受けられるサービス）と同じように、「訪問型」と「通所型」があり、入浴の補助や訪問での介護、デイサービスやリハビリテーションなど、さまざまな種類があります。

具体的には以下のようなサービスがあります。内容的には介護サービスと同じものも多いのですが、目的が異なります。介護予防サービスは、あくまで「あなたが要介護状態になるのをできるだけ防ぐ」ためのサービスなので、状況によって受けられるサービスの度合いは異なります。

主な介護予防サービス

訪問介護／訪問入浴介護／訪問看護／訪問リハビリテーション／通所介護／通所リハビリテーション／福祉用具貸与／短期入所生活介護／短期入所療養介護／認知症対応型通所介護／小規模多機能型居宅介護（利用期間を定めておこなう）／認知症対応型共同生活介護　など

地域包括支援センター（高齢者相談センター）、またはケアマネジャーにケアプランを作成してもらうと、自己負担一〜二割でこれらの介護予防サービスが受けられます。ただし、この介護予防サービスの一部（介護予防訪問介護、介護予防通所介護）は、二〇一七年までに、**介護保険のサービスから自治体の運営する「総合事業（介護予防・日常生活支援総合事業）」というサービスに移行する**ことが決定しています。

これによって、いままで要支援認定者のみが使えたサービスの一部が、認定なし（要介護認定で「自立」と判定された人）でも使えるサービスになります。また、各自治体で独自に「自立」判定者でも使える介護予防のサービスをおこなっているところもあり、介護予防教室や訪問指導の介護予防サービスが利用できる場合があります。

認定なしでも使えるというと便利なようですが、総合事業の料金や質、提供の量や種類などは、各自治体の裁量に任されることになるので、地域によってはサービスの料金が高くなったり、あるいはそれまで使えていたサービスが使えなくなったり、という弊害もあります。つまり、**これからはお住まいの自治体によって使えるサービスの質や量に格差が大きくなる傾向がある**ということです。

なお、認知症の方がこれらの介護保険のサービスを受ける場合は、ご本人が手続きできない場合が多いので、成年後見制度（☞p182「成年後見制度について」）で後見人（あなたの代わりにいろいろな契約や財産の管理をしてくれる人）を決めておくことも大切になります。後見人を決めていれば、施設との入所契約や支払いなどもスムーズにおこなうことができます。

介護サービスの種類　（厚生労働省ホームページより）

区分	都道府県・政令市・中核市が指定・監督をおこなうサービス	市区町村が指定・監督をおこなうサービス
「要介護」の認定を受けた人が利用できるサービス	■居宅介護サービス 【訪問サービス】 ・訪問介護（ホームヘルプ） ・訪問入浴介護 ・訪問看護 ・訪問リハビリテーション ・居宅療養管理指導 ・特定施設入居者生活介護 ・福祉用具貸与・販売 【通所サービス】 ・通所介護（デイサービス） ・通所リハビリテーション（デイケア） 【短期入所サービス（ショートステイ）】 ・短期入所生活介護 ・短期入所療養介護 ■居宅介護支援 ・ケアマネジメント ■施設サービス ・介護老人福祉施設 ・介護老人保健施設 ・介護療養型医療施設	■地域密着型介護サービス ・定期巡回・随時対応型訪問介護看護 ・夜間対応型訪問介護 ・認知症対応型通所介護 ・小規模多機能型居宅介護 ・認知症対応型共同生活介護（グループホーム） ・地域密着型特定施設入居者生活介護 ・地域密着型介護老人福祉施設入所者生活介護 ・複合型サービス（看護小規模多機能型居宅介護）
「要支援」の認定を受けた人が利用できるサービス	■介護予防サービス 【訪問サービス】 ・介護予防訪問介護（ホームヘルプ）＊1 ・介護予防訪問入浴介護 ・介護予防訪問看護 ・介護予防訪問リハビリテーション ・介護予防居宅療養管理指導 ・介護予防特定施設入居者生活介護 ・介護予防福祉用具貸与・販売 【通所サービス】 ・介護予防通所介護（デイサービス）＊2 ・介護予防通所リハビリテーション（デイケア） 【短期入所サービス（ショートステイ）】 ・介護予防短期入所生活介護 ・介護予防短期入所療養介護	■地域密着型介護予防サービス ・介護予防小規模多機能型居宅介護 ・介護予防認知症対応型通所介護 ・介護予防認知症対応型共同生活介護（グループホーム） ■介護予防・日常生活支援総合事業 地域によってサービスの種類が異なります

＊1、2　介護予防訪問介護と介護予防通所介護は2017年4月から総合事業に移行

在宅サービスの利用限度額と費用
サービスはどこまで利用できるのか

以上見てきたように、ご自宅でもいろいろなサービスが受けられます。では、あなたが希望すれば、際限なく一～二割負担でサービスの利用ができるのでしょうか。健康保険では医師が必要と認めた治療や投薬を上限金額の制限なしで受けられますが、**介護保険では、決まった要介護**

お問い合わせ先

介護サービスや介護予防サービスについての詳細は、あなたの**担当のケアマネジャーやサービスを提供している介護事業者、あるいはお住まいの自治体の地域包括支援センター（高齢者相談センター）**などにお問い合わせください。

また、本書の巻末にもお問い合わせ先の一覧を掲載していますので、ご参照ください。

度（要支援度）に応じて、利用できる限度額が決められています。下記の表にその上限額を記しています。

あなたが利用できるサービスは、サービスの種類につき一回いくらかという決まりがあります。たとえば、ヘルパーさんに来てもらって食事の用意と掃除をしてもらう（生活援助）の場合は、二〇～四五分で一八三〇円（一八三単位）、おむつ交換や入浴介助などの身体に触れるケア（身体介護）は三〇分～一時間で三八八〇円（三八八単位）などと決まっています。また、要介護度2の人がデイサービスを送迎付きで五～七時間ほど利用すると六七六〇円（六七六単位）になります。介護保険の利用料や限度額は「円」ではなく「単位」を使ってあらわされます。実際の支払いは「円」で計算されますが、「一単位＝約一〇円」というのが全国平均の値です。ただし、あなたがお住まいの地域によって一単位が九円だったり一一円だったりすることもありますので、ご注意ください。

在宅サービスの利用限度額

（厚生労働省ホームページより）

区分	利用限度額（1ヶ月あたり）
要支援 1	50,030円
要支援 2	104,730円
要介護 1	166,920円
要介護 2	196,160円
要介護 3	269,310円
要介護 4	308,060円
要介護 5	360,650円

この利用限度額の管理を受けるのは、以下のサービスです

▼

訪問介護
訪問入浴介護
訪問看護
訪問リハビリテーション
デイサービス
デイケア
ショートステイ
福祉用具レンタル
（介護予防サービスを含みます）

＊在宅サービスは、要介護度によって1ヶ月あたり利用することのできるサービスの量（限度額）が決められています。上記の限度額は1単位10円として額面で計算していますが、地域によって金額に若干の違いがあります。利用者はこの範囲内で利用したサービス費用の1～2割を負担します

介護保険では、このようにあなたの要介護度（要支援度）にあわせて、必要なサービスを組み合わせることでケアプランがつくられます。もし、この限度額を超えても、もっとサービスを受けたいという場合は、一～二割負担ではなく、全額自己負担になります（☞**p175**「自費の介護サービス（介護保険外の有償サービス）」）。

施設に入所したときのサービス費
施設ケアはいくらかかるのか

特養や老健などの施設に入所したときに必要な費用は、あなたが入所した部屋が個室か相部屋（多床室）かという種類の違いと、あなたの所得や預貯金額、要介護度によっても違ってきます。前ページの表は要介護度・要支援度ごとの介護保険の在宅サービスの利用の上限金額で、利用者はこの範囲内で利用したサービス料金の一～二割を自己負担分として支払うことになっています。他方、**施設の介護サービスでは、要介護度などにより設定される「施設サービス費」の一～二割を自己負担分として支払うことに加え、居住費・食費、その他日常生活費が発生**します。

施設での介護サービスの利用料

施設サービス費の一割＋居住費＋食費＋日常生活費

施設サービス費は、要介護度や入所している施設の環境によっても変わります。日常生活費も施設ごとに設定されるので、入居先によってまちまちです。居住費と食費については、下の表のような基準になっています。国が定めた**「基準費用額」**を基準として、所得の低い人については三段階に分けて負担軽減の目安が設定されています。これを目安に実際の利用者の負担金額は、施設と利用者との契約で決められます。したがって、施設の種類や設備などによって実際の居住費は若干異なってきます。

具体的な例で見ていきましょう。たとえば、あなたに配偶者がおらず、要介護4の状態で特別養護老人ホームの個室に入っていて、預貯金も一〇〇〇万円以上持っていて、住民税も払っている場合（表の「従来型個室」の基準費用額に該当）、一ヶ月

施設での居住費・食費の負担限度額の基準（日額）（厚生労働省ホームページより）

利用者負担段階	居住費				食費
区分	ユニット型個室	ユニット型準個室	従来型個室	多床室	共通
基準費用額	1,970円	1,640円	1,150円（1,640円）＊4	840円（370円）	1,380円
第3段階＊1	1,310円	1,310円	820円（1,310円）	370円	650円
第2段階＊2	820円	490円	420円（490円）	370円	390円
第1段階＊3	820円	490円	320円（490円）	0円	300円

上記の基準の対象となる施設サービス

区分	対象施設サービス
ショートステイ	短期入所生活介護、短期入所療養介護、介護予防短期入所生活介護、介護予防短期入所療養介護
入所施設	特別養護老人ホーム、老人保健施設、介護療養型医療施設

＊1　預貯金などが基準額未満（配偶者がいる方：合計2,000万未満／いない方：合計1,000万円未満）で世帯全員が住民税が非課税の人、本人の年金収入額と合計所得金額が年額80万円以上の人が対象です
＊2　預貯金などが基準額未満で世帯全員が住民税が非課税の人、かつ本人の年金収入額と合計所得金額が年額80万円以下の人が対象です
＊3　預貯金などが基準額未満で、かつ生活保護受給者、または世帯全員が住民税が非課税の老齢年金受給者が対象です
＊4　表の（　）内の金額は、老人保健施設、介護療養型医療施設、短期入所療養介護の場合です。それ以外は（　）外の金額となります

（三〇日）あたりの居住費は三万四五〇〇円、食費は四万一四〇〇円となります。

これに要介護度4の介護サービス費用の一割、二万九〇〇〇円（施設によって違うので目安としての金額です）と日常生活費一万円（目安）が加わり、**一ヶ月あたりの費用は約一一万五〇〇〇円**になります。

同じ個室でも、「ユニット型個室」に入居した場合には金額はもっと高くなります。**ユニット型というのは、入居者一〇人をひとつのグループにまとめてきめ細かくケアの目が届くようにつくられている施設**のことです（ユニット型ではないところは、もっと大人数の入居者をひとまとめに扱うので、一般的にユニット型よりも細かな介護の目が行き届きにくくなっています）。この場合、一ヶ月あたりの居住費は五万九一〇〇円になるので、従来型個室よりも二万四六〇〇円の増額となります。

他方、さきほどの例と同様に、あなたに配偶者がおらず、要介護4の状態で特別養護老人ホームの個室に入っている場合でも、預貯金が一〇〇〇万円以下で、住民税が非課税の世帯で、合計年金収入額と所得の合計金額が八〇万円以下のケース（表の「従来型個室」の第二段階に該当）では、一ヶ月あたりの居住費は一万二六〇〇円、食費は一万一七〇〇円、介護サービス費用と日常生活費用は変わりませんが、**一ヶ月あたりの費用は約六万三〇〇〇円**になります。

このように、在宅での介護サービスと施設での介護サービスの費用はそれぞれ異なっていますし、**同じ施設の同じタイプの部屋に入居していても、負担する費用はあなたの要介護度や所得、預貯金などの状況によって大きく変わってきます**。詳しく知りたいという方は、ご担当のケアマネジャーや入居を検討している各施設などにお問い合わせください。

高額介護（予防）サービス費費用が高額になったとき

介護保険の自己負担が高額になってしまった場合はどうすればいいのでしょうか？　利用者負担の軽減策は、次のようなものがあります（細かくは各市区町村で違います）。

たとえば、要介護者が一ヶ月間に支払った介護サービスの利用者負担額が、一定の所得の上限額を超えた場合は、各行政の担当窓口で申請すれば**「高額介護（予防）サービス費」として払い戻しを受ける**ことができます。ただし、この制度の補助を受けるには一定の所得条件が必要です。詳しくは下の図をご覧ください。

払い戻しされる金額は、所得や課税状況によって違いますが、もし**あなたがその制度の対象者となったときは通知が届きます**ので、届いたら各市区町村の担当窓口へ申請してください。逆に、通知が届かなければ、対象者としての条件を満たしていないものと考えてください。一度申請するとそのあとは自動的に支給されます。

高額介護（予防）サービス費の払い戻しの基準　（厚生労働省ホームページより）

所得区分	上限額（月額）
生活保護を受給している人など	15,000円（個人）
世帯全員が住民税が非課税の人	24,600円（世帯）
世帯全員が住民税が非課税で①か②の条件に該当する人 ① 老齢福祉年金の受給者 ② 前年の「本人の年金収入額＋合計所得金額」が 80 万円以下の人	24,600円（世帯） 15,000円（個人）
世帯内のどなたかが住民税を課税されている人	37,200円（世帯）
現役並み所得者に相当する方がいる世帯の人	44,400円（世帯）

＊月々の介護サービス費の自己負担額が世帯合計または個人で上限額を超えた場合に、その超えた分が払い戻されます。

自費の介護サービス（介護保険外の有償サービス）
余裕があれば併用しよう

さきにご説明したように、介護保険には利用できる限度額があります（一七〇ページの図表をご参照ください）。介護保険と健康保険によるサポートによって、高齢期のあなたの日常生活を支えるサービスをまかなうことはある程度は可能ですが、在宅でサービスを受けるにせよ、施設に入所してサービスを受けるにせよ、**人生の終末期**（☞**p310**「終末期医療に関する用語」）**には、介護保険のサービスだけでは自分にとって必要なサポートを十分に受けられない場合があります。**

そんなときに備えて、民間の保険（☞**p73**「生命保険の基礎知識」）に加入したり、十分な預貯金があれば、**すべての料金（一〇割）を自己負担して**介護のサービスを受けることもできます。なかには介護保険外の自費での介護サービスに特化したＮＰＯや民間の事業所などもあります。

介護保険のサービスは利用方法について細かな規定がありますが、自費の介護サービスはその点、あなたの状況に合わせて柔軟に対応することも可能です。終末期でなくても、あなたに金銭的な余裕がある場合は、**自費のサービスと介護保険のサービスを併用**することで、サービスの幅が広がります。

たとえば、あなたがご家族のように大切にしているペットがいたとします。介護保険のサービスではペットのお散歩や食事などはおこなうことはできませんが、自費のサービスならば、そうしたご要望に対応してくれる事業所もあるかもしれません。また、窓ふきや草むしり、大掃除などを依頼して気持ちよく暮らすこともできます。

あるいは、入浴や排せつのサポートなど、あなたの生活上必須の介護に関しては介護保険のサービスを利用し、ペットのお散歩や、映画観賞・ショッピング、お墓参りの付き添いなどには、保険外の（自費の）介護サービスを併用するなど、介護保険のサービスと自費のサービスを組み合わせて使えば、要介護状態でも趣味や楽しみを捨てることなく、老後をすごすことができるかもしれません。

お問い合わせ先

自費のサービスについては、**いま、あなたにサービスを提供している介護事業者、あるいはあなたの地域で自費の介護サービスをおこなっている事業者**があれば、そこにご相談してみてください。

自費の介護サービスをおこなっている事業者がわからなければ、一度お住まいの地域の**地域包括支援センター（高齢者相談センター）に相談**してみてください。

また、本書の巻末にもお問い合わせ先の一覧を掲載していますので、ご参照ください。

知っておくとお得な知識①
ケアマネジャーは変えてもいいの？

介護保険のサービスを上手に利用して、あなたらしく生活したいとき、**キーパーソンになる人がケアマネジャー**です。さきにもご説明したとおり、ケアマネジャーとは介護保険サービスの利用計画をつくる人（ケアのマネジメントをする人）のことです。あなたに必要な介護にはどんなものがあり、そのために月々どのようなサービスをどれくらい使ったらいいのか、というような計画を、あなたと相談しながらつくります。

ケアマネジャーは、自治体がおこなう研修試験に合格した人なので、高齢者福祉について勉強し、試験に合格した知識と経験の豊富な人たちです。しかし、**人には「相性」というものがあって**、あなたの希望をなかなか理解してもらえないこともあります。

基本的には、要介護認定のときに、市区役所の担当窓口や地域包括支援センター（高齢者相談センター）があなたの担当候補のケアマネジャーの事務所の一覧表をくれるので、そこから選ぶケースが多いのですが、いざ担当になったあとに「この人なんだかわたしと相性が悪いな……」と思っても、変更できないと思ってがまんしてしまう人が多いという話もしばしば耳にします。

しかし、**ケアマネジャーは一度決めたら変えられないというものではありません**。もっと自分の意見をよく聞いてくれて、希望に沿ったケアプランをつくってくれるケアマネジャーとの出会いを求めることもできるのです。もし担当のケアマネジャーとうまくいっていなくて、担当を変えてほしいと思っている場合は、市区町村の高齢福祉に関する窓口に「ケアマネジャーを変えたいのですが……」と相談してみてください。

知っておくとお得な知識②
高度要介護状態と障害者控除

さきにご説明したとおり、介護保険施設の利用料は、所得によって大きく違ってきます。具体的には、介護保険施設では、食費と居住費の金額は、住民税の課税世帯か非課税世帯かによって、またご本人の預貯金高によって、いくつかの段階に分かれています（☞p171「施設に入所したときのサービス費」）。

施設によって金額は異なりますが、たとえば食費は一日三〇〇円、三九〇円、六五〇円、一三八〇円などと分かれています。この場合、一番安い人と高い人とでは、食費だけでも一ヶ月に三万円以上の差があります。これに居住費が加わるので、毎月の施設利用の自己負担額は、何万円もの開きが出ることになります。金額は基本的には所得によって決まるのですが、実は**きちんとした手続きをすればもっと利用料が安くなるかもしれない**のに、手続きをしていない方もいらっしゃいます。

たとえば、老人保健施設（老健）に入っていたAさんのケースを見てみましょう。Aさんの年金は月約一三万円でしたが、毎月の施設の利用料などが受け取る年金よりも多くなっていました。

貯金も少しはありましたが、さきのことを考えると不安です。施設の相談員が「Aさんは住民税を払っているので、利用料も一番高いランクなのです」と教えてくれました。

そこで、まず行政の税務課に問い合わせて、現状を説明し、「住民税が非課税になる方法はないでしょうか」と相談してみました。すると「障害者控除を受ければ、住民税が非課税になるかもしれません」との答えが返ってきました。「障害者って、障害者手帳のある人だけではないのですか?」と聞き返してみると、「加齢によって要介護状態が高度になり、日常生活に大きな支障がある状態だと、それが一種の障がい状態だとみなされる場合もあります」とのことでした。「一度、高齢福祉課の窓口にいって障害者控除対象者の申請をしてみてください。障害者として認められると、所得から障害者控除が受けられ、住民税も非課税になると思うので、所得税の再申告をしたらよいのです」と、詳しく教えてくれました。

教えてもらったとおりに手続きをした結果、Aさんは障害者控除対象者として認定され、住民税が非課税となり、施設の毎月の利用料も八万円程度になりました。

この金額は大きな差ですが、**これも自己申告制**です。つまり、自分で申請をしないとだめなので、待っていれば自動的に減免してくれるという制度ではありません。

あなたが**介護認定を受けたら、まずは行政の高齢者担当の窓口にいって相談**してみましょう。その人の身体や精神状況によって、障害者・特別障害者として認められる場合もあります。障害者として認められると、確定申告のときに障害者控除があるので、所得税が還付されたり、住民税にも影響してきます。そして、この所得や住民税課税世帯か非課税世帯かどうかということが、介護保険料や健康保険料、施設利用料とも連動してくるのです。

介護保険制度の将来

これからは在宅介護の時代？

二〇〇〇年度にスタートした介護保険制度は、三年ごとに見直しされ、二〇一五年度からは第六期になります。第六期の見直しでは、高齢社会に向けて介護の将来像が描かれました。そこに示されているのは**「できる限り住みなれた地域で、在宅を基本とした生活の継続を目指す」**ことです。国はこれを**「地域包括ケアシステム」**と呼んでいます。

地域包括ケアシステムのもとでは、医療と介護、住まいや生活の支援などを包括的にサポートするために、さまざまな分野の人たちが協力することが推奨されています。具体的には、ホームヘルパーやケアマネジャー、地域の医師や看護師、病院やＮＰＯなどがお互いに協力し合って、できるだけあなたが住みなれた地域や自宅ですごし続けることができるような体制づくりが進められています。たとえば、**近年では二四時間対応の訪問介護や看護のサービスや、認知症の対応**などについても力が入れられています。

在宅系の二四時間対応のサービスの導入は、交通の便のよい地域に自宅がある人や有料老人ホームのような高齢者集合住宅に住んでいる人にとっては朗報です。夜間でもヘルパーさんやお医者さん、看護師さんが来てくれれば、ご家族も安心して寝ることができますし、おひとりさまでも在宅で最期のときをすごすことができるようになるかもしれません。ただし、交通の不便な地域に自宅がある人にも、これらのサービスが利用できるようになるかは今後の課題といえるでしょう。

二〇一五年の介護保険の改革は在宅介護の普及への道を開きはじめましたが、必ずしもいいことだけではありません。それは**介護保険料の大幅なアップ**です。介護保険の導入時の保険料は全国平均で月に二九一一円だったのが、第四期には四一六〇円になり、今回は毎月五五〇〇円以上になる市区町村も多くなりました。また**サービスの利用料もアップして**います。少子高齢化がますます進むなかで、これからも保険料は上がっていく可能性はあります。

これまでご説明してきたように、介護保険制度は「介護の負担を社会で共有する」ということを理想として掲げて、ご家族に重くのしかかる介護負担を減らしました。その点ではわたしたちの老後を支えてくれる強い味方です。介護保険導入時は「他人に介護してもらうなんて……」とサービスの利用をためらう人もありましたが、制度の定着とともに、積極的に利用する人が多くなりました。

制度をうまく利用するためには、制度についてよく知っておくことが大切です。あなたの老後を支える介護保険制度について、そしてあなたをサポートしてくれるさまざまな専門家について、できるだけ多くの情報を集めておいてください。

3 成年後見制度について

成年後見制度
あなたの判断能力に「?」が付いたとき

巧みな言葉を使い、人をだまし、お金をうばいとることを詐欺といいます。これは昔からあるだましの手口ですが、近年、新たなかたちが次々出てきて、多くの被害者を生んでいます。「オレオレ詐欺」「架空請求詐欺」「融資保証金詐欺」などなど……。それだけではありません。リフォームを強要されたり、消火器、寝具、キッチン用品などを高額で押し売りされたり、あるいは、そこから霊感商法などにはまり込む場合もあるのです。

「自分はだまされない」と思っていても、巧妙なだましに抗うことはなかなかできません。とくに認知症や知的障がいがある人の場合、だましの罠にはまる確率は高いといわれています。

そういった被害を食いとめるには、自分でよほど注意を払っていかなければなりません。注意を払うためには判断力や推察力が不可欠です。しかし、加齢にともない注意力や判断力は低下していきますし、認知症や精神的な病気などが発症することも考えられます。

このように、**あなたの判断力に「?」が付いたとき、どう対処したらいいのでしょうか?**

このことは同時に、日常の生活のなかで基本となる「生活のマネジメント」と「金銭や財産の保全・管理」についても、自己管理ができなくなる状況を意味します。そのとき、わたしたちはどのようにしたらいいのでしょうか?

「成年後見制度」はそんなときのための制度です。判断能力が十分でない人に代わって、信頼できる後見人がその人の状態を客観的に見ながら最善の判断を下し、さまざまな法律行為を代行するなどして、財産や権利を守ります。判断力が衰え、あるいはなくなってしまったとき、成年後見制度はあなたの重要なセーフティネットになり、**生活と財産を守る強い味方**となります。

ここでは成年後見制度についてご説明します。

認知症について考える
レーガンの希望

故・レーガン元アメリカ大統領は、大統領の職を退いたあと、アルツハイマー型認知症を発症し、一九九四年にそれを公表しました。当時はまだ、アルツハイマー型認知症はあまり知られていなかったため、人々に大きな衝撃が走りました。しかし、彼はそのことを公表することで、人々が認知症に対する意識を持ち、自分自身やご家族、あるいは何百万人ものアメリカ国内の患者さんたちに、この病気が理解されることを望んだのです。レーガンは「病が進行するにつれ、家族への負担は重く、大きくなっていくが、家族とともに、勇気を持って人生の黄昏に向けた旅へ出発したい」とアメリカ国民に向けて宣言しています。**認知症という厳しい病にかかっても、希望を失わず生きる意欲**を示す力強い言葉です。

わたしたちの国では数十年前まで、認知症の人々は「痴呆」と呼ばれ、人間としての尊厳をうばわれるひどい扱いを受けてきた歴史がありました。しかし、いまでは認知症の人々を取りまく環境は少しずつ変わり、たとえ認知症であっても、いきいきと生きていけるようになってきています。**医療や介護が認知症に目を向けはじめています**し、介護保険制度なども整ってきました。これらによって、だんだんと認知症に対する人々の意識や価値観が変化してきたのです。さきほどのレーガン元大統領の宣言は、人々の認知症への意識の転換点になった気がします。

認知症は、医学的には「知能が後天的に低下した状態」とされていますが、症状は「知能低下」だけではありません。「記憶」や「見当識」（自分と他人、自分がいる環境、時間についての見当がつき、それにしたがった行動がとれること）を含む認知障がい、行動や感情、精神状態の異常などといった症候群として定義されています。

このような厳しい状態になることもある認知症の患者さんを、ご家族や地域の人々が、人間としての尊厳を大事にしながら支えていかねばなりません。そのためには「支える」「寄り添う」という「決意」が必要になってきます。その決意がかたちになってあらわれたものが成年後見制度なのです。

成立の背景

成年後見制度と介護保険制度

高齢社会は介護の問題を深刻化させました。そのなかで「高齢者を社会が連帯して介護する」という主旨のもと、介護保険が制定されました。

介護保険制度以前の高齢者介護では、サービスを受ける高齢者側の判断能力はあまり問題とされていませんでした。なぜなら、介護保険制度以前の時代には、公的な介護サービスを受ける側には選択権はあまりなく、行政が決めた「措置」にしたがって施設などに入所することが多かったからです。しかし、介護保険制度はあくまでサービスを受ける側の「自己決定」を重視しています。したがって、判断能力が十分でない人、すでに認知症になった人でも、介護保険などのサービスを受けるための「自己決定」ができるように適切なサポートをする必要が生まれました。それが、成年後見制度が成立した背景です。

介護保険が「身体能力の不十分」を支援する制度であるのに対し、成年後見制度は認知症や知的障がい、精神障がいなどの「判断能力の不十分」を支援する制度です。介護保険も成年後見制度も、あくまであなたをサポートするための制度ですから、主役はあなたです。

こうして二〇〇〇年四月。成年後見制度と介護保険制度は双子のように、時を同じくしてつくられ、動きはじめたのです。

成年後見制度の内容
後見人があなたを守る

成年後見制度は、認知症や知的障がい、精神障がいなどで、判断能力が十分ではなくなった人が、生活や財産を守られながら、日常の社会生活を営むことを支援するために**後見人（あなたの代わりにさまざまな判断をおこなってくれる人）を定める制度**です。成人前の子どもではなく「成年」になった人を「後見」するという意味で「成年後見」という名前がついています。成人前の人には、「未成年後見制度」があります。

ここでは、もしもあなたが判断能力を失った場合に起こるいくつかの例を挙げてみましょう。

成年後見制度が必要とされるケース

● あなたが認知症に陥った状態で、なんらかの契約をしなければならない場合

自分にとって不利な内容の契約を結んでしまう可能性があります。また、契約した相手も、あなたに契約したことを忘れられてしまうと困ってしまいます。そんなとき、成年後見制度によって支援する人（後見人）を決めておけば、あなたに代わって、契約を公正におこなうことができます

● ひとり暮らしのあなたが、訪問販売で悪質な商品を購入させられてしまった場合

後見人によって、購入の取り消しをおこなったり、お金を取り戻すことが可能です

● 入院や介護サービス、施設入所などの契約をすることがむずかしくなった場合
後見人によって、介護サービスの申し込みや入院手続きなどがおこなわれます

● 銀行での預金口座の開設や解約などが必要になった場合
後見人があなたに代わって預貯金などの管理や金融機関との取引をおこないます

● 相続が必要になった場合
後見人が相続に関する専門家に依頼すれば、たとえば認知症のため、相続権があるのにわからないまま放棄させられる、というようなケースを防ぐことができます

いかがでしょうか。成年後見制度はこのようなときのための制度です。とても大切な制度ですから、ぜひ知っておいてください。

法定後見制度
判断能力が衰えた。いざ!

次に、制度の仕組みを説明します。**成年後見制度には大きく分けて「法定後見制度」と「任意後見制度」のふたつがあります**。まず、法定後見制度についてご説明します。あなたの判断能力が衰えはじめてきた(あるいはもう衰えている)場合に利用できるのが法定後見制度です。

判断能力の程度に応じて**「後見」「保佐」「補助」**の三類型が用意されています。「後見」は自分の財産をまったく管理できないレベルの人をサポートする仕組みです。「保佐」は自分の財産を管理・処分するには常にある程度の援助が必要な人をサポートする仕組み、「補助」は財産を管理・処分するには援助が必要な場合もあるというレベルの人をサポートする仕組みです。

ご本人の状態がこのように違っているので、「後見人」「保佐人」「補助人」（これらをまとめて「後見人等」といいます）に与えられる代理権（あなたの代理としてものごとを判断する権利）の権限が異なってきます。「後見人∨保佐人∨補助人」の順番で上にいくほど権限が大きくなる（後見人が一番権限が大きい）と考えてください。

〈手続き〉

後見人が必要になったら、ご本人や配偶者、四親等以内の親族などが、ご本人の住所地にある**家庭裁判所に申し立てて必要な書類を提出**します。書類（申立書）は家庭裁判所にいけば決まった書式のものがもらえます。裁判所のホームページからもダウンロードできます。

家庭裁判所は、書類の内容を調査して、必要があればご本人の判断能力の鑑定を医師に依頼し、適切な後見内容を決めて、成年後見人、保佐人、補助人に適した人を任命します。もしも**申し立てできるご家族やご親族がいない場合**（たとえば、知人はいるけれど付き合いのある親戚はいない人など）は、市区町村長の権限で手続きすることもできますので、市区役所の福祉課などの担当窓口に相談してみてください。

〈成年後見人にはだれがなれる?〉

だれが成年後見人になるかは家庭裁判所が決定しますが、あなたの事情に応じて、親族以外にも法律・福祉の専門家(弁護士、司法書士、社会福祉士など)、あるいは、その他の第三者でご本人にとって適切と思われる人や法人(NPOなど)が選ばれます。

また、複数の成年後見人が選ばれる場合もあります。さらに、成年後見人がきちんとご本人のためになるように活動しているかどうかを監督する**「成年後見監督人」**が選ばれる場合もあります。

〈成年後見人ができること&できないこと〉

成年後見人は、預貯金や不動産の管理、金融機関との取引などの**財産管理や契約などの代行をおこないます**。また、生活・医療・介護・福祉など、身の回りの事柄にも目を配ってくれます。

ただし、成年後見人の職務の範囲は、基本的には財産管理や契約などの法律行為に関するものに限られ、介護や食事の世話などの行為や、医療への同意、婚姻・養子縁組などは職務の範囲外とされています。

〈成年後見人の報酬〉

成年後見人の報酬は、あなたの資産力などを勘案して家庭裁判所が決定します。

あなたが低所得の場合は「成年後見制度利用支援事業」により、手続き費用とともに成年後見人等の報酬についても自治体から補助を受けられる場合があります（自治体によって異なる）。

ご参考までに、二〇一三年一月に東京家庭裁判所から出された文書にもとづく報酬額の目安をご紹介します。多くの裁判所がこの考え方を基準として報酬額を決めているようです。

東京家庭裁判所の文書では、専門家や第三者が成年後見人（あるいは保佐人・補助人）になった場合、通常の管理業務の**報酬目安は月額二万円**ということです。ただし、管理する財産が高額で、一〇〇〇万～五〇〇〇万円以下の財産を持った人の後見人になる場合は、月額三万～四万円が目安となります。それ以上の財産を管理する場合は、月額五万～六万円が目安です。

成年後見監督人の場合は、管理財産額が五〇〇〇万円以下の場合には、月額一万～二万円。それ以上の場合は月額二万五〇〇〇～三万円が目安とされています。

任意後見制度

まだ、判断力はある。だけどいまのうちに……

いまはまだ十分に判断能力があるけれど、将来、判断能力が衰えたときのことを考えると不安になる。そんな場合に備えて、判断能力があるうちにあらかじめ財産管理や日常生活での契約などを代行してくれる人（任意後見人）を自分で決めておくのが任意後見制度です。この方法をとると、法定後見制度と違って、**契約の内容（代理権の範囲）やだれを後見人とするのかをあなた自身の意思能力にもとづいて決めることができます**。

任意後見制度の三つの段階

①まず、あなたの判断能力がまだあるときに、将来後見人になってほしい人と「公正証書」で「任意後見契約」を結んでおきます

②あなたの判断能力が衰えた段階で、家庭裁判所が「任意後見監督人」を任命することによって、任意後見契約が発効します。監督人を選ぶための家庭裁判所への申し立ては、ご本人、配偶者、四親等以内の親族または任意後見人として契約した人がおこないます

③この契約によって、任意後見人は、あなたの意思にしたがって適切な保護・支援をすることが可能になります

〈任意後見人のできることと報酬〉

任意後見人ができることは、契約で事前に決められた代理権の範囲にとどまります。任意後見人の報酬はあなたとの契約により決められますが、その場合も、一般的にはさきほどの法定後見

人の報酬に関する**東京家庭裁判所の例に準ずることが多い**ようです。

また、親族が後見人をする場合は無報酬の契約になっている場合が多いようですが、後見人がやらなければならないことは多岐にわたり、時間とエネルギーを費やします。一定の報酬額を決めておいたほうが、負担に思わずに責任を持って後見業務をしてもらうことができるでしょう。

任意後見監督人の報酬は、あなたの資産力などに応じて家庭裁判所が決定します。

〈任意後見制度の使い方〉

任意後見契約は、あなたの判断能力が衰えたときはじめて契約の効力が有効になります。しかし、**いつ自分の判断能力が衰えるのかは事前にはわかりません**から、時々あなたの様子を見守っていてもらわないと不安が生じます。

あるいは、判断能力はあるけれど、預貯金や財産管理が体力的に負担になったり、だれかに相談したいことがあるときなども考慮しなければなりません。そのために、任意後見契約の利用方法には次の三つが用意されています。

将来型

当面は見守りのみで、将来の判断能力の低下時に契約の効力を発効させるものです。

移行型

まずは任意代理（あなたの意思を代理すること）の「委任契約」と「任意後見契約」を同時に結びます。判断能力の十分なうちは委任契約によって事務処理をおこない、あなたの判断能力の低下後に任意後見契約を発効させます。

委任契約と任意後見契約の違いは、後見人受任者（将来後見人になる人）に依頼する代理権の範囲によっています。たとえば、ご本人がまだ判断能力があるので、財産管理はご自分でできるけれど、入院手続きや施設との契約などを依頼したいという場合は、委任契約で十分おこなうことができます。あなたの判断能力が衰えて**任意後見契約が発効したあとは、後見人に法定代理権が与えられるので、ご本人からの委任状が不要になります**が、委任契約の段階では本人からの委任状が必要な場合もあります。

委任契約を実行するためには、ご本人との面談などが必要ですから、心配事の相談をしたり、あなたの判断能力がまだ大丈夫か確認したりしてもらえます。また委任契約の代理権の項目に、財産管理だけでなく介護・福祉サービスとの契約、医療契約や病院への入院に関する契約などの項目を入れておけばあとあと安心です。

即効型

任意後見契約を結んだ直後に、契約の効力を発効させます。軽度の認知症・知的障がい・精神障がいの方でも、契約締結時に意思能力があれば任意後見契約を結ぶことが可能ですから、契約後すぐに発効させ、援助・保護を受けることができます。

〈死後の事務委任〉

任意後見契約は、本人が死去すれば終了します。でも、たとえばあなたがひとり暮らしで、自分の死んだあとのことを頼める親族もいない場合、「わたしが死んだあとの始末はだれがしてくれるのだろう……」と不安になります。**死んでからの葬儀や納骨、行政などへの事務手続きも後見人に頼みたい**ときがあるでしょう。

そんなときは、任意後見契約と同時に「死後の事務処理などに関する委任契約」を結んでおけば、後見人になった人があなたが亡くなったあとの事務処理や葬儀・納骨もおこなってくれます。

お問い合わせ先

成年後見制度の相談窓口は、最近多くなってきました。詳しく知りたい方は、**最寄りの家庭裁判所か、市区町村の成年後見支援センターや地域包括支援センター(高齢者相談センター)、各地域の弁護士会、司法書士会、社会福祉士会、行政書士会、税理士会、あるいは成年後見を受任しているNPO法人**などにご相談してみてください。

任意後見契約に関しては下記にお問い合わせすれば、お近くの相談可能な公証役場を紹介してくれます。**ホームページからも全国の公証役場が検索**できます。

また、本書の巻末にもお問い合わせ先の一覧を掲載していますので、ご参照ください。

日本公証人連合会
〒100-0013　東京都千代田区霞が関1-4-2
大同生命霞が関ビル 5階

■電話
03-3502-8050（事務所代表）

■ホームページ
http://www.koshonin.gr.jp/index2.html
（公証役場所在地一覧）

成年後見制度早わかりチャート

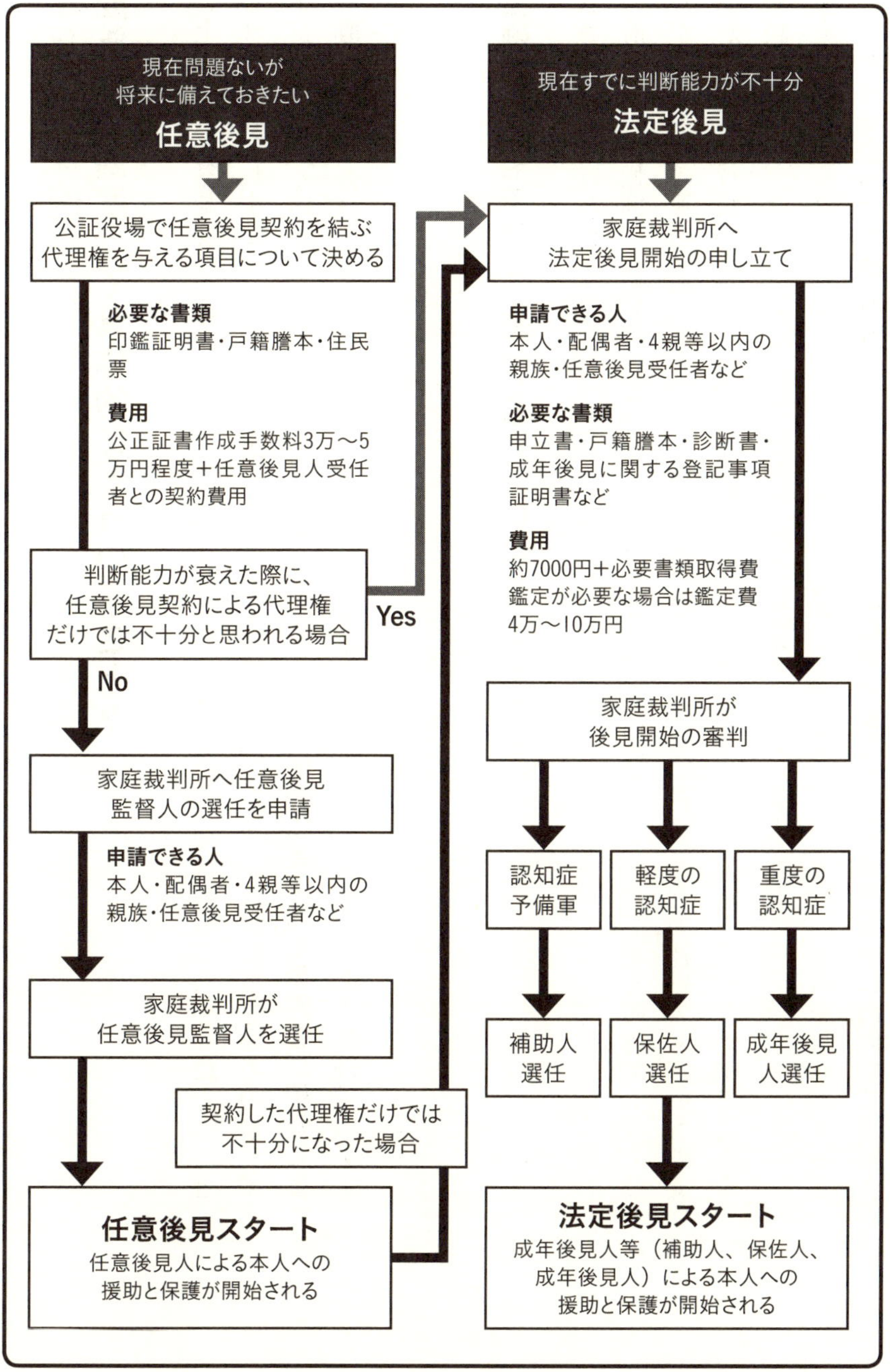

ふたつの事例

成年後見制度って具体的にどういうこと？

以上が成年後見制度のご説明です。ひょっとしたら、成年後見制度は複雑でわかりにくい、と思われるかもしれません。また、成年後見人というのは具体的にどういうお仕事をするのか、イメージがわきにくいかもしれません。したがって、ここでは**最後に具体的な事例をご紹介します**。取りあげるのは、本書の著者であるライフデザインセンターでおこなった成年後見のケースです。

〈事例1　在宅でひとり暮らしをしていたAさんの場合〉

Aさんは認知症状が進んでいたのに、周囲の人は気づかずにいました。ところが冬のある日、家の前で滑って転倒、骨折してしまいます。あわててご近所の人たちが救急車を呼んで入院しましたが、ご家族の連絡先がわかりません。手帳に書いてあったご兄弟などの連絡先も古いもので連絡がつかず、行政がやっとご親族に連絡をとることができました。連絡を受けた姪御さんからの相談でライフデザインセンターが後見人としてかかわるようになりました。

家庭裁判所からライフデザインセンターが後見人として認められ、銀行の通帳を預かってみると、**なんと年金が二年間入金されていないことがわかりました**。年金事務所に出向いてみると、年金の受け取りに必要な書類が二年間未提出でした。急いで年金支給の手続きをしましたが、その年は遡って三年間分の年金を受け取ることになったので、その分の所得税や住民税の支払いが発生してしまいました。また、Aさんの金融機関の口座の有無を照会したところ、通帳を紛失していて**存在が確認されていなかった口座に預金があることがわかり、経済的な余裕も生まれました**。ライフデザインセンターが**退院後の施設探しもおこない**、何回かの転居のあと、Aさんはグループホームで最期を迎えることができました。そのあいだ、**転居や入院の手続きも後見人として代理しておこない**、最期は姪御さんと相談して葬儀の段取りもしました。

たとえば、Aさんが任意後見制度を利用して、認知症の症状が出る前から後見人がかかわっていたら、所得税や住民税の余分な支払いは発生しなかったでしょうし、ご本人の不安も少しは軽減できたはずです。また、もしも認知症発症後のAさんに後見人がいなかったら、年金の受け取りなどの財産管理や、適切な施設への入居などもむずかしかったかもしれません。Aさんには姪御さんがいらっしゃいましたが、「自分と夫の両親四人の面倒を見るだけで精一杯でした」とおっしゃっていました。

〈事例2　夫婦ふたり暮らしをしていたB男さんとC子さんの場合〉

B男さんは自宅で夫婦ふたり暮らしをしている九〇代の男性でした。B男さんの妻（C子さん）の認知症がどんどん進行し、在宅での暮らしが困難になってきて、夫婦ふたりで有料老人ホームへの入居を検討中でした。そのときに、老人ホームの管理者からライフデザインセンターに相談がありました。

B男さんとC子さんが頼りにしていたのは、仕事関係で知り合った知人とC子さんの弟さんでした。しかし、知人はすでに亡くなっており、C子さんの弟さんからは「姉の面倒はなんとかみることはできるが、こちらの状況的にB男さんの面倒までみるのはむずかしい」といわれていました。

B男さんは話もわかりまだ判断力もある状態でしたが、C子さんは認知症で判断力が衰えていました。B男さんご夫妻のこれからの生活を安心できるものにするために、まず法定後見制度を利用して、C子さんの成年後見人を立てることにしました。家庭裁判所に申し立てをおこなったのはB男さんご自身です。そして、B男さんはライフデザインセンターと移行型の任意後見契約を結びました。

ところが、家庭裁判所が後見人を決定する前にB男さんが死去してしまいました。そこで、急遽C子さんの弟さんを申立人に変更し、ライフデザインセンターがC子さんの後見人として認められました。

ライフデザインセンターでは、C子さんの後見人としてB男さんの葬儀や納骨の段取りをしたり、行政関係の事務手続きをしたりすることができました。また、B男さんの遺産相続はC子さんになされるので、相続手続きや遺族年金の請求もおこないました。

その後、C子さんの弟さんもC子さんよりもさきに亡くなってしまいました。**認知症のC子さんはひとり残されることになりましたが、ライフデザインセンターが成年後見人として、財産管理や介護保険関係の契約、入院手続きなどをおこない、**最期まで看取ることができました。

その後、葬儀や納骨の段取りや死後の事務手続きも代理して、遺産の相続に関しては専門家にお願いしました。

このように、もともとひとり暮らしの方も、ひとり暮らしでなかった方も、状況の変化によってどのようなことが起きるかはわかりません。また、いつ、あなたの判断能力が厳しくなるかについても、事前にはわかりません。そんなときに備えて、**まだ判断能力があるうちに、できるだけ成年後見人制度の内容を知っておいた方が安心です**。ここでご説明した内容をぜひご活用ください。

子どものいない人は、自分の後見人を決めておこう

ライフデザインセンター代表理事　久島和子

子どもに恵まれない人は、自分の判断力がまだあるうちに、信頼できる人と任意後見契約を結んでおくとよいでしょう。

自分で必要なお金を支払ったり、契約したりできるうちは、なんとなくいつまでもこの生活が続いていくように思います。最期までそうした生活ができれば幸せですが、人生は何があるかわかりません。年をとって体が不自由になったり、記憶力や判断力が衰えたりしたとき、あなたの銀行口座をだれに管理してもらえばいいのでしょうか？　通帳はだれに預けますか？必要なお金は、だれに届けてもらいますか？

この「だれ」を、兄弟姉妹や親しい友人、親切な隣人、というふうに考えている方も多いと思います。しかし、兄弟姉妹は自分と一緒に年をとっていくものです。もしかしたら、自分よりもさきに寝たきりになってしまうかもしれません。また、信頼できる友人や隣人は、とても頼もしい味方（いわゆる「善意の第三者」）ですが、法律的には、なんの権限も持っていません。また、友人や隣人はいつ自分から離れていってしまうかもわかりません。

たとえば、もしあなたの友人が銀行の窓口にあなたの通帳と印鑑を持って行って、定期預金を解約しようとしても、委任状がなければできません。こうした手続きについて、あなたがそ

の都度委任状を書けるような状態にあれば、友人に手続きを頼むことも可能です。しかし、判断力が衰えてしまったときには、委任状を書くこともできないので、必要なお金を用意することも困難になってしまいます。

こんなとき、たとえば信頼できる人（友人や各種の専門家など）と任意後見契約を結んでおき、任意後見監督人を家庭裁判所で決めてもらって契約を発効させれば、その人は「任意後見人」という立場が法的に認められ、代理権の行使ができるようになります。任意後見人の契約を結んでおいた方が、依頼された友人もあなたのために力を発揮しやすいのです。

事前に任意後見契約を結んでいなくても、判断力が衰えたときに法定後見の申し立てを家庭裁判所にするという選択もあるのですが、その申し立てができるのは四親等以内の親族であることなどが条件です。あなたに子どもがおらず、兄弟姉妹も病気で寝たきりだったり、先立ってしまっていたりした場合、新たに申し立てしてくれる人を探して依頼する必要が出てきます。あらかじめ任意後見契約を結んでおくと、この契約の受任者が法定後見の申し立てもできるので、そのような手間も省けます。

4 相続　お墓に財産は持っていけない！

「相続」は「争族」？
不必要な争いを避けるために

あなたの財産はあなたの死後、だれに相続してもらいますか？　生前、一生懸命働いて築き上げた財産であり、先祖からいただいたものを守り抜いて残したものです。その財産をだれかに継承してもらわなければなりません。残念ながら、**お墓のなかにまで財産は持っていけない**のです。ならば、老いを感じたとき、旅立ちの日が近くなったとき、相続という課題に否応なく向き合うことになります。

しかし、お金や土地などの**相続は「争族」といわれるくらい、親族内で争いが起きやすく**、また巻き込まれやすいものです。家族という最小単位の人々が、財産をめぐって争うことは悲しいことです。あなたが大切に守り抜いた財産によって不必要な争いを招くのを避けるためには、まず、相続にかかわる人たちが、お互いにいい関係をつくりながら、率直に話し合いをすることが大切です。同時に**相続に関する知識と、十分な事前準備をしておくことが必要**になります。

相続の対象となる財産には、不動産、現金、預貯金、株券などだけでなく、借入金、住宅ローン、損害賠償義務や連帯保証義務なども含まれます。つまり、負の財産・被相続人が負った義務なども相続の対象になるということです。

ここでは財産（遺産）はだれに、どのように相続されるのかをご説明するとともに、あなたの意思による遺贈、それにともなう遺留分などについて考えてみます。

あなたの財産はどうなるの？ だれに相続されるのか

法律で決められている**相続人の範囲（法定相続人）は、配偶者、子ども、親、兄弟姉妹まで**です。しかし、これらの人々のすべてが相続人になるわけではなく、一定の順序にしたがって相続順位と財産の相続割合（法定相続分）が決められています。

配偶者は常に相続人となります。ここでいう配偶者とは、婚姻の届け出をし、籍が入っている（法律上の婚姻関係にある）夫婦のことです。配偶者とともに次の順位どおりの人に優先して相続がおこなわれます。

相続順位

配偶者（常に相続人となる）
第一位＝直系の卑属（子ども。子どもが死亡している場合は孫）
第二位＝直系の尊属（父母。父母が死亡している場合は祖父母）
第三位＝兄弟姉妹

後順位の人は先順位の人がいない場合にのみ相続人となります。たとえば、死亡した人の配偶者と子どもが存命の場合は、第二順位以降の人に相続はおこなわれません。

すでに相続人が死亡している場合は、相続人の子が相続人に代わって「代襲相続」することになります。代襲相続とは、たとえば、自分の親の親＝祖父母が亡くなる前に、その相続人である自分の親がすでに亡くなってしまっているような場合には、祖父母の相続については孫である自分が（親に代わって）その遺産を相続することをいいます。

法定相続分
わたしだって相続人

法定相続分は次のように決められています。

相続の割合

①相続人が一人のみの場合は、全財産を相続
②相続人が配偶者と子どものみの場合は、配偶者が二分の一、子どもが二分の一
③相続人が配偶者と親のみの場合は、配偶者が三分の二、親が三分の一
④相続人が配偶者と兄弟姉妹のみの場合は、配偶者が四分の三、兄弟姉妹が四分の一
⑤相続人が同順位で複数の場合は、人数で均等分割
⑥相続人がいない場合、遺言書がないと財産は国のものになります

相続についてはむずかしい規定がありますし、相続順位が複雑な場合もあります。そこで、それをわかりやすくするために簡単な家系図を書いてみることをおすすめします。先祖代々の家系図ではなく、

家系図サンプル

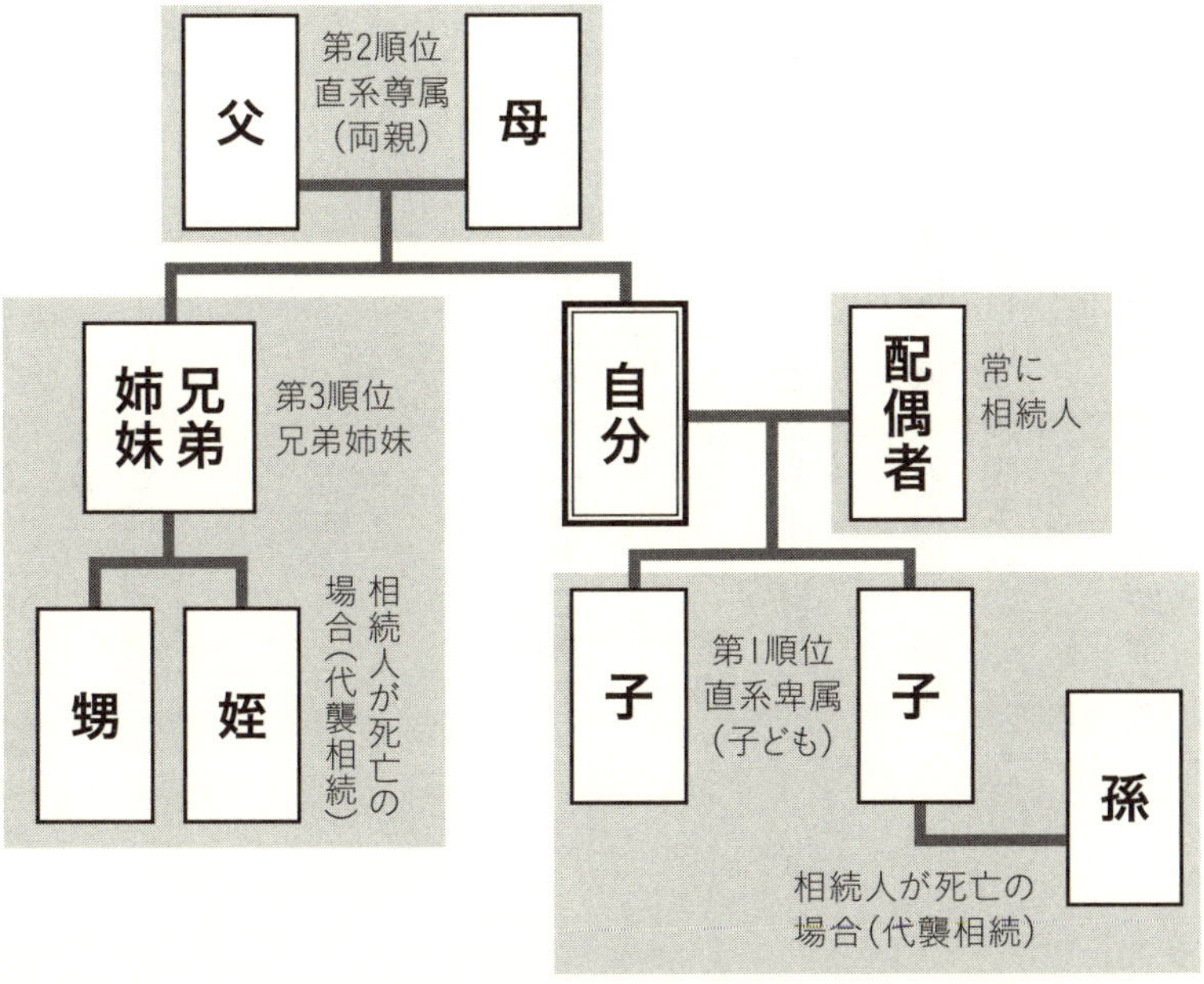

あなたを中心にして、配偶者、子ども、兄弟姉妹などの系統図を書き、実際にご家族の名前を入れてみると、財産の行き先がはっきりし、相続が明確になります。

ここでは、簡単な家系図をサンプルとしてご紹介します（前ページ）。これをもとにして、あなたの家の事情に合わせ、家系図をつくってみてください。

遺贈と遺留分

わたしの財産をあなたにあげたい

あなたの財産を、**法定相続人に限らず、あなたが「あげたい」と思っている人に自由に渡すことを「遺贈」といいます**。たとえば、生前お世話になった人に、お礼の意味で渡したいとか、公益性を持った団体に渡しその活動に寄与したい、というような場合です。そのためには、**法的な要件を満たした「遺言書」**（☞p215「遺言　死んでからでは、遅い！」）に「〇〇に遺贈します」という意思を残すことが必要です。

しかし、**たとえ遺言がどのように書かれていようと、相続権を持つ人に最低限の相続が保障**されています。それが「遺留分」です。遺留分とは、あなたの財産処分の自由が制限される、一定の割合のことをいいます。

もし、あなたが遺言で相続権を持たないAさんに全財産を遺贈する、と表明しても、相続権を持つ人は自分の遺留分の範囲で、Aさんへの遺贈の効力をなくすことができます。これを「遺留分減殺請求」といいます。**遺留分として認められるのは、法定相続分の二分の一**となります。

たとえば、配偶者と子ども二人の相続人がいるあなたが、一〇〇〇万円の財産を残したとします。そのなかから、お世話になった法定相続人ではないAさんに八〇〇万円を遺贈し、残りの一〇〇万円を配偶者に、子どもたち二人に五〇万円ずつ相続させたいと考えたとしましょう。法定相続分では、配偶者が二分の一ですから五〇〇万円、子どもがそれぞれ四分の一ですから二五〇万円ずつとなり、法定相続分よりも相続額が少なくなります。遺言がある場合は、原則として遺言どおりの相続がおこなわれることになりますが、配偶者と子どもたちには、遺留分があります。法律では、配偶者が四分の一、子どもがそれぞれ八分の一まで遺留分が認められています。したがってこの場合、配偶者には一〇〇〇万円の四分の一である二五〇万円、子どもたちにはそれぞれ一二五万円の相続を主張する権利があります。遺留分がある相続人から減殺請求されると、遺留分に相当する部分は遺贈が認められず、Aさんにわたる財産は減ってしまうことになります。

このような**遺留分を主張できるのは、被相続人が亡くなったことを知ってから一年以内**とされています。また、遺留分を受け取ることができるのは直系の卑属（子・孫・曾孫）と尊属（父母・祖父母・曾祖父母）だけで、兄弟姉妹は受け取ることができません。

相続税
相続って税金がかかる？

あなたが亡くなったとき、財産（遺産）は相続人、または遺言で指定された人に分配されます。

その分配された**遺産には一般的に相続税がかかります**。

相続税は、遺産総額から借入金などの債務、一定額の生命保険金などの非課税財産、葬式にかかった費用などを差し引いた額＝「正味の遺産額」をもとに計算されます。**正味の遺産額が相続税の基礎控除額（三〇〇〇万円＋六〇〇万円×法定相続人の数）を超える場合に、税金がかかる**ことになります。その仕組みは図のようになっています。ここでは、図にしたがって簡単にその仕組みをご説明します。

相続税の対象となる財産（相続税課税対象遺産総額）には、亡くなった方名義の財産（「本来の相続財産」といいます。たとえば、預貯金や株式、土地や建物などです）に加え、被相続人が死亡した人から贈与を受けた財産のうち課税対象になるもの（相続開始から三年以内に受けた贈与財産などのことで、「贈与財産」といいます）、遺産とみなされる財産（「みなし相続財産」。名義預金や家族のためにかけ

相続税の計算の仕組み

まず相続税の対象となる「①相続税課税対象遺産総額」を計算します

①相続税課税対象遺産総額＝②本来の相続財産＋③贈与財産＋④みなし相続財産

←　①相続税課税対象遺産総額　→

②本来の相続財産	③贈与財産	④みなし相続財産

次に、「⑤正味の遺産額」を計算します

⑤正味の遺産額＝①相続税課税対象遺産総額－⑥非課税財産－⑦債務と葬儀代

⑤正味の遺産額	⑥非課税財産	⑦債務+葬儀代

最後に、「⑧課税遺産総額」を計算します

⑧課税遺産総額＝⑤正味の遺産総額－⑨基礎控除額

⑧課税遺産総額	⑨基礎控除額

⑧課税遺産総額の金額が⑨基礎控除額の金額よりも多かった場合に、相続税が発生します

ていた保険、死亡退職金などが対象になります）など、幅広く考えられています。
「本来の相続財産」に「贈与財産」と「みなし相続財産」を足した金額が「相続課税対象遺産総額」です。遺産の金額は、原則時価（「評価額」）で計算します。そこから、課税の対象外となる財産（「非課税財産」）。一定の上限金額の範囲内の死亡保険金や死亡退職金、お墓や仏壇など）と債務（借金や未払いのお金）や葬儀代などを差し引きして、**「正味の遺産額」**を計算します。

最後に正味の遺産額から基礎控除額（三〇〇〇万円＋六〇〇万円×法定相続人の数）を引いたときに、正味の遺産額が基礎控除額よりも多ければ、相続税が発生します。

以上が、相続税の基本的な仕組みです。相続税の見込み金額を自分で計算するのは大変なので、詳細を知りたい方は税理士やファイナンシャルプランナーなどにご相談ください。

節税策
相続税の負担は軽減できる？

相続税の負担を少しでも軽くしようと、いろんな節税策が考えられてきました。

毎年、**贈与税の基礎控除額（年間一一〇万円以内の贈与ならば税金がかからない）を利用**して、少しずつ財産を子や孫に贈与していく、といった方法**（暦年贈与）**や、更地の土地にアパートなどの賃貸用建物を建てたり、生命保険を上手に活用したりといった方法が代表的な節税策とされています。

しかし、これらを活用しようという場合、注意点がいくつかあります。

たとえば、自分の預金の名義を子どもや孫に変えておく、というのもよく利用される節税策ですが、**一番税務署と争いになりやすい事例**でもあります。こうした場合には「名義」を変えただけですませるのではなく、「贈与契約書」をつくり、贈与する意思をはっきり相手に伝えることが大切です。そして受贈者である子どもや孫自身の印鑑で通帳をつくり、つくった通帳類は受贈者に渡しておくといったことまでしっかりすませておきましょう。

しかし、**基礎控除額以下の暦年贈与であっても、亡くなる日の前三年以内に受けたものは贈与財産として税金のかかる相続財産に組み入れられる**ことになるので、相続税対策としては五年、一〇年といった長期的、計画的な贈与が必要といえます。

なお二〇一五年一月一日以降、満二〇歳以上の者が直系の尊属から暦年贈与制度を利用して贈与を受けた場合、贈与税が一定率軽減される「特例贈与財産」制度が新設されています。

現在では、相続税の基礎控除額が引き下げられたため、相続税もわたしたちに身近な税金となってきました。相続税を納税しなければならない遺族のことを考えると、**相続税対策は非常に大切な課題**だといえるでしょう。生前贈与制度の利用などについて税理士などの専門家に相談し、アドバイスを受けることをおすすめします。

〈その他の節税制度〉

暦年贈与のほかにもさまざまな生前贈与があり、相続対策（相続税軽減）にすぐに役立つ生前贈与の制度も用意されています。ここでは節税効果の高い「贈与税の配偶者控除制度」と「教育資金の一括贈与制度」についてご説明します。

贈与税の配偶者控除制度

婚姻期間が満二〇年以上の配偶者から、居住用（自分が住む用）の不動産の贈与または居住用不動産を取得するために金銭の贈与を受けた場合、一定の要件（翌年三月一五日までに実際に自身が住むことなど）を満たす場合には、暦年贈与の基礎控除額（一一〇万円）とは別に二〇〇〇万円が控除され、合計二一一〇万円まで贈与税が非課税になります。

また、この制度により贈与を受けた不動産や金銭は相続税の課税対象外とされています。ただし、贈与税はかかりませんが、翌年の三月一五日までに税務署へ申告書を提出する必要がありますので注意してください。

教育資金の一括贈与制度

三〇歳未満の子どもや孫が、直系の尊属から教育資金にあてるために金銭などの贈与を受け、銀行などで教育資金口座の開設などをおこなった場合には、贈与を受けた金銭のうち、一五〇〇万円までの金額は贈与税が非課税とされています。二〇一九（平成三一）年三月三一日までの贈与に適用されます。

贈与を受けた子や孫が三〇歳になった時点で、（教育資金口座などに）残高があれば、その残高に対して贈与税がかかることになりますが、相続税の課税対象外とされていますので、相続税対策としては大変効果が高いといえます。

この制度を利用しようとする場合には、教育資金とみなされる範囲・口座の引き出し方など、お近くの銀行などで細かな説明を受けるといいでしょう。

この他の代表的な生前贈与制度については次ページの表にもまとめてありますので、ご参照ください。

相続を放棄したいとき
借金は相続したくない！

相続する遺産は、プラスのものばかりとは限りません。亡くなった人に負債があれば、その**借金も相続の対象**になります。相続遺産に不動産もあるけれど、どうも負債のほうが多そうだ、そんなときには、受け取る側も「相続を放棄できないものだろうか……」と考えてしまいます。

相続放棄するには、自分に相続が発生したことを知ったときから三ヶ月以内に、家庭裁判所に申し立てる必要があります。

申し立ては、被相続人（亡くなった人）が最期に暮らしていた住所にある家庭裁判所です。用意しなければならない書類などは家庭裁判所にお問い合わせください。**三ヶ月を過ぎると相続放棄できなくなる**ので、注意しましょう。

その他の代表的な生前贈与制度（2016年4月1日現在）

制度の種類	相続時精算課税制度	結婚・育児資金の一括贈与	住宅の購入資金贈与
制度の趣旨	子どもや孫への資産移転	子どもや孫の結婚、出産、育児資金 結婚式・披露宴、新居住居費 引っ越し代、保育料（ベビーシッター代など）	子どもや孫の住宅購入・増改築資金
贈与者の条件	直系の60歳以上の親または祖父母	直系の親または祖父母	直系の親または祖父母
受贈者の条件	20歳以上の子どもまたは孫	20歳〜50歳未満の子どもまたは孫	20歳以上の子どもまたは孫 その年の合計所得金額が2000万円以下
非課税限度額（受贈者1人あたり）	2500万円（一括贈与でなくてもOK）	1000万円	2016年1月〜2017年9月まで700万円（1200万円）＊1 2017年10月〜2018年9月まで500万円（1000万円） 2018年10月〜2019年6月まで300万円（800万円）
制度の期限	2015年1月1日〜	2015年4月1日〜2019年3月31日	2019年6月30日まで
相続税との関係	相続税申告の際に精算する 課税価額は贈与時の価額を引き継ぐ	贈与者本人の死亡時に残額があった場合は、残額が相続財産とされる	対象外

＊1（　）外は一般住宅の場合、（　）内は省エネ住宅の場合の非課税金額です

なお、被相続人が亡くなってから、相続財産の内容を調査をしているけれど、相続するか、放棄するかの十分な判断材料が得られないという場合は、家庭裁判所に期間の延長の申し立てをおこなうことにより、三ヶ月という期間を延ばすことができます。

お問い合わせ先

相続について詳しいことを知りたい方は、弁護士にご相談ください。節税策については税理士にお問い合わせください。

また、本書の巻末にもお問い合わせ先の一覧を掲載していますので、ご参照ください。

遺言　死んでからでは、遅い！

遺言
死ぬ前に残すあなたの意思

遺言は、たとえば、「わたしの死後、財産を子どもたちにこのように分けてほしい」などというように、旅立ち前に残しておくあなたの意思であり言葉です。

遺言の内容は、遺産に限ったことだけではありません。あなたが生きてきたなかで、あなたが愛した人々へ、あなたを支えてくれた人々への感謝のメッセージを伝える役割もあるのです。

そして、それを書面に記したものが遺言書です。**しかも、遺言書は、エンディングノートと異なり、法的効力を持つ**ものです。

前節でご説明したように、相続が「争族」にならないために——あなたが残した財産をめぐってご親族がトラブルを起こさず円満な相続を進めるために、遺言書は大きな効果を発揮します。

また、**遺言書を書くことで相続人のうち、特定の人に多くの財産を残す、あるいは相続人以外の人に財産を残すことも可能です**（☞p206「遺贈と遺留分」）。法定相続人（法律で決まっている相続人）以外の、生前世話になった人や団体に死後お礼をしたい、寄付したいと思ったら遺言書を書いておけば、あなたの思いが実現できます。

遺言書は「死を間近にしている人が書くもの」という印象を持つ人が多いようです。また、遺言書は「財産をたくさん持っている人が書くもの」と思っている人もいます。まず、このような意識から抜け出し、**若くても、財産のない人も遺言を書く、遺言を書ける、**という意識を持つことが必要です。それによって、あなたの生前意思がより鮮明になり、残された人生を安心して送ることができるようになるはずです。

遺言書は、あなたの財産を、あなたが生きた証しとして、それを継承する人々に生かしてもらうものであり、残された人々を思いやるあなたの意思表明でもあり、お世話になった人々への感謝があふれたものであると考えてください。

ここでは遺言の種類や遺言書の書き方についてご説明します。

遺言の種類

遺言ってどんなもの？

法的な拘束力を持つ遺言は、民法にしたがって書かれたもので、裁判にまでなるような争いのときに効力を発揮します。

満一五歳以上の人は、遺言をすることができます。遺言は、二人以上で一緒にすることがで

きませんから、たとえ夫婦が遺言をするときでも、それぞれ別に遺言書を作成する必要がありま
す。

遺言の方式には、大きく分けて、「普通方式」の遺言と「特別方式」の遺言があります。

〈普通方式〉

普通方式の遺言には以下のような種類があります。このうち代表的なものは「自筆証書遺言」と「公正証書遺言」ですが、こちらについての詳細は次項以降でご説明します。

①自筆証書遺言

一番一般的な遺言書の作成方式です。あまり大きな費用をかけず、気軽に作成するタイプの遺言書です

②公正証書遺言

公正証書遺言は、手間はかかりますが安全で確実なタイプの遺言書です

③秘密証書遺言

秘密証書遺言は遺言書の存在のみを証明してもらい、遺言の内容を秘密にしたい場合に作成するタイプの遺言書です。やや複雑な形式が必要となるので、司法書士や行政書士、弁護士など法律の専門家などに頼んで作成するのがよいでしょう

〈特別方式〉

特別方式の遺言は**「臨終遺言」**と**「隔絶地遺言」**のふたつの種類があります。臨終遺言（正式には「一般危急時遺言」）は、疾病その他の理由（老衰、負傷など）によって死亡が危急に迫った者がする遺言です。生命の危機が急迫しているときには、厳格な要件を満たすことが困難なので、遺言者の最終の真意を確保するため、**ほかの遺言に比べて要件が緩和**されています。

臨終遺言の要件

①証人三人以上が立ち会いのうえで、
②そのうちの一人に遺言の趣旨を口頭で伝える（口がきけない人の場合は通訳人の通訳による申述）ことにより遺言することができます
③さらに、遺言を受けた者がこれを筆記して、
④遺言者および他の証人に読み聞かせまたは閲覧させ、
⑤各証人がその筆記が正確なことを承認したあとに、
⑥これに署名と押印しなければなりません
⑦なお、署名・押印のできない者がある場合には、立会人または証人は、その事由を付記しなければなりません

また、臨終遺言には「難船臨終遺言」という遭難時にする遺言もありますが、あまり一般的なものではないので、ここでは詳細は省略します。

もうひとつの特別方式の遺言は「隔絶地遺言」です。隔絶地遺言には「伝染病隔絶者遺言」という、伝染病にかかって外との交通を断たれている人がおこなう遺言や「船舶隔絶地遺言」という、船舶に乗船中の人がおこなう遺言などのタイプがありますが、こちらも例外的なケースですので、細かなご説明は省かせていただきます。

自筆証書遺言
自分で書くぞ！

このように遺言の種類はいくつかありますが、以下では、代表的な普通方式のひとつである自筆証書遺言についてご説明します。なお、**遺言は最後に書かれたものが優先**します。遺言を毎年自分の誕生日や元旦、あるいは夫婦の結婚記念日に書き直すという人がいますが、日付の一番新しいものが優先することを覚えておいてください。

あなた（遺言者）が自筆で全文を書く遺言のことを自筆証書遺言といいます。自分で書くので、いつでも好きなときにつくることのできるもっとも手軽な遺言書であり、民法が認める遺言の方式としては一番簡単なものです。したがって、遺言者が字を書くことができ、印を押すことさえできれば、自分の思ったとおりに自由につくることができます。また、遺言作成に要する**費用がほとんどかからず**、立会人も必要ないということも自筆証書遺言の利点です。

ただし、**法的に効力のある遺言にするためには、一定の条件を満たす必要**があります。たとえば遺言した日の日付、氏名を記載し、押印（認印でもよい）することが必要です。ワープロや代筆、テープレコーダーによるものは無効となります。

自筆証書遺言は、あなたが亡くなったあとに、家庭裁判所に提出され検認を受けなければなりません。検認は、あくまで遺言書の形式や内容を確認する手続きで、遺言内容の真偽や有効性・無効性を確定させる手続きではありません。もし死後に発見された封筒に遺言書が在中していることがわかったら、**開封しないで家庭裁判所に持っていって**ください。検認を受けずに開封された遺言書は、法的な争いが生じたとき、有効と認められない場合があるので注意が必要です。

自筆証書遺言は、紛失したり、第三者によって偽造や変造をされたりするおそれがあるので、**だれに保管してもらうかも問題**です。また、あなたが亡くなったあと、その遺言書が保管者によって公にされなければ、遺言がないものとして手続きが進められてしまいます。

遺言書の存在を周囲に内緒にしたまま亡くなってしまった場合は、だれにも気づかれないという可能性もあります。遺言書の内容を秘密にしたまま法的にも有効なものにしたい場合は、法律の専門家に依頼して、前述の秘密証書遺言を作成することをおすすめします。

自筆証書遺言を作成する場合は、信頼できる人や機関に預けておくことも必要になってきます。ライフデザインセンター（本書の著者）では、近年、遺言書をお預かりすることが多くなっています。大切な遺言書なので、銀行の貸金庫を利用し、遺言書の確実な保管と、死後の相続人への開示をおこなっています。このような保管・管理そして相続人への開示体制を確実なものにしておくことが大切です。

次ページに、自筆証書遺言のサンプルを提示します。これを例にして、あなたのおかれた状況を考えながら、自筆証書遺言を書いてみましょう。

遺言を書く際の注意点

①他人が代筆したものやワープロ・パソコンで打ったものは無効です。ただし、遺言者が他人に手を支えられ、その補助のもとに遺言を書いたような場合は、自書とみなされます
②日付も遺言者が自書しなければなりません。遺言者の遺言能力の有無や、二通以上の遺言書が出てきた場合に、その前後を確定するのに必要だからです。したがって、日付のない遺言書は無効です
③署名について、その氏名は戸籍上の氏名に限らず、遺言者が通常使用している雅号や芸名でも遺言者との同一性が認められれば有効です
④押印は実印であっても、認印や三文判であってもよいとされています
⑤修正可能な鉛筆ではなく、消えないペン・ボールペンなどで書きます
⑥土地の表記は登記簿と一致させることが必要です
⑦預貯金は金額ではなく、分割する割合で書けば遺言書を書いたあとも、自分のために心おきなく使えます
⑧遺言執行者（あなたが亡くなったあと遺言を実行する人）を指定しておきましょう

遺言状のサンプル

遺　言　状*1

60 歳になり、人生の節目を迎えました。たいした財産はないけれど、自分の思いを残したいと考え、遺言状を書きます。

1. ○○県○○市○○町○○番地の土地と建物○○（家屋番号○○番○）は妻 A 子に相続させます。*2
2. 預貯金は、できるだけ生きているうちに有効に使おうと考えているので、残らないと思いますが、残ったものの 4 分の 1 ずつを 3 人の子どもに相続させます。

   預貯金の預け先は、別紙に書いてライフデザインセンターに保管してもらっています。
3. 預貯金の 4 分の 1 は、社会貢献に役立てるように○○法人に寄付してください。
4. 遺言執行者は妻 A 子とします。

自分のしたいことを十分にさせてもらった人生でした。子どもたちそれぞれが個性豊かに成長してくれたのが、とても嬉しかったし、誇りです。わたしがいなくなった後も助け合って仲良く暮らしてください。あなた方の幸せをあの世で祈っています。

年　　月　　日

名前　　　　　　　印

＊1　実際にはワープロではなくすべて手書きで作成します
＊2　土地の表記は登記簿と一致させることが必要です

公正証書遺言
手間がかかるが不備はない！

次に、もうひとつの代表的な普通方式の遺言「公正証書遺言」について説明します。

みなさんは「公証役場」というものをご存じでしょうか？　全国に三〇〇ヶ所ある公証役場（法務局所管）では、公正証書の作成や私文書の認証などを公証人がおこなっています。**公正証書遺言とは、あなたが公証役場にいき、公証人に遺言書を作成・保管してもらうもののこと**をいいます。作成の順番は以下のとおりです。

公正証書遺言のつくり方

①あなた（遺言者）の口述（遺言）にもとづき、公証人が遺言書を作成します
②公証人が筆記した遺言書を二人以上の「証人」に読み聞かせ、または閲覧させ、その筆記が正確なことの承認を受けます
③遺言者・証人が自署名・押印します
④どのように遺言書がつくられたのかを公証人が付記します

「証人」というのは、相続・遺贈の内容が正しいかどうかなどの意見をいう人ではなく、その

人が**口述した内容を間違いなく公証人が書きとめたことを保証する人**です。財産をもらう人（相続人）は証人になれません。遺言を作成してもらう公証人に相談すれば、証人として信頼できる司法書士などを紹介してくれるので、**自分で探さなくても大丈夫**です。はじめて公証役場に相談にいくときは遺言書のメモ書きを持参するといいでしょう。

また、公証役場で公正証書遺言を作成するときに必要な書類は以下のとおりです。

公証役場に持参するもの

①あなた（遺言者）の印鑑証明（発行から三ヶ月以内）と実印
②遺産に不動産がある場合は登記事項証明書、固定資産評価証明書など
③遺産を受け取る人が法定相続人の場合は続柄のわかる戸籍抄本、その他の場合はその人の住民票
④証人二人の住民票の写しか運転免許証

公正証書遺言の原本は公証役場で保管してもらえます。その際、あなたには正本と謄本が渡されるので、一通は遺言執行者に保管してもらうのがよいでしょう。

あなたがなんらかの事情で署名できないときは、公証人がその理由を付記して署名に代えることもできます。病気などで動けない場合は公証人が遺言者の自宅や病院へ出張してくれますので、その場で公正証書遺言が作成できます。

公正証書遺言も一般の自筆証書遺言も、遺言としての法的な効力は変わりありませんが、公正証書遺言の場合には、遺言者の死亡後、家庭裁判所での検認手続きは必要ありません。

　公正証書遺言は、自筆証書遺言のように簡単に作成はできませんし、**専門家に頼むので費用がかかります**。しかし、内容は確実に反映される遺言書になりますし、紛失はありません。家庭裁判所での検認の必要がないことも利点といえます。また、争いを防止するという点でも公正証書遺言は効果があります。あなたの事情を鑑みて、公正証書遺言作成も視野に入れてみてください。

遺言の種類と相続手続きまでの流れ

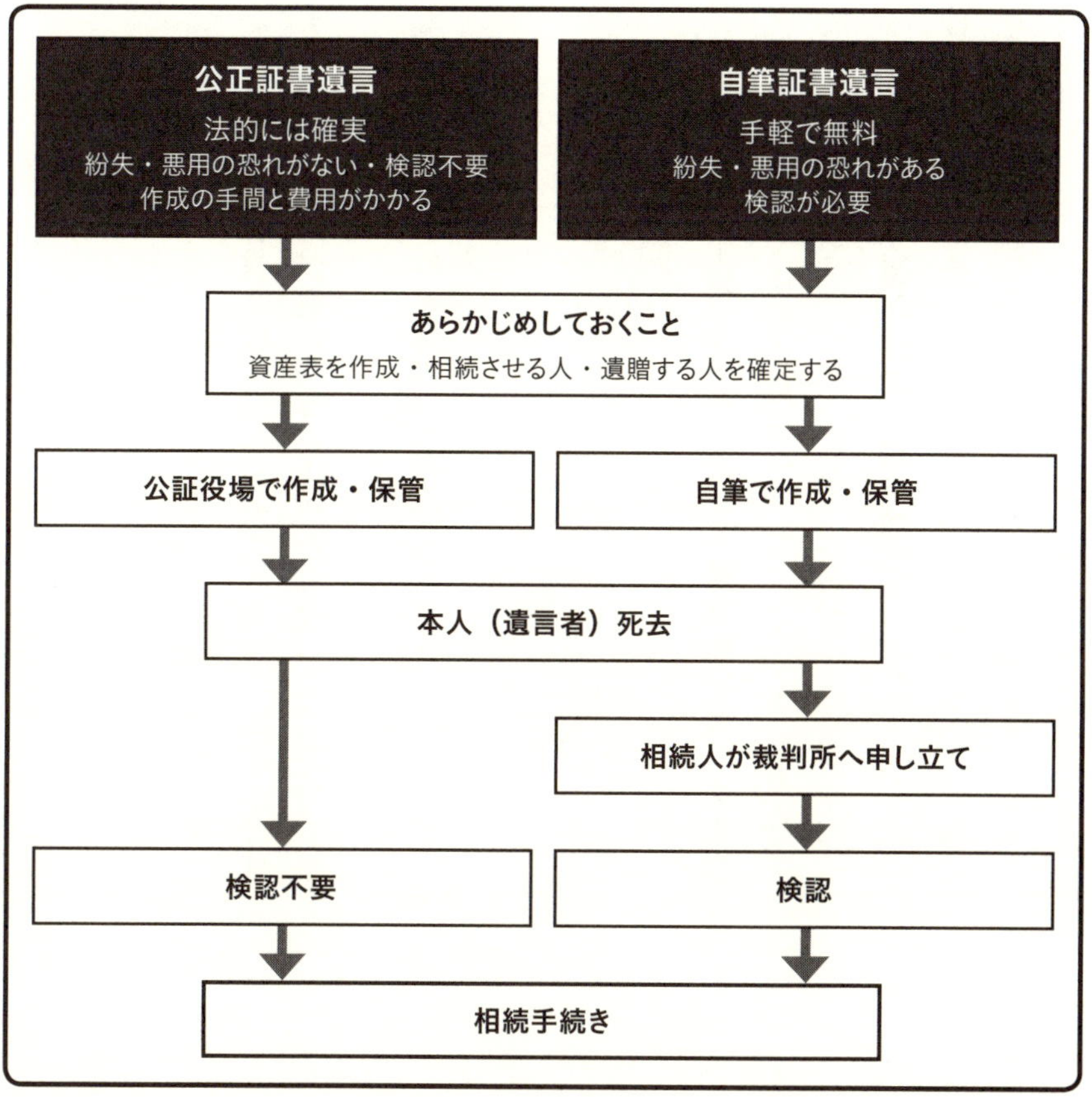

付言
遺言に感謝の言葉を！

なお、遺言書には「付言」というものがあります。付言とは、残された人へのメッセージです。もちろん法的には遺言書だけでも事足りますが、あなたが遺言内容を決めた動機や真意を付言事項に書いてみてはどうでしょうか。

それを見たときの相続人の気持ちも考えて、関係者への感謝の言葉で締めくくりたいものです。

遺言執行者
遺言書の内容を実行する人

遺言者は遺言のなかで、その内容に沿った遺産分割手続きをおこなう**「遺言執行者」を指定する**ことができます。遺言執行者とは、たとえば遺産である不動産についてはその移転登記を、預貯金については金融機関からの解約や払い戻し、そして分配を、さらにその他の遺産を売却してその代金を分けるなどの作業をおこなう、**文字どおり遺言書の内容を執行する人**をいいます。

だれを執行者に指名するのかについては法的な制限はありませんが、通常遺産をもっとも多く受ける相続人を指定するケースが多いようです。第三者の場合には、弁護士や司法書士といった法律の専門家が指定されるのが一般的で無難です。

遺言執行者の指定がないときや、遺言執行者が亡くなったときは、家庭裁判所が利害関係人の請求によって遺言執行者を選びます。

お問い合わせ先

遺言については司法書士や弁護士などにご相談ください。また、**公正証書遺言については下記**にお問い合わせください。お近くの公証役場を紹介してくれます。
また、本書の巻末にもお問い合わせ先の一覧を掲載していますので、ご参照ください。

日本公証人連合会
〒100-0013　東京都千代田区霞が関1-4-2
大同生命霞が関ビル 5階

■電話
03-3502-8050（事務所代表）

■ホームページ
http://www.koshonin.gr.jp/index2.html
（公証役場所在地一覧）

遺言に関するQ&A
よくある疑問にお答えします

これまで遺言書の種類や書き方についてご説明してきました。少しむずかしかったでしょうか。

そんなあなたのために、ここでは**よくある疑問にQ&Aでお答え**してみます。

問1　わたしは古いしきたりによる習俗的な葬儀の儀式には費用もかかるし不満もあり、自分らしい葬儀をしたいと考えていますが、このことを遺言できますか？

答1　葬儀は自分でおこなうことができず、残された人々に託さねばなりません。

この場合、自己の意思を残される人々に的確に伝える手段として遺言書に記すことは有用です。しかし、これは遺産にかかわるような法律上の遺言ではなく、遺言者の希望としての付言事項になります。また、遺言書が開封されるのは、葬儀が終わり、一段落してからのことが多いので、遺言書に書いておいても、葬儀はすでに終わってしまったということが起こります。葬儀に関する希望は、別のエンディングノートに書き残し、ご家族に伝えておくのがいいでしょう。

問2　死後にペットの面倒をお願いしたいのですが、これを遺言できますか？

答2　生前に「負担付死因贈与契約」というものをしておくといいでしょう。

たとえば、「財産の一部をAさんに譲る代わりに、ペットの面倒を見てもらう」というような契約を生前におこなう場合の契約書の例は次ページの図のとおりです。

問3　遺言書にない財産が被相続人の死後にわかりました。この財産はどうしたらいいでしょうか？

答3　遺言書になかった財産である以上、遺言書の効力はおよびませんので、法定相続分（☞**p204**「法定相続分」）を基本に相続人の間の遺産分割協議で決めなければなりません。
　このようなことを防ぐためには、遺言者は「すべての財産を……」と遺言するか、あるいは「その他の財産は……」と遺言しておけば大丈夫です。

問4　被相続人の死後に、被相続人の預貯金を払い出して葬儀に使いたいのですが。
答4　金融機関は口座名義人である被相続人の死亡を知った時点でその口座を凍結するため、払い出しや解約ができなくなります。
　また、払い出しができたとしても、他の相続人の了解なく払い出したりすると、後々の遺産分割時のもめごとになる原因にもなります。
　この場合、遺産分割を協議するか、あるいは各金融機関にある「払戻書」に全相続人の

負担付死因贈与契約のサンプル

死因贈与契約書

第１条　贈与者Ａは、Ａの死亡によって効力を生じ、死亡と同時に所有権が受贈者Ｂに移るものと定めて、平成○○年○○月○○日、Ａ所有の下記財産を、無償で受贈者に贈与することを約し、Ｂはこれを受諾した。

記

１　銀行預金　○○銀行○○支店　定期預金（元金額○○万円）
　　口座番号○○○○○○○　口座名義人Ａ

２　愛犬タロウ

第２条　Ｂは、本件贈与を受ける負担として、Ａ死亡後はＡが永年愛情を持って飼育してきた愛犬タロウの世話を誠意を持っておこない、死亡の場合は相当な方法で埋葬、供養しなければならない。

署名、押印、および印鑑証明書があれば足りる場合が多いので、各金融機関に相談してみてください。

問5 いったん公正証書遺言を作成したのですが、気持ちが変わりこれをやめたいと思うようになった場合はどうしたらいいでしょうか?

答5 遺言は、遺言者の最終の意思に効力を認めようとする制度ですから、いつでも自由にこれを撤回し、あるいは新たに遺言を作成することができます。

遺言の撤回は、遺言の方式にしたがってなされなければなりませんが、遺言の方式によればいいのであって、たとえば、公正証書遺言を自筆証書遺言によって撤回することもできます。撤回の範囲は、遺言の全部でも一部でも大丈夫です。遺言に条件や期限が付いている場合には条件や期限だけを撤回することもできます。

問6 遺贈と死因贈与との違いはなんでしょうか?

答6 遺贈は文字どおり、遺言者の一方的な遺言書作成によっておこなえるものです。

死因贈与は、生前に贈与者の死亡によって効力が生じる贈与契約を結んでおくもので、受贈者との合意が必要になります。

問7 未成年の子どもや障がいのある子どもの将来が心配な場合どうしたらいいですか?

答7 あなたに代わって、子どもの面倒を見てくれる未成年後見人およびその後見監督人の指定を遺言書でおこなうといいでしょう。

問8　認知症状態になりかけている妻の介護のために、相続人の一人に財産を相続させ、その人を通じて一定の介護料を支払うなどの方法で妻を介護してもらいたいと思っていますが、どうしたらいいですか?

答8　相続人の一人のみに相続させる旨の遺言書を作成して、遺言書のなかでその負担すべき義務の内容を明記するといいでしょう。また、あらかじめ介護会社とも介護内容を打ち合わせておいてください。

問9　叔父が亡くなった際に公正証書遺言を開封したら「わたしに財産を相続させる代わりに、亡くなったあと叔母の面倒をみるように」というふうに書いてありました。状況的にとてもできそうにないので辞退したいのですが、辞退することはできますか?

答9　この場合、問2でご紹介したような負担付死因贈与契約とは違って、事前に両者が合意したものではありません。「負担付遺言」と呼ばれるものですが、もちろん断ることができます。一般の遺贈であればいつでも拒否することができますが、「全財産を遺贈する代わりに」というような「包括遺贈」の場合は、三ヶ月以内に裁判所で遺贈放棄の手続きをおこなう必要があります。その場合、財産は「面倒をみてほしい」という対象者であった、叔母に相続されます。

また、負担付で遺贈を受けたとしても際限なく義務を遂行しなければならないわけではありません。「遺贈によって受け取った財産額を超えない限度」の範囲内でその負担を遂行することとなります。もし遺贈を受けても義務を遂行しなかった場合、ほかの相続人が家庭裁判所に申し立てて義務を遂行するように勧告したり、場合によっては遺言の取り消し請求がおこなわれます。

問10 会社を経営しています。社内には三人の子どもが働いていますが、そのうち長男に自分の経営する会社の後継者になってもらいたいです。遺言書で指名は可能ですか?

答10 有限会社であれば出資持分、株式会社であれば株式の配分を遺言書で決めておくことができます。

たとえば、有限会社なら「遺言者が有するA有限会社(本店所在地〇〇〇〇)の出資持分五〇口を遺言者の長男・山田太郎(住所〇〇〇〇、生年月日〇〇〇〇)に相続させる」と書いておき、ほかの子どもと争いにならないよう「ほかの相続人らは、長男・太郎をA有限会社の代表取締役に選出し、長男・太郎を盛り立て、会社経営に協力してください」などと付言しておくのがよいでしょう。

問11 法定相続人ではあるけれど、特定の子どもに財産を残したくないという場合、どうしたらいいですか?

答11 基本的には遺言で法定相続分と異なる指定をすることです。ただし、遺留分(☞**p206「遺贈と遺留分」**)の項目でご説明したとおり、相続人は遺言の内容にかかわらず、遺留分を主張できます。もしあなたが遺留分も除きたいのならば、付言で「なぜその相続人に財産を残さないのか、あるいは他の相続人に財産を多く残すのか」という理由を書いておくといいでしょう。たとえば、次のように付言しておくというやり方もあります。

「遺言者が前妻とのあいだの子・太郎に財産を相続させない理由は、遺言者は、太郎が大学を卒業するまで、学資を送金し続けてきたが、太郎は卒業後その恩を受けた遺言者にまったく連絡せず、音信不通となっているためである。したがって、遺言者は、現在の財産の形成に尽力した妻・花子と長男・大介に全財産を相続させることとした。太郎はこのことを十分に考えて、紛争を起こさないでほしい……」

問12　遺言書をつくるときに、相続させたい人や遺贈したい人に事前に了解をとる必要はありますか?

答12　法律上は事前に了解をとる必要はありません。ただ、たとえば遺贈したい相手が血縁者ではない友人、知人などの場合、突然の遺贈にびっくりしないように、事前に話しておく、というようなことは、常識の範囲内でしておいた方がいいと思います。

相続や遺言に関しては、この他にも、さまざまな問題が出てくることと思います。これまでの基礎知識を踏まえ、信頼できる弁護士などの専門家に相談することをおすすめします。

第3章

病

医療の考え方
主役は自分

公的医療保険について

病院医療と在宅医療

終末期医療に関する用語

事前指示
あなたが受けたい医療とは？

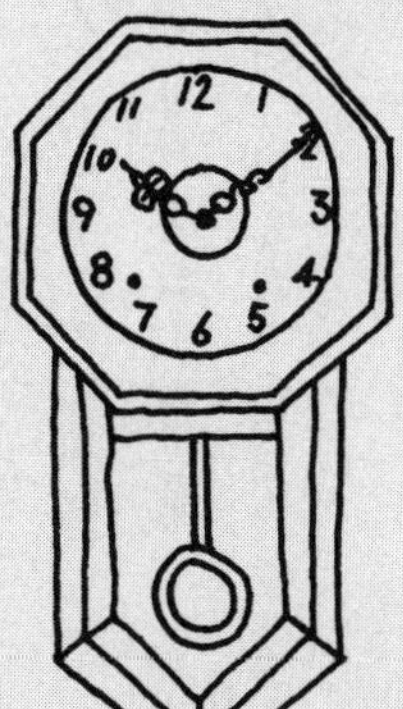

エッセイ

「病」と生きる　地域包括ケアシステムとは何か

地域包括ケアは、顔の見えるケアだ

地域医療のウォーミングアップをしている。若い医師たちと勉強会を開いたり、在宅医療に同行したりしながら、新しい技術を学んでいる。地域包括ケアを実践することが、全国の課題となった。地域包括ケアって何だろう？　多くの人が疑問に思っている。今、ぼくはこれを広めるお手伝いをしようとブラッシュアップしている。

二〇一六年五月、医師と諏訪中央病院の摂食嚥下《えんげ》専門ナースのペアでの在宅ケアに同行した。どこへ行っても、四二年間の何らかのつながりが見えてくる。「どこどこでお世話になりました」というあいさつから始まることが多い。地域包括ケアは、ぼくたちの過去と深くつながっていると感じる。

在宅ケアの同行先はMさんのお宅。このMさんにも大変お世話になった。市役所のナンバー2だった。この方のお蔭で、地域包括ケアをすすめることができた。Mさんの奥さんも看取った。脳幹梗塞で一時、寝たきりになったが、そこから回復。嚥下障害があったが、嚥下訓練がうまくいき、自分の手でものが食べられるようになった。会った瞬間、いい笑顔をした。ドクターや看護師のいわく「こんないい笑顔は久しぶり」。この同行では、ぼくはいるだけの存在だが、役に立っていると思えてうれしかった。地域包括ケアは、顔の見えるケアでもあるのだ。

諏訪中央病院名誉院長
鎌田 實

住み慣れた自宅や地域で最期まで過ごすためのケア

生活保護を受ける高齢者が食いものになる悪質なビジネスが明るみになった。〝ぐるぐる病院〟という。

老人病院などがネットワークをつくり、高齢者を次々と転院させて高い入院料を取る。入院費は、一定期間がすぎると低いまま抑えられるが、入院期間が短ければ短いほど、入院料が高く取れるという仕組みを悪用したものだ。

ある生活保護を受けている高齢者は、五年間で一四の病院を二八回移動。短くて二週間、長くて三ヶ月で転院させられたという。一四〇〇人の患者さんをぐるぐる転院させて得た入院費は一〇〇億円にもなるというから驚きだ。これが医療費として請求されるわけだから、とんでもないことである。

一方、特別養護老人ホームの入所を待っている間、老人保健施設やショートステイなどをぐるぐると回っている高齢者もいる。こちらは、高い入院費を取ろうというわけではなく、行先がないために仕方なく行われている。

特養の待機者は五二万人。介護力が低い家庭でも半年待ち、介護力がある程度ある家庭では二〜三年待たされるのも珍しくない。

どちらも当事者の高齢者にとってみれば、自分が生きてきた足場から切り離されることになる。浮草のような不安を抱いているとしたら、胸が痛い。

そこで近年注目されているのが、地域包括ケアシステムだ。地域包括ケアは、住み慣れた自宅や地域で最期まで過ごせるように、医療・介護・予防・生活支援・看取りなどを一体的に提供するシステムである。

団塊の世代が七五歳以上になる二〇二五年に備えて、厚生労働省は今からこの体制を全国の市町村で整えるようすすめている。そのため、二〇一五年は地域包括ケアシステム元年ともいわれている。

地域包括ケアシステムは、移動時間が概ね三〇分の範囲内、一万人を対象にする中学校区ほどの規模を対象に、地域ごとにケアの網の目を張り巡らせることを想定している。地域包括支援センターを中核機関に、各種団体やボランティアなどでネットワークを築く。このような地域包括ケアのシステムは、これから日本中につくられるだろう。

従来は、住み慣れた地域から遠く離れたところにある特養などの施設に入居するか、在宅サービスを受けながら自宅で暮らすか、というのが主な選択肢だった。しかし、後者は家族の負担が重かった。地域包括ケアシステムが充実すれば、地域に住みながら、特養に入所しているような機能が受けられるようになる。地域包括ケアシステムを「屋根のない特養」と表現する人もいる。

地域包括ケアは、多職種のネットワークが大切

地域包括ケアの現場では、多職種のネットワークが大切だ。例えば、日本中に広がりだしている小規模多機能型居宅介護では、訪問、通い、宿泊の機能がある。平日はヘルパーの訪問とデイサービスなどの通いを利用し、繁忙期や介護家族のレスパイトなどでお泊りをしたいときには、二週間お泊りすることもできる。その名の通り、小規模だが多機能で、利用者のさまざまなニーズにこたえることができるのだ。

また、必要に応じて訪問看護も提供できる看護小規模多機能型居宅介護では、透析を受けている認知症の人など、医療ニーズが高い人の在宅ケアにも対応できる。

利用者にとっては、状態が変わるごとに、あちこち移動しなくてもいいのが大きなメリットだ。介護する家族にとっても、介護負担を軽くしながら、介護が必要になった親や配偶者らとの生活や関係を継続しやすい。介護地獄に陥らずに、家族としての絆を深めることもできるだろう。

実は、諏訪中央病院では二〇年以上前からまさに「地域包括ケアシステム」という言葉を用い、最後まで地域で生きられるような地域づくりに取り組んできた。考え方は、今、国がすすめるものとほぼ同じだ。

認知症対応のグループホームやサービス付き高齢者住宅や小規模多機能型居宅介護など

を市内で民間が広げてくれた。諏訪中央病院の在宅医療と訪問看護、そして、併設する老人保健施設やすらぎの丘が一体となり、在宅での自立を促している。やすらぎの丘は五〇床の施設であるが、在宅復帰率は七〇％以上、ショートステイの利用者も含めると九〇％以上だ。全国的に見ても高い数字である。

これを実現するには、やはり手厚い人材が必要になる。やすらぎの丘では、五人の理学療法士と作業療法士が、在宅復帰へ向けて懸命なリハビリテーションを行っている。今後は地域のマンパワーの確保が課題になるだろう。

だが、地域包括ケアシステムには、それだけの価値があるとぼくは思う。

また、地域包括ケアには地域での絆が大事になってくる。米国ペンシルバニア州のロゼットという町は心筋梗塞など血管が詰まる病気が少なかった。理由を調査すると、住民同士の絆の深さが関係していることがわかった。これを「ロゼット伝説」という。

助け合いをすると血管が詰まりにくくなるというのはおもしろい。体と心はつながっているからだ。地域包括ケアは、健康づくりや予防活動も大切にしている。超高齢社会の日本でこそ、地域包括ケアシステムで新たな地域づくり、絆づくりをし、「伝説」を「現実」に変えてもらいたいものだ。

希望のネットワーク

以前、ぼくはある高齢女性の訪問診療を行っていた。そのおばあちゃんは、慢性呼吸不全のため在宅酸素療法をしていたが、外出しようとして転んで大腿骨頚部《けいぶ》骨折をした。そこから坂道を転がるように介護度がすすんでいった。

往診に行くたびに、「先生、死にたい」と訴えられた。おばあちゃんの心が明るくなるように努力したが、うまくいかなかった。

偶然、おばあちゃんを担当する若い男性ケアマネジャーが同席して、この会話を聞いていた。翌月のケアプランを作成するためだ。

夕方、そのケアマネから電話がかかってきた。

「来月のケアプランをつくりました。いつもと違います。鎌田先生の力が必要です」

「どういうこと?」

「おばあちゃんが『死にたい』という理由がわかりました。おばあちゃんが骨折したのは、家族でラーメンを食べに行こうとしたときでした。そこからどんどん介護度がすすんでいきました。

もう一度立ち上がってもらうためにも、おばあちゃんと一緒にラーメンを食べる機会をつくってもらいたいのです」

介護の目的は、自立支援だ。その人の意欲やもっている能力をいかに引き出すかが大事になる。このケアマネは、おばあちゃんに、「またラーメンを食べに行こう」と希望をもって、目的達成のためにリハビリをしてもらいたいと思ったのだ。

約束の日は、大雪だった。外出は無理かなと思っていたら、ケアマネがおばあちゃんを背負ってやってきた。三人で病院の屋上食堂に上がり、ラーメンをすすった。この日から、おばあちゃんは二度と「死にたい」と口に出すことはなくなった。窓からの雪の八ヶ岳がとてもすがすがしかった。

地域包括ケアは、金太郎アメではいけない

超高齢社会のために、政府には、介護を支える人たちが本来の専門性を発揮できるように、労働環境や経済面での改善に取り組んでもらいたい。少しだけでもコンクリートによる国づくりから方向転換してもらいたいものだ。地域包括ケアでは、民と公のネットワークが大切だ。

ある小規模の老人施設を訪ねると、施設のリーダーが駆け寄ってきた。彼女のお父さんを以前、診させてもらったことがある。お父さんは、諏訪中央病院で心臓の手術をしてから元気になったが、その後、交通事故で寝たきりになった。お父さんを看た後、お母さんが寝たきりになったという。

今から一五年前、ぼくたちが「福祉21茅野」という、市民を中心にした新しい地域包括ケアシステムを考えていたときだった。地域でケアを支えるという空気が町中に広がっていた。

彼女はすばらしい発想をした。「家族介護に疲れ、このままでは、とんでもない事件を起こしてしまうかもしれない」と危機感をもち、自宅を改造し、五人が入れる老人施設をつくったのだ。それが、ぼくが訪ねた施設だった。家賃と光熱費は必要だが、入所時の費用はいらない。家賃はアパート代。安い。そして、その横に、二四時間体制の訪問介護ステーションをつくった。利用者は、自分の母親のほか四人の合計五人。昼間は三人の介護士、夜は一人の介護士がみる。介護チームは二三人、看護師もいる。諏訪中央病院の元婦長も相談役になっている。

認知症になって一〇年以上、徐々にのみ込みが悪くなって、のどでごろごろしている利用者がいた。往診をしている開業医の依頼で、嚥下の診断や今後の見込み、訓練などの評価をしてほしいという。

この施設では誤嚥を防ぐため、この方が好きなイチゴを食事の前に噛んで食べてもらう。この施設の介護力は天下一品と思った。食べるという意識をもち、集中力を高めることで、誤嚥を防ぐためだ。それでも嚥下が難しくなってきており、ぼくたちが呼ばれた。

在宅でできる内視鏡をもって、声帯や食道の動きを観察しながら、食べるときの体位で変化があるか観察した。みそ汁は明らかに気管に入っていることがわかり、要注意であることがわかった。どんな食べ物がいいか注意しながら、あるポジションにすると、右側の食道壁を通って、胃の方に流れ落ちることがわかった。

ぼくを指導してくれている若い病院の総合診療医が絵を描きながら、介護士やスタッフ、家族にわかりやすく説明し、教育すると、みな納得できたようだ。きちんと安全に食べるために必要なことをおさえながら、どんなに注意しても万が一のことがあるかもしれないことも確認した。

そして、祭りの日など、特別な日には、患者さんが好きなカツを食べられるようにしたいね、という声も出た。その旨を開業医に報告し、開業医もその方向で診てくれることになった。この患者さんが笑顔を取り戻せるか楽しみである。

それにしても、このホームではいいケアが行われていた。近所の子育てが終わった人たちが介護の勉強をしながら、こうやってお年寄りを助けている。とても勉強になった。

地域包括ケアは、金太郎アメではいけないのだ。ルールを上手に使えば、あったかなシステムができる。

地域包括ケアは、非日常と日常をつなぐ

鎌田を囲み、月に一回、地域医療の勉強会が開かれることになった。第一回のテーマは「祭り」。

御柱祭《おんばしらさい》の建御柱のとき、内科の部長はてっぺんまで上り、手術室勤務の男性看護師がメドデコに乗る。地域としっかりしたつながりがないと御柱にはなかなか乗せてもらえない。ぼくが前回の御柱祭までずっと乗せてもらえていたのは、「諏訪中央病院が地域のためによくやっているので」と、病院が地域から評価されてきたからだろう。どれだけ地域につながりをもち、貢献しているかが重要なのだ。

祭りは非日常。日常では、人間と人間の関係が難しく、人生がうまくいかなかったりしても、祭りという非日常は、空気を変えたり、気分を変えたりする力がある。祭りは祈りのような場であり、人生の再スタートの機会にもなり得るのだ。ぼくは、優れた技術と、奉仕の思いと、祈りの思いをもって、地域医療をやろうとしてきた。勉強会では、地域医療と祭りはつながっている、という議論で盛り上がった。

今、諏訪中央病院の医師や看護師が、熊本の緊急要請を受けた病院に入っている。諏訪中央病院のスタイルは、相手のいちばんつらそうな部分をサポートする。東北の大震災のときも交代で支援に行ったが、前任者と新任者が重なる日をもうけ、自分たちで申し送りをし、現地のスタッフに負担をかけないようしてきた。そして、その場、そのときに必要なものは何か考えてきた。

災害も非日常である。医療や病院も、健康な人にとっては非日常だ。非日常をどう乗り越えていったらいいか。どうしたら安心できる日常に戻すことができるか。みんなで考えていこうということになった。

「病」を受け止めながら、誰でも、どこでも、いつでも生きられるように

諏訪中央病院の緩和ケア病棟に、ある患者さんが入院してきた。がんの末期で脳転移があり、一時意識がなかったが、ステロイドを使うことで意思の疎通ができるようになった。ぼくがチェルノブイリに行くときも、「先生、気をつけて行ってきてください」、帰国すると「よく帰ってきたわね」とにこにこと笑顔で迎えてくれた。左手は脳にある腫瘍のために動かない。でも、穏やかないい顔をしている。

諏訪中央病院には、全国から医学生が研修に来ている。関西出身の彼女は、関西からの医学生が来ると喜ぶ。ぼくを指導してくれている緩和ケアの部長も関西出身。看護師も関西から来た。なんとなく、病室が関西の言葉でやわらかくなり、穏やかな空気が流れた。

この日は、信州の山がよく見えるように、ベッドの位置を移動させていた。窓からの景色に、心がなごむと、うれしそうだった。

別の患者さんは、緩和ケア病棟から一般病棟に移った。ぼくが行くのを楽しみにしてくれている人で、ちょっとお酒が好き。緩和ケア病棟では少しならば、飲みたいときに飲んでいいことになっている。ちょっと飲むと、もともと楽しい人がもっと明るくなる。この人の明るさに、救われているスタッフも多い。

一般病棟に移ったこの患者さんを訪ね、「忘れていないよ」とあいさつに行ったら、「今

朝、緩和ケアの部長の先生もあいさつにきてくれた」という。〃みんながあなた（患者さん）を忘れていません、あなたの側にいます〃という空気が漂っていて、うれしくなった。

地域包括ケアは、一人暮らしの寝たきりでも、認知症でも、末期がんでも、希望があれば地域で生きることができる可能性をもったシステムである。

生・老・病・死の中の「病」にこだわりながら、どう自分を見失わず生き抜くことができるか。今、日本中がそのシステム構築のために大騒ぎになっている地域包括ケアとは何かを考えてみた。地域包括ケアのことを考えていくと、おのずと「病」と生きる姿が見えてくるように思ったからである。「病」を受け止めながら、誰でも、どこでも、いつでも生きられるシステムが、日本中にできることを願っている。

かまた・みのる
一九四八年東京生まれ。一九七四年東京医科歯科大学医学部卒業。長野県の諏訪中央病院にて地域医療に携わる。一九八八年同病院院長に就任、二〇〇五年から同病院名誉院長を務める。現在も山村への訪問診療を続けながら、日本チェルノブイリ連帯基金理事長、日本・イラク・メディカルネット代表として、国際医療支援活動にも取り組む。著書は『がんばらない』『あきらめない』（集英社）など多数。

「病」の章の使い方

ガイドライン

いとおしい「いのち」のために

わたしたちのまわりには、じつに多くの病気があります。

医療法で認められている診療科目が、内科、外科、小児科など、ほぼ四〇科目に分類されていることを見ても、病気の種類の多さがわかります。

寿命いっぱいに生き、枯れ木が自然に倒れるように旅立つ方もいますが、多くは病にかかり、死へ向かう道筋をたどります。ですから、あなたのライフプランには、「病」という要素を加え、前もって準備しておく必要があります。

たとえ若くとも、病はいつ襲ってくるかわかりませんし、高齢になれば病気にかかりやすくなり、心身の障がいも出てきます。病に備え、**病に対処する知識を持ち、病と上手に付き合うためには準備が必要です。**

訪れる病と、その向こうに見え隠れする死について、不安を覚えることでしょう。そしてどのように病や死に向き合うか、だれを頼り、だれの支援を受けたらいいのかもなかなかわからないものです。本章には、そうした不安や戸惑いをできるだけ少なくするための情報を載せています。

病にかかったことがわかったとき、あるいは死に至るような病を告知されたとき、闘病のとき、別れを自覚したとき……それぞれのときに、あなたが抱える痛みや苦しみを緩和し、支えてもらえる方法がここから見つかるかもしれません。

　そして、これらを参考にして医療者やご家族と率直に話し合うなかから、自分が受けたい治療の選択や、病に立ち向かう積極的な姿勢が見つかるかもしれません。

この章の内容と使い方

　この「病」の章では、病気や医療との上手な付き合い方をお知らせします。「病気」や「医療」について知っておくと役に立つ情報をたくさん盛り込んでいますので、こちらもほかの章と同様に、**あなたが興味のある項目から読みはじめてみてください**。以下のガイドラインで、この章の内容について簡単にまとめましたので、知りたい情報を探し出す助けにしてみてください。

医療に対しての考え方や向き合い方

253ページ

医療の考え方
主役は自分

　はじめに、**「医療に対しての考え方や向き合い方」**についてご説明します。これまでの慣習的な医療の考え方では、医師は専門家で、患者は「自分の治療方法については医師のいうとおりにしたがう」というのが一般的でした。

　しかし、最近では「医療の主役は患者さんご本人」という考え方が広まってきています。医師とコミュニケーションしながら、自分が納得のできる治療を受けるためにはどうしたらいいのでしょうか。ここではそんなことを考えるための基礎知識をご紹介します。

健康保険はどうなっているか

266ページ

公的医療保険について

わたしたちが病気になったときに安心して治療を受けるためには、社会保障についてよく知っておくことが必要です。**「健康保険はどうなっているか」**ごぞんじですか？　いまの医療保険制度のなかでは、何歳で、いくらくらいの医療費の自己負担が必要になるのでしょうか。また、治療のなかで保険の対象に含まれるものと含まれないものはなんでしょうか。大病で高額の医療費が必要になった場合、費用負担を少なくする方法はあるのでしょうか。こうしたことについて、知っておくと便利な情報を盛り込んでいます。

病院医療と在宅医療の違い

290ページ

病院医療と在宅医療

近年では、これまでスタンダードだった病院での医療に加えて、在宅医療のサービスも広がりはじめています。**「病院医療と在宅医療の違い」**はどこにあるのか、その目的や治療方法の違いなどについてご説明します。病院では病気を治すために必要な技術や設備が整っていますが、逆に「もう治せない病気とどう付き合っていくのか」ということについては十分に考えられてきませんでした。在宅医療の現場では、介護や看護などと協力しながら、「病気のなかでどういままでの生活を持続するのか」という考え方もあらわれてきました。ここでは病院医療・在宅医療についての基礎知識をご紹介するとともに、それらの活用方法についても簡単にご説明します。

終末期医療

310ページ

終末期医療に関する用語

終末期とは、文字どおり「人生の終わりの時期」のことを指しています。人はだれでも人生の終わりを迎えますが、人生の終わりの時期を支える医療のことを**「終末期医療」**といいます。終末期にも医療は必要ですが、それは病気を退治する医療ではなく、身体的・精神的な痛みを和らげ、おだやかな気持ちで旅立っていけるようにするための医療です。

医療については聞きなれない専門用語が多いでしょうが、ここではそんな用語をできるだけわかりやすく解説してみました。

事前指示書

334ページ

事前指示
あなたが受けたい医療とは?

元気なうちは「病気について考えるのはいやだな……」と感じる方も多いと思いますが、むしろ元気なうちにこそ病気について考えておくことが大切です。自分がもし深刻な病気にかかったときにどういう治療をしてほしいのか、こうしたことは、あなたがまだまだ元気な時期によくご家族と話し合っておいたほうがいい事柄です。もしあなたが急な病気で病院に運ばれて、昏睡《こんすい》状態で自分の意思を伝えることができないとき、**「事前指示書」**があればご家族や医師の心強い判断材料になるでしょう。また、自分が望まない治療を知らぬ間に受ける、といったことを避けることにもつながります。

さて、それでは、どうぞページをめくって必要な項目にお進みください。

1 医療の考え方　主役は自分

自前のカルテ
大切な心身情報

子どものころ、病気になって診察してもらったあと、お医者さんが一枚の紙に外国語でなにかを書き込んでいたのを覚えていませんか。子ども心にも、そこには自分の身体の状態が書きこまれているのだと感じ、わたしの身体はいま、どんなふうになっているのか、覗きこんでみたかったことを思い出します。

カルテには、あなたの病気や心身の状況に関しての医療情報が正確に記載されているはずです。そして、病気を治すための方法や薬の処方が具体的に書かれています。このカルテはいま、多くの医療機関で電子化され、医療情報として大切に保管されています。

そのカルテを自分自身が書く……なんと大それたことを、と思うかもしれません。しかし、ここでいう**「マイカルテ（自前のカルテ）」とは、医師が作成する専門的なカルテではなく、自分の心身の情報を簡単に書きとめておくもの、**と考えてください。

もしも病気になり、入院することになったら、どんな療養生活になるのだろう、と不安を覚える人は多いでしょう。その療養生活を支えるために、大きな役割を果たすのが看護です。そして、よりよい看護を受けるためには、あなたがいままでどのような生活をしていたか、心身の状態はどうか、という情報を提供する必要があります。その情報にもとづいて患者の療養生活の環境を整えることで、病院であっても日常に少しでも近い生活を送ることが可能になります。

しかし、突然入院しなければならなくなったときなど、問診（患者の心身の状態についての医師や看護師からの質問のこと）をされても気が動転して、正確に答えられないこともあります。また、あなたが重篤な状態に陥っていたり、意識が清明ではない場合も考えられます。そこで、**元気なうちに「マイカルテ＝わたしの心身の情報」を書いておくことをおすすめします。**マイカルテに自分の心身に関すること、生活に関することを記入しておけば、いざというときに、これを見ながら看護師の質問に的確に答えることができます。あるいはマイカルテをそのまま看護師に見てもらい、情報収集に役立ててもらうこともできます。また、ご家族や支援者にとっても、あなたを支えるための貴重な情報となるはずです。

マイカルテに書きこむ内容

- 記載年月日・氏名・生年月日・年齢・身長・体重・血液型
- 父母、祖父母、兄弟姉妹のなかでの大きな病気や死因の情報
- あなたがいままでにかかった病気の記録

● 現在治療中の病気（病院名・主治医・治療の概要・薬など）の情報
● アレルギーの有無・内容の情報
● 生活習慣（喫煙・飲酒など）の情報
● 食事（食欲・好み・食事制限の有無・義歯の有無など）の情報
● 排泄（回数・下剤などの使用の有無など）の情報
● 睡眠（平均時間・睡眠剤使用の有無など）の情報
● その他に、生活様式や普段身体的・精神的に不自由を感じていることなどの情報も書いておきましょう。

決まった形式でなくても、相手にわかる方法で記しておけば、問診の際、役に立つはずです。マイカルテは、**自分のその時々の心身の状況に応じて書き換え、最新情報に更新することも必要**です。ご自身の大切な心身情報をマイカルテで把握しておきましょう。

インフォームドコンセント
自分自身が納得する医療を

あなたはあなたの身体の主人公です。これまでの慣習では、医師は医療の専門家なので、患者は医師のいうように治療方法を「おまかせ」するというのが当たり前でした。しかし、近年ではそうした「おまかせ主義」から一歩進んで、あなたの病気の治療方法はあなた自身が納得したかたちで進めなければならない、という常識が広がってきました。ここでは、そんな新しい医療のあり方についてご説明していきます。

「インフォームドコンセント」は、日本医師会が「説明と同意」と直訳していますが、厳密には「患者が自分の病気と治療方針について、十分な情報提供や専門家の支援も受けたうえで、自由に意思決定する過程」のことを指しています。この背景には、患者さんには**自分の病気や治療方針について知りたいことを「知る権利」があり、治療方法を自分で「決定する権利」がある**という前提があります。つまり、インフォームドコンセントとは、治療を受けるに当たって、医師からの説明に対して、あなた自身の希望と意思を明らかにすることであり、治療方針を自己決定するということです。

インフォームドコンセントは、個人の権利に対する意識が高いアメリカで生まれました。日本でも一九八〇年代半ばから、患者の立場に立った医療を考え、実践していくために、インフォームドコンセントの必要性が認識されてきましたが、アメリカと日本では、医師と患者の関係が異なっていました。たとえば、日本の医療には、医師が治療法を選び、患者はその選択にしたがうだけという依存的な慣習があり、患者は医師に「よろしくお願いします」といってすべてをおまかせして、医師は「いろんなことをいわず、わたしにまかせておけば大丈夫」といって治療を施す、という関係が一般的でした。

この「おまかせ主義」をむずかしい言葉で「父権的温情主義（パターナリズム）」といいます。お父さんが子どもに対して、子どもの意思にかかわりなく、よかれと思っていろんなお世話をしてしまうように、医師が患者を子ども扱いする、ということです。このような関係は、インフォームドコンセントの自己決定とは相反するものでした。

医師との意思疎通を図りながら**治療についての説明を受け、十分納得したうえで自分自身の治療法を選択する**。これがインフォームドコンセントです。

インフォームドコンセントで医師に確認すべきことの例

- 病名
- 病気の原因
- 病状がどの段階にあるか
- 処方された薬の作用と副作用
- 後遺症や手術にともなう危険
- 治療法がいくつかある場合は、治療期間や治療効果などの説明を受けたうえで、生活の状況に合わせて、自分がもっとも望む治療法が選択できるのかどうか
- 治療中や治療後の再発や合併症の可能性の有無
- 治療中や治療後の生活のなかで、気をつけなければならない点
- 入院する必要性の有無と期間
- 定期的に必要な検査の有無や内容、治療に対する不快感
- 医療費がどのくらいかかるか

セカンドオピニオン
選択肢の幅を広げよう

「セカンドオピニオン」とは、直訳すれば「第二の意見」ということになります。具体的には、診断や治療方針に関する主治医以外の医師の意見のことをいいます。

たとえば、あなたが「主治医に手術をするようにすすめられたけど、どうしよう……」というような、重大な決断をしなければならないときを考えてみましょう。主治医から病気について説明を受けていても、情報も知識も十分でないあなたやご家族には、治療法の決定ができずに、不安を覚える場合もあります。そんなとき、**主治医以外の医師にも、納得できるまで意見を聞くことがセカンドオピニオンです**。

セカンドオピニオンは日本ではまだ十分に普及していないため「そんなことをしたら、主治医に失礼になるのでは……」とか「別のお医者さんに診てもらったら、主治医の先生に見放されるかも……」と思いがちですが、その心配はいりません。近年では、さきにご説明したインフォームドコンセントという考えにもとづいて、多くの医師が「治療法を決定するのは、患者や家族自身である」ということを認識しはじめているからです。

インフォームドコンセントとセカンドオピニオンは相互に関連しています。セカンドオピニオンを希望する場合、**まず主治医に話して他医への「診療情報提供書」を作成**してもらいます。セカンドオピニオンを求められた医師は、これまでの治療経過や病状の推移がわからないと、適切な助言をすることがむずかしいからです。

しかし、ときとしてセカンドオピニオンは、患者の「自分にとって都合のいい答えを求めたい」という願望になってしまうこともあるため注意が必要です。たとえば、自分が「こういってほしい」という都合のいい診断をしてくれる医師が見つかるまで、いくつもの病院や医師を渡り歩く人もいますが、セカンドオピニオンはそういうものではありません。

がんや心臓病のように、治療法が日進月歩している領域では、セカンドオピニオンの必要性は高まります。治療法の選択肢が多岐にわたるため、専門家でさえどのような治療法にしたらその患者にとって一番いいのか判断に迷い、他の医師に意見を求めることもあるからです。知識の少ない患者にしてみればなおのこと判断はむずかしくなります。ですから、最新の医療情報を持っている専門医に相談に乗ってもらい、意見を聞くことが大切になります。

いま、**「セカンドオピニオン外来」を設置している病院も増えています**。ただし、あなたの主治医が了解しておらず、セカンドオピニオンに必要な診療情報提供を受けていない場合の相談や単なる主治医に対する不平不満、医療過誤や裁判係争中の内容、すでに亡くなった方に関する相談などは、セカンドオピニオンとして受け入れられていません。また、セカンドオピニオンを担当する医師を自分で指名できるとは限りません。

セカンドオピニオンは保険適用されていませんので、受診の場合は全額自己負担となります。費用は病院によって異なりますが、一回三〇分で一万～三万円のところが多いようです。

こうしたルールを守ったうえで、勇気を持ってセカンドオピニオンの扉を開けてみてください。

セカンドオピニオンを受けるために、あなたが考えるべきことの例

- セカンドオピニオンの目的に対して、自分が期待していることとは合致しているかどうか
- セカンドオピニオンで医師から聞きたいことはなにか
- セカンドオピニオンを受けたあとで、どういう行動を起こしたいのか
- 主治医に「セカンドオピニオンを受けたい」と伝えられるか
- セカンドオピニオンの費用はいくらか

病名告知 あなたは受けますか？

これまでご説明してきたように、「あなたはあなたの身体の主人公」なのですから、患者には自分の身体が侵された病について知る権利があります。ここでは病名告知の問題を考えるにあたって、がんという病を例に見ていきましょう。

アメリカの精神科医で『死ぬ瞬間』という本を書いた故エリザベス・キューブラー・ロス博士は、がん告知から死に至るまでのプロセスで、**患者が自分の死を受容するまでの心理**を五段階に分けています。

五つの死の受容プロセス

①否認（わたしががんであるはずはない、という否定）
②怒り（なぜわたしががんにならなければいけないのか、という怒り）
③取り引き（手術をする、生活をあらためるなど、がんの回復のための取り引き）
④抑鬱（取り引きが不調に終わり激しく落ち込むこと）
⑤受容（死を認識し、受け入れること）

この五つのプロセスは、必ずしも順番どおりにあらわれるというわけではありません。実際には、この間の心理をいったりきたりしながら最後の段階の「受容」に向かいますが、このプロセスはまず「告知」からはじまります。つまり「あなたは『がん』という深刻で、致命的な場合も起こりうる病気です」ということを、医師から知らされるところが出発点です。

がんという病名告知は、普段はあまり考えなかった、あるいはあえて考えることを避けてきた死を、急に身近に感じさせるものです。この段階から、告知を受けたあなた自身、そしてあなたを取りまく人々は、それまでの日常からは想像もできない、つらく苦しい（身体的・社会的・精神的な）状態に陥る可能性が生じます。

病名告知は、基本的に患者ご本人におこなわれるもので、告知率は年々上がっています。しかし、完治の可能性が十分にある早期発見の場合はともかくとして、末期がんのようにとくに予後の深刻な病気の場合には、患者ご本人には告知せず、ご家族にのみ告知をする場合も多くあります。

　これまでに日本でおこなわれた調査によれば、「自分の家族が末期がんになったとき、相手には知らせたくないが、自分が末期がんになったら告知してほしい」という希望を持つ人が多いようです。一方、末期がんになったとしても「告げてほしくない」「知らないでいたい」という人もいます。

　しかし、がん患者の告知状態と心の病との関係を調べた調査では、**病名を告知しなくても、告知した場合と同じかそれ以上に、苦痛をともなう精神症状があらわれている**ことがわかっています。つまり、病名を隠しても、精神的苦痛は軽減できないということです。

　たとえ、告知されてもされなくても、今後の治療方針について、決めなければいけないことはたくさん出てきます。医療者の立場から見れば、告知を受けている患者のほうが、治療方針に関するオープンな議論がしやすいことにもなります。とはいえ、ただ告知すればよいというものでもありません。告知するにしても、その方法やタイミングについては、患者ご本人の性格や状況に合わせた配慮が必要です。また、治療方針に関してどのくらいの情報を望んでいるのかについても、**ご本人の希望に応じた対応が必要**になります。

　もし自分が深刻な病気になった場合、その病気について「告げてほしい」あるいは「知らないでいたい」というご本人の意思や希望が無視され、場合によっては、ご家族と医療者の都合でものごとが進んでいってしまうこともあります。そんなとき**自分の意思を事前に表明しておけば、少しでも混乱は抑えられ、あなたの意思を中心に治療方針が検討されることになるでしょう**（☞p334「事前指示　あなたが受けたい医療とは？」）。がんなどの厳しい条件を持つ病と向き合うことは、そう簡単ではありません。

医療情報を集めよう
あなたの意思は？

厳しい病のなかであろうとも、いや病のなかだからこそ、いままでの自分の生き方を大切にしたいと思いませんか？　そのためには、現代の医療がどういう方向を向いているのかという情報を知ることも必要です。雑誌やインターネットを開いてみれば、不確かなものも含めて、医療に関する情報が大量にあふれています。いまでは治療を受ける側の選択肢は広がり、どのような療養環境で、どのような考え方を持った医療者に診てもらいたいか、ということまでも**選択できる時代**になってきました。

そこで自分がもしも病気になったとき、どのような療養環境を望むかを予測してみましょう。つまり、どんな病院で、どんな医療者に診てもらいたいのかを考えるのです。そこにはもちろん告知の問題もからんできます。告知の是非や告知の仕方は医療機関や医療者の考え方によっても異なっているからです。

以上のことをまとめると、**あらかじめ考えておいたほうがよいこととして、次のようなものがあります。**

病気になる前に考えておくべきこと

● 正しい病名の告知を受けたいか、それとも受けたくないか
● 深刻な病状の場合、予想される余命期間を知りたいか、それとも知りたくないか
● 右のことを原則にしたとしても、時間がたつにつれて、気持ちが揺らぐかもしれない。そのときのあなたの様子を見て、原則を変えるかどうかについて声をかけてほしいかどうか
● 治療方針について、だれと一緒に検討したいか、それともあまり自分では考えたくないか
● 今後の療養環境を考えるうえで、どのような情報がどのくらいほしいか

病気にかかったときに、その後の治療や療養のスタートになる病名告知の問題は、治療方針を決定するうえで重要なポイントになります。もし深刻な病状であることが明らかになった場合、あなたはどうしてほしいのか。そのことを決めるためにも、**元気なうちからできるだけ医療に関する情報を集めておきましょう**。

さきにご説明した、エリザベス・キューブラー・ロスによる「告知から死に向かう心理のプロセス」は、人によって訪れる時期や頻度、そして順序は異なりますが、もしあなたが深刻な病気にかかった場合、このプロセス上での**自分の心境の変化を書きとめておく**ということも大切です。

身体的に厳しい状況のなかで、自分自身の心境に向き合って、それを書くということはむずかしいことかもしれませんが、つらいことは「つらい」、苦しいことは「苦しい」と率直に書きあ

らわすことによって、どんな気持ちでご家族や医療者と向き合っていくべきなのかがわかってきます。たとえそれがメモ書きであっても、書いたことで精神的に落ち着き、気持ちが楽になっていくはずです。

2 公的医療保険について

公的医療保険
病気にはなりたくないけれど

年をとっても健康で元気にすごしたい。だれもがそう願っていますし、望んで病気になる人はどこにもいないでしょう。たまに忙しすぎて、「いっそ風邪でもひいて二、三日休みたい」なんて思っても、実際に寝込んでみると、あちこちが痛かったりして大変です。それで食欲がなくなったり、病院にいって長いこと待たされたり、痛い注射を打たれたり……。こういう体験をすると、健康でいられるありがたさをあらためて実感します。風邪をひいただけでそうなのですから、もしも病気が長引いたり、入院したりすれば、心身ともにつらくなるだけでなく経済的な心配も出てきます。「いったい医療費はいくらかかるのだろうか？　自分の貯蓄で足りるだろうか？」というふうに。

しかし、わたしたちが暮らしている日本の医療は、ありがたいことに**「国民皆保険」**という世界に誇ることのできる社会保障の制度があります。それはわたしたちの暮らしを支える公的な医療保険です。

ここでいう**公的医療保険とは「国民健康保険」や「被用者保険」「後期高齢者医療制度」のこと**を指しています。一般には、これらを総称して「健康保険」ともいっています。これに対して「私的保険」（☞**p73**「生命保険の基礎知識」）があります。「公的保険」と「私的保険」の大きな違いは、公的保険には国・地方自治体などによって、税金から補助があるという点です。

もし健康保険がなかったら、医者にかかったときの治療費や薬代が非常に高額になって、必要な医療が十分に受けられなくなります。こうした補助があることによって、すべての人たちが安心して医療を受けられるようになっています。しかし、わたしたちはそんな健康保険をうまく使いこなせているでしょうか？　健康保険をうまく使うためには、それについての知識を持っていることが大切です。ここでは、そんな健康保険について詳しくご紹介します。

公的医療保険の基礎

保険の種類と医療費の自己負担率

まず、公的医療保険の基礎についてご説明しましょう。

〈公的医療保険の種類〉

公的医療保険は、年齢と働き方によって加入する制度が違ってきます。大きく分けて三つのタイプがありますが、そのなかでもさらに細かいバリエーションがあります。

公的医療保険の種類

①国民健康保険（主に自営業者などが加入する保険）
・国民健康保険（市区町村）
・国民健康保険組合
②被用者保険（主に会社勤めや公務員の人が加入する保険）
・健康保険
　全国健康保険協会（協会けんぽ）
　健康保険組合
　船員保険
・共済組合など
　国家公務員共済組合
　地方公務員共済組合
　日本私立学校振興・共済事業団

③後期高齢者医療制度（七五歳以上の人が加入する保険）

公的医療保険の三つのタイプとは、主に自営業者などが加入する**「国民健康保険」**、主に会社勤めや公務員の人が加入する**「被用者保険」**、そして、七五歳以上の高齢者が加入する**「後期高齢者医療制度」**のことを指しています。このなかから、さらに細かい条件によって前ページのような区分があります。それぞれの加入条件や保険料の自己負担率などは、次ページの表をご確認ください。

次に、公的医療保険を使った際の、医療費の自己負担率についてご説明しましょう。

〈医療費の自己負担率〉

公的医療保険の**自己負担率は原則三割**です。ただし、次ページの表にあるように、義務教育就学前の子どもは二割になります。さらに、**七〇歳になると、それまで三割負担だったのが、原則二割負担へと軽減**されます（二〇一四年三月までに七〇歳になった人は、特例措置により二〇一七年度までは一割負担です）。

また、**七五歳になって後期高齢者医療制度を使うようになると、原則一割負担**になり、医療費の自己負担はより軽減されます。しかし七〇歳以上でも現役並みの所得のある人は三割負担ですので、ご注意ください。

公的医療保険の種類

健康保険の種類	国民健康保険		被用者保険			後期高齢者医療制度
	国民健康保険（市区町村）	国民健康保険組合	健康保険		共済組合	
			全国健康保険協会（協会けんぽ）	健康保険組合		
加入者	自営業者 農業、漁業などに従事している人 無職の人など、他の医療保険制度に加入していない人	各組合の加入条件に合致する人とその同一世帯の家族	企業に勤めている人とその扶養家族	健康保険組合に加入する企業に勤めている人とその扶養家族	公務員、教員などと、その扶養家族	75歳以上の人（職場に勤めていても、75歳以上になったらこの制度に全員加入） 65歳から75歳未満の人で一定程度の障がいがあり、加入を希望する人
加入形態	世帯ごとに加入する	世帯ごとに加入する	本人と扶養家族が加入する	本人と扶養家族が加入する	本人と扶養家族が加入する	個人で加入する
医療にかかったときの自己負担の割合	70歳未満 3割 70歳以上 75歳未満 原則2割＊1 義務教育就学前 2割	70歳未満 3割 70歳以上 75歳未満 原則2割 義務教育就学前 2割（組合により独自給付あり）	70歳未満 3割 70歳以上 75歳未満 原則2割 義務教育就学前 2割	70歳未満 3割 70歳以上 75歳未満 原則2割 義務教育就学前 2割	70歳未満 3割 70歳以上 75歳未満 原則2割 義務教育就学前 2割	75歳以上 原則1割＊2
保険者	市区町村	国民健康保険組合	全国健康保険協会	健康保険組合	共済組合	後期高齢者医療広域連合（各都道府県に設置）
保険料の負担	全額自己負担	組合により異なる	本人と会社が折半負担	組合による（折半負担が原則）	本人と共済組合が折半負担	全額自己負担

＊1　国民健康保険、被用者保険ともに現役並み所得者（国民健康保険：課税所得 145 万円以上／被用者保険：標準報酬月額 28 万円以上）の人がいる場合は、70 歳以上でも 3 割（被扶養者も同様）

＊2　現役並み所得者（課税所得 145 万円以上）の人は 3 割

保険サービスの種類

どんなときに使えて、どんなときに使えないのか

病気やケガをしたとき、保険証一枚を持って医療機関にいけば、比較的安い費用で受診できたり、入院できたりするので、わたしたちはそれが当たり前のように思っています。しかし、**病院での治療すべてに公的医療保険が使えるとは限りません。**たとえば、出産のときは公的医療保険は使えないので、医療費は全額自己負担になります。

それでは公的医療保険は、どんなときに使えるのでしょうか？　ここでは**公的医療保険が適用される医療サービスとされないもの**についてご説明しましょう。最初に保険が適用されるケースをリストアップします。

公的医療保険が適用されるケース

①治療を受けるときの医療費

ケガや病気などの診察や処置・手術を受けたときの費用、薬剤の費用や治療に必要な包帯などの材料費に適用されます

②入院時の食事療養・生活療養の費用

ケガや病気で入院したときの食事や生活療養の費用には保険が適用されます

③保険外併用の医療費（混合診療の場合）

保険が適用される治療と、保険適用外の治療を同時に受けた場合（混合診療といいます）は、以前は保険適用の治療に対しても全額自己負担になっていましたが、現在は保険適用の部分は認められるようになりました。たとえばがんになって、診察や検査を受け、保険のきかない先進医療の陽子線治療を受けた場合、診察や検査には保険が適用され、陽子線治療は全額自己負担となります

④訪問診療・訪問看護の費用

ご自宅に医師や看護師が訪問してくれる際の診療費用は、健康保険の適用対象となります

⑤移送費

緊急時に病院への移送の費用がかかった場合、申請して認められれば保険が適用されます

⑥死亡したとき

死亡したときは保険から埋葬料が支給されます

⑦傷病手当金

被用者保険では、業務外のケガや病気で仕事ができなくなってしまった場合に保険から手当金が支給されます。国民健康保険や後期高齢者医療制度ではこの仕組みはありません

次に保険が適用されないケースをご紹介します。

公的医療保険が適用されないケース

①先進医療

先進医療とは、文字どおり先進的な医療技術を用いた治療のことです。技術が新しすぎて、まだ保険の適用対象になるか決まっていないものをそう呼びます。したがって、先進医療では保険は適用されません

②妊娠・出産費用

正常な妊娠、出産は病気ではないので、保険の対象にはなりません。しかし、流産の心配があり入院した場合や、帝王切開をした場合は保険の対象になります。また、正常分娩の場合は、別途「出産育児一時金」が支払われます。被用者保険では産前産後の休業期間は「出産手当金」が支給されます

③労災（労働災害）

業務上（通勤時を含む）のケガや病気の場合は、労災保険が適用されるので、医療保険の適用外になります

④差額ベッド代

入院時に保険適用外の特別室（個室や集中治療室）などに入った場合の費用。これについての詳細は二八六ページでご説明します

以上が、公的医療保険が適用されるケースとされないケースの代表的なものです。また、**いっ**

たん全額自己負担しても、後日必要な書類を準備して窓口に申請すれば、自己負担分を除いた費用が戻ってくるケースもあります。

後日申請で保険が適用されるケース

①やむをえない事情で保険証を持たずに診療を受けたり、保険診療を扱っていない医療機関にかかったとき
②輸血のための生血《せいけつ》代
③コルセットやギブス、義足などの治療用装具代
④海外で病気やケガのため治療を受けたとき
⑤骨折や打撲などで保険診療を扱っていない柔道整復師の施術を受けたとき
⑥医師が必要と認めた、はり・お灸《きゅう》・マッサージの施術を受けたとき

これらの治療の場合、後日費用を払い戻してもらうための申請に必要なものは、健康保険証、領収書、医師の診断書（あるいは意見書）・同意書、印鑑、振込先口座のわかる書類などです。ただし、場合によって必要な書類や証書が違ってくることもあるので、申請にいく前に、前もって市区町村の保険課の窓口に確認しましょう。

高額療養費（減免）制度
医療費が高額になったときはどうすればいいの？

〈高額療養費（減免）制度〉

たとえば、脳梗塞で三三日間入院した場合、一般的には、（三割の自己負担で）費用は七三万円くらいかかるといわれています。これは大変な出費です。しかし、このように自己負担が高額になったときは、**「高額療養費（減免）制度」**が適用され、自己負担額の一部が払い戻されることにより、三割負担の人の場合で最終的には二〇万円ぐらいに抑えられます。つまり、この制度を利用すると、**いったんは七三万円の費用を自己負担で払わなければなりませんが、そのあとに約五〇万円ほどのお金が戻ってくる**ということです。

いくらの自己負担が「高額療養費」とみなされるのかについては、**所得や年齢、外来か入院か、などの条件によって違い**があります。詳細を知りたい方は、二七七ページの表を参考に、医療保険の窓口に問い合わせてみてください。

高額療養費（減免）制度では、いったん医療機関の窓口で医療費の支払いを終えた後に、自分で申請して控除分の返金を受けることになります。請求は、医療機関の窓口で支払いをした月ごとに、自分で支給申請書に必要事項を記入して、領収書やその他の必要な書類を添付して手続きします。

なお、ひとりでは自己負担限度額を超えていなくても、同じ月に同一の世帯の人が各自ひとつの医療機関で二万一〇〇〇円以上の自己負担がある場合は、それらを合算して自己負担限度額を超えた分が払い戻されます。また、同じ医療機関でなくても、同じ人がふたつ以上の医療機関にかかり、それぞれの自己負担額が月に二万一〇〇〇円以上のときも同様に合計して計算できます。七〇歳以上の人は二万一〇〇〇円以下の医療費でも合算して計算することができます。

この制度を利用する場合の注意事項は左記のとおりです。

高額療養費（減免）制度の注意事項

- 対象になるのは保険適用の医療費です。保険適用外の療養費や食事代、先進医療や差額ベッド代などは、対象になりません
- 同じ月の一ヶ月を単位とするので、月をまたいで自己負担限度額を超えても、払い戻されません
- 支給申請できる期間は高額療養費（減免）の対象となる医療費の支払いをした月の翌月から二年間です

〈高額療養費限度額適用認定証〉

なお、現在では、あらかじめ自分が加入している医療保険の窓口に**「高額療養費限度額適用**

70歳未満の方の医療費の自己負担限度額（1ヶ月あたり）

（厚生労働省のホームページより）

所得区分	1ヶ月あたりの自己負担限度額	多数該当の場合 *2
年収約1,160万円～ （国保：年間所得901万円超＊1 被用者：標準報酬月額83万円以上）	252,600円＋（総医療費－842,000円）×1%	140,100円
年収約770万～1,160万円 （国保：年間所得600万～901万円以下 被用者：標準報酬月額53万～79万円）	167,400円＋（総医療費－558,000円）×1%	93,000円
年収約370万～770万円 （国保：年間所得210万～600万円以下 被用者：標準報酬月額28万～50万円）	80,100円＋（総医療費－267,000円）×1%	44,400円
～年収約370万円 （国保：年間所得210万円以下 被用者：標準報酬月額26万円以下）	57,600円	44,400円
住民税非課税者	35,400円	24,600円

＊1　年間所得は「旧ただし書所得」により計算されます
＊2　過去1年間に3回以上のこの制度を利用したときは、4回目以降の負担限度額がさらに軽減されます

70歳以上の方の医療費の自己負担限度額（1ヶ月あたり）

（厚生労働省のホームページより）

所得区分	外来（個人単位）	外来＋入院（世帯単位）
現役並み所得者＊1	44,400円	80,100円＋（総医療費－267,000円）×1% 多数該当の場合：44,400円
一般所得者	12,000円	44,400円
低所得者II＊2	8,000円	24,600円
低所得者I＊3		15,000円

＊1　国民健康保険・後期高齢者医療制度：課税所得145万円以上の方／被用者保険：標準報酬月額が28万円以上の方
＊2　被保険者の住民税が非課税の場合
＊3　被保険者と扶養家族の合計収入から必要経費と控除額を除いたあとの所得がない場合

認定証」の交付申請をおこなうことによって、交付された限度額認定証を医療機関に提示すれば、前もって高額療養費を見こした自己負担限度額のみの支払いですませることもできるようになっています。通常の高額療養費（減免）制度では、いったん全額を自己負担で支払わなければなりません。あとで多くの額が戻ってくるとはいえ、高額の医療費を自分で支払うのは大変です。そんなとき、**この制度を利用すれば、あらかじめ減額された金額を支払うだけですみます**。

そのため、高額療養費（減免）の対象になる手術などを受けることが見込まれるときは、あらかじめ医療機関から「高額療養費限度額適用認定証」の交付申請をするようにいわれる場合がほとんどです。もし病院などからそのようにいわれたときは、まず、加入している保険の窓口に連絡してみてください。

ただし、次のいずれかに該当する場合は、「高額療養費限度額適用認定証」で前もって自己負担額を軽減することはできないので、その場合は、いったん全額自己負担をしたのち、ご自身で高額療養費（減免）の支給申請をおこなう必要があるのでご注意ください。

高額療養費限度額適用認定証の適用外のケース

①複数の医療機関や入院と外来を合算し、高額療養費の対象となる場合
②世帯単位の合算により高額療養費の対象となる場合
③多数該当（一年間に三回以上一ヶ月あたりの医療費の自己負担限度額を超えたときに、四回目以降限度額がさらに引き下げられる制度）により高額療養費の対象となる場合

〈特定疾病の負担軽減〉

慢性の腎不全で人工透析が必要な方や血友病など、**特定の疾病で長期にわたって高額な医療費を支払う必要がある方は、高額療養費（減免）の要件が緩和**されており、一ヶ月あたりの自己負担限度額が一万円となっています。ただし、人工透析の場合、七〇歳未満で平均月収（標準報酬月額）が五三万円以上の方（とその被扶養者）の自己負担限度額は二万円です。この制度を利用するには、医師の意見書などを添えて、健康保険の窓口に申請することが必要です。

また、がんや人工透析を受けている方は、場合によっては障害者認定を受けられる可能性があります。障害者認定を受けると医療費が助成されたり、障害年金（☞**p61**「障害年金、遺族年金」）がもらえることもあるので、一度役所の福祉課などにお問い合わせしてみてください。

高額医療・高額介護合算療養費制度
医療と介護に高額な費用がかかったら

毎年八月一日から翌年の七月三一日までの一年間に、**医療費と介護費用を合算した費用が一定額以上かかった場合**は、自己負担限度額を超えた分の払い戻しが受けられます。それが**「高額医療・高額介護合算療養費制度」**です。この制度では各種医療保険ごとに、所得や年齢によって自己負担限度額が決められています。

70歳未満の方の合算療養費制度の自己負担限度額(年額)

(厚生労働省のホームページより)

所得区分	年間の自己負担限度額
年収約 1,160 万円～ (国保：年間所得 901 万円超＊1 被用者：標準報酬月額 83 万円以上)	212 万円
年収約 770 万～ 1,160 万円 (国保：年間所得 600 万～ 901 万円以下 被用者：標準報酬月額 53 万～ 79 万円)	141 万円
年収約 370 万～ 770 万円 (国保：年間所得 210 万～ 600 万円以下 被用者：標準報酬月額 28 万～ 50 万円)	67 万円
～年収約 370 万円 (国保：年間所得 210 万円以下 被用者：標準報酬月額 26 万円以下)	60 万円
住民税非課税者	34 万円

＊1　年間所得は「旧ただし書所得」により計算されます

70歳以上の方の合算療養費制度の自己負担限度額(年額)

(厚生労働省のホームページより)

所得区分	年間の自己負担限度額
現役並み所得者	67万円
一般所得者	56万円
低所得者　II	31万円
低所得者　I	19 万円

＊ 所得区分の基準は 277 ページの下の表と同じです

あなたがこの制度に該当する場合は、各市区町村から一二月から一月ごろに「支給申請について」というお知らせが手元に届くので、必要事項を記入して返送すると、二、三ヶ月後に指定した口座に払い戻し分が振り込まれます。ただし、被用者保険の方は、お知らせが届かないので、該当すると思われる場合は自分で窓口に出向いて申請する必要があります。

注意しなければいけないのは、**支給申請のお知らせがあっても、自分で申請手続き（返送）をしない限り返金されない**ということです。つい面倒になって必要書類を提出しなかったり、書き方がわからなくてそのままにしておくと、返金されなくなるのでご注意ください。

お問い合わせ先

「高額療養費（減免）制度」や「高額療養費限度額適用認定証」について、あるいは「高額医療・高額介護合算療養費制度」「特定疾病の負担軽減」について知りたい方は、**ご自分の加入している医療保険の窓口や（国民健康保険の場合は）市区町村の担当課にお問い合わせください。**具体的な申請方法などについても教えてくれます。

また、**制度一般について知りたい場合は下記にお問い合わせください。**

なお、本書の巻末にもお問い合わせ先の一覧を掲載していますので、ご参照ください。

厚生労働省

■電話

03-5253-1111

・国民健康保険加入者
→保険局国民健康保険課へ（内線3247、3250）
・被用者保険加入者
→保険局保健課へ（内線3258）
・75歳以上の方
→保険局高齢医療課へ（内線3199）

退職後の医療保険は？

退職後は保険の加入先が変わる

いままで会社などに勤めていた人が退職をするときは、自分が今後どの医療保険制度に加入することになるのかをあらかじめ確認しておいたほうがよいでしょう。選択肢は次の三つのいずれかになります。

在職中の医療保険を任意継続する

あなたの**退職後二年間は在職中と同じ医療保険が使えます**。ただし、毎月の保険料は、退職前は会社と折半していましたが、退所後は全額自己負担になるため、退職前の二倍になります。しかし、平均月収（標準報酬月額）の上限が設けられているので、所得によっては二倍にならない場合もあるので、あらかじめ加入保険の窓口に確認するようにしてください。加入の手続きは、退職後二〇日以内に加入していた医療保険制度に申請しなければなりません。

国民健康保険に加入する

あらたに国民健康保険に加入します。保険料は前年の所得に応じて計算されます。各市区町村によって計算方法は異なるので、住所地の役所に問い合わせてください。加入の手続きは、会社を退職した旨の証明書（会社が発行）を持参し、住所地の役所で申請します。

ご家族の被扶養者になる

ご家族のなかに被用者保険に加入している人がいれば、その人の被扶養者になることができます。ただし、あなたの**年間の収入が一八〇万円未満（六〇歳未満の場合は一三〇万円未満）**であることが条件です。この場合は保険料がかかりません。加入の方法は、ご家族が勤務する会社に届け出をして、手続きしてもらいます。

傷病手当金

病気やケガで働けないときは

被用者保険に加入している人が、病気やケガで仕事ができないときは、**働けない期間について傷病手当金が支払われます**。一般の国民健康保険では、基本的にはこの制度はありませんが、あなたが国民健康保険組合に加入している場合には、傷病手当金の制度があることがあります。

傷病手当金でもらえる金額は、**休業一日あたり、標準報酬日額（給料の平均値を日割りした額）の三分の二**とされています。なお、共済組合や健康保険組合の場合、付加給付の制度があることもあります。

もらえる期間は、傷病手当金をもらいはじめた日から一年六ヶ月間です。こちらも、共済組合や健康保険組合の場合、給付期間延長の制度があることがありますので、加入している医療保険の窓口にご確認ください。

傷病手当金が支払われる条件には、被用者保険や共済組合に加入していることに加えて、次のようなものがあります。

傷病手当金が支払われる条件

①業務外の病気やケガによって、医療機関にかかっていること（業務上の病気やケガは労災扱い）
②仕事ができないこと
③連続して四日以上仕事を休んでいること
④休業した期間について給与の支払いがないこと

在職中に傷病手当金をもらっていた人が退職することになった場合、退職後も引き続きもらうことができるのでしょうか？　たとえば大きなケガや病気で仕事が継続できず、会社を辞めることになった場合、会社を辞めてからも手当金がもらえるかどうかは重大な問題です。

あなたが次のすべての条件に該当する場合は、退職後も傷病手当金を受け取ることができます。なお、受給期間は、原則どおり傷病手当金をもらいはじめた日から一年六ヶ月間です。

退職後にも傷病手当金がもらえる条件

①退職日までに一年以上医療保険制度に加入していること
②退職日に傷病手当金をもらっていること、またはもらえる状態にあること（支給停止の状態など）
③退職後も働ける状態でないこと

もしあなたが傷病手当金の受給期間を過ぎても働ける状態になく、今後いつ働ける状態になるのかわからないような場合は、傷病手当金ではなく障害年金（☞p61「障害年金、遺族年金」）などに該当する可能性もありますので、市役所や区役所などにお問い合わせください。

保険料の支払いが困難なとき
必ず市区町村の窓口に相談しよう

いまは元気で健康保険料の支払いができていても、失業や倒産、破産、災害や病気などのやむをえない事情で生活が困難になり、保険料が払えなくなってしまうこともあります。あなたが**健康保険料を支払うことが困難な場合は、未払いのまま放置するのではなく、必ず市区町村の保険課窓口に相談しましょう**。そうすれば、納期を遅らせたり、場合によっては分割支払いや減額・減免が認められることがあります。

窓口に相談もせずに滞納していると、まず通常の健康保険証より有効期間の短い保険証（短期被保険者証）が発行されることになります。さらに一年以上滞納を続けると、健康保険証が使えなくなり、資格証明書（国民健康保険の被保険者であることを証明するもの）は発行されますが、医療費はいったん全額自己負担になってしまいます。

知っておきたい保険外の出費
たとえば差額ベッド代など

さきにご説明したように、七五歳以上の年齢になると医療費は一割負担に減額するので、基本的にはそれほど高額にはなりません。もし高額になった場合にも、高額療養費の減免制度を使えば払い戻されます。しかし、あなたが**入院が必要なケガや病気になった場合には、予想外の出費があるの**で、注意が必要です。それは健康保険ではまかなえない、**通常の医療費以外の出費**です。たとえば、予想される出費には次のようなものがあります。

差額ベッド代

あなたが病気で苦しいとき、すぐ隣のベッドに知らない人がいて、夜苦しんでいるとゆっくり病気の治療に専念できないかもしれません。また、夜はいつもひとりで休んでいたので、同じ部屋に他人がいると落ち着かないという人もいるでしょう。お見舞いの人が多くて、同室の方に迷惑をかけないか心配な場合も……。そんなときは個室でゆっくりしたいと思います。また付き添っているご家族も、個室のほうがゆっくりと話もできて落ち着くかもしれません。しかし、そんなとき個室などの特別な部屋に入った場合、**差額ベッド代が必要**になってきます。差額ベッド代とは、医療保険の対象外になる特別な部屋代のことです。その費用は病院によってさまざまで、また個室の附属設備（トイレ、シャワー、テレビなど）によっても違ってきます。

差額ベッド代は、とくに都会の病院などではとても高いところが多く、病院によっては一日数万円という場合もあり、下手をすると医療費よりも高額になってしまうこともあります。差額ベッド代は、原則としてはご本人やご家族が希望するか、同意して個室や集中治療室に入った場合に支払うものだとされています。治療の必要上集中治療室に入ったとか、病院側の都合で個室に入った場合は、必ずしも支払わなくてもいいというのが本来なのですが、**実際には支払わなければならない病院が大多数**です。

たとえば、入院の必要がある場合に「いま差額ベッド代の不要な病室はいっぱいです。でも一日一万円かかる部屋なら空いています」というときには、差額ベッド代の必要な部屋に入るほかなくなります。また、最近ではそもそも個室がベースになっている病院が多くなってきていますが、この場合も、自分で個室を希望したのではなくても払わなくてはいけなくなる場合がほとんどです。ただし、病院によって、それぞれで費用に関する考え方も違っているので、できるだけ事前に情報を得るようにしましょう。

自由診療（保険適用外の治療）の治療代
がん治療などの場合は、日々の医療の進歩によって、先進医療といわれる保険が適用されない治療方法が開発されてきています。こうした治療を受けるためには、全額自己負担となり高額な治療費がかかります。

入院中の生活費
あなたが入院した際、入院に必要なパジャマやタオル、洗面用具などをまとめてレンタルできる民間のサービスがあります。このレンタルサービスを利用すると洗濯も全部してくれるので、ご家族の負担は大幅に軽減されますが、保険が適用されない費用が別途発生します。その他、快適な入院生活を維持するためには、テレビカード（有料でテレビを見るためのカード）代や新聞代、お茶代などの生活費が必要になります。

ご家族の生活費
病院までの交通費、外食代、場合によっては宿泊費などが発生します。

闘病中という特別な状況のなかで、なんとか元気になってもらいたいという周囲の人の思いと、元気になりたいご本人の気持ちを大切に考えると、こうした費用は少し無理しても捻出したいものです。そうしたことを考えると、**私的な医療保険やがん保険**（☞**p85**「がん治療に保険はきくか?」）**に加入してこれらの出費に備える**ということも大切です。

医療費控除
認められる範囲は意外に広い

年度末の確定申告のとき、基礎控除や障害者控除などと並んで重要なのが、医療費控除です。実は、**医療費控除として認められる範囲は意外に広く**、治療にかかった費用や薬代はもちろんのこと、通院のためのタクシー代、療養のためのマッサージの費用なども含まれます。

こうした**控除を受けるために、領収書をきちんと保管**しておき、確定申告のときに計算しましょう。病院の治療費ではないからといって、医療費の控除の対象にならないとは限りませんから、領収書を捨てずにきちんととっておくことが大切です。だいたい年間に一〇万円以上の医療費がかかった場合は控除の対象になります。目安として覚えておいてください。

お問い合わせ先

医療費控除の対象となる範囲については、**下記のホームページ**をご参照ください。
また、本書の巻末にもお問い合わせ先の一覧を掲載していますので、そちらもご参照ください。

国税庁
「医療費控除の対象となる医療費」

■ホームページ
https://www.nta.go.jp/taxanswer/shotoku/1122.htm

3 病院医療と在宅医療

医療との対話
在宅看取りの仕組みづくり

いままでの日本の医療は、病と闘い、死と闘ってきました。しかし、いま訪れはじめている超高齢化にともなう多死社会は、現状の医療制度では乗り切れないだろう、財政的にも設備的にもいずれ限界が来るだろうといわれています。このことと**「どこで、どのような医療を受け、最期を迎えたいか」**という人々の思いとは密接な関係があるように思われます。八〇%以上が院内死（病院での死）を迎える現代社会で、**在宅死（自宅での死）**が注目されはじめたからです。

現在では自宅で看取られたいと願う人が多くなり、それに対応した医療者たちが多く見かけられるようになりました。在宅での緩和ケア（p311「用語② 緩和ケア・ホスピスケア」）を含めた看取りの場では、最期まで自分の家で暮らすことができ、親しい人たちと一緒に過ごせるので、心が和み、勇気づけられます。

しかし、症状の急変に備えて、いつでも連絡や相談のできる医師や看護師との連携が重要にな

ります。在宅医療の現場では、ご家族には、自分たちができる範囲を超えた場合はどうしようという不安が、医療者には二四時間、三六五日の体制がとれるかどうかという不安がつきまとうのです。こうした不安をなくすためには、在宅医療の質とシステムの保障のために、地域の医療者の相互協力や行政的な仕組みづくりなど、大変な努力が必要になってきます。

　今後、在宅死を希望する人々がますます増え、在宅緩和ケアが普通におこなわれるようになったとき、これまでの終末期医療の姿は大きく変わっていくことになるでしょう。**「自宅がホスピスになる」という兆候はすでに見えはじめています**。新しい終末期医療への道はあなたが切り開いていくことになるかもしれないのです。

　現在、二〇二五年の、団塊の世代の高齢化のピークに合わせて、高齢者が自宅で最期まで暮らしつづけられるように、各地域での「地域包括ケアシステム」（☞**p180**「介護保険制度の将来」）の構築がはじまっています。これから地域がどのように変わっていくのか、それにともなってあなたが病気になったときや介護が必要になったとき、どこでどのような医療や介護が受けられるのか、それぞれの特徴を知っておくことが、より快適な闘病生活を送るための鍵になるでしょう。

　ここでは、こうした視点から、病院医療と在宅医療のそれぞれの特徴を見てみましょう。

病院の種類にはどんなものがあるの？

さまざまな病院のタイプを知ろう

ひとくちに病院といっても、さまざまなタイプがあり、それぞれ役割や目的が決まっているのですが、そうした制度の話は複雑でわかりにくいです。たとえば、**医療法では、「病院」というのは二〇人以上に対応した入院設備を持っている施設**のことを指しています。そして、**一九人以下のベッド数の医療施設は「診療所」**といいます。つまり、わたしたちの近所にあるかかりつけ医や開業医の病院は、法律上は「病院」ではなくて「診療所」と呼ばれているのです。

一般的にはベッド数が二〇〇床の大病院になってくると紹介状が必要になってくるケースがほとんどなので、もし大きな病院にかかる場合はそのあたりも注意してみてください。また、法律上の（診療所ではない）「病院」にもいくつかの種類があります。

一般病院

病床（ベッド）数が二〇以上あり、以下でご説明する「地域医療支援病院」「特定機能病院」「救急救命センター」などにあてはまらないものを総称して一般病院といいます。

地域医療支援病院（地域の中核病院）

複数の診療科を持ち二〇〇床以上のベッド数があります。救急医療の受け入れもしています。一般病院・診療所からの紹介状を持った人たちの治療をおこない、地域の病院や診療所の支援をしています。

かかりつけ医や「特定機能病院」などと医療連携をしていくうえでの中核を担っていることから「中核病院」と呼ばれたりもします。なお、かつては複数の診療科を備えた病院のことを「総合病院」といっていましたが、現在では、この名称は使われておらず、以前「総合病院」と呼ばれていた病院は、ほとんどが地域医療支援病院に移行しました。

特定機能病院

特定機能病院とは、高度な医療を提供・開発・研修することができ、集中治療室、無菌室などの高度な医療機器・施設を備えた病院のことです。さらに、内科や外科など主要な診療科を一〇以上持っており、医師・看護師・薬剤師らが特定数以上いるベッド数が四〇〇以上の病院であることが条件です。

一般病院・診療所からの紹介によって、より高度な医療を受けることのできる病院です。ただし、救急救命センターや地域医療支援病院とは違って二四時間の救急対応は、義務付けられていません。

救命救急センター

心肺停止、急性心筋梗塞、脳卒中、頭部損傷など、通常の病院や地域医療支援病院などでは対応が困難な人に対して、高度な医療を提供する病院です。人口一〇〇万人あたりに最低一ヶ所、人口が一〇〇万人以下の県では各県に一ヶ所設置することが義務付けられています。

救急救命センターは、重篤な救急救命患者を常に必ず受け入れる体制をとること、ICU・CCUなどの集中治療室を備え、常に重篤な患者に対して高度な医療が可能であること、医師、看護師、救急救命士など、医療従事者に必要な研修をおこなう体制を備えていることが要件となっています。

これらの病院のほかに、がんや肝疾患などの特定の疾患に特化した病院もあります。

具合が悪いと思ったら **どの病院に行けばいい？**

〈かかりつけ医と大病院〉

体調を崩したとき、わたしたちが頼りにするのは医療です。命にかかわるような緊急事態なら、救急車を呼んで救急対応が可能な病院に行きますが、なんとなくいつもと違うようなだるさがあるとか、熱をはかったら三九度もあったとかいうときなど、どの病院に行ったらよいか迷うこともあります。軽い体調不良でも「ひょっとして、重大な病の兆候ではないか？」と思ったりして不安になることもあるでしょう。

　体調がすぐれないとき、「大きな病院のほうが診療科も多いし、医師も大勢いて、検査設備も揃っているから安心だ」と思って朝から病院にかけつけ、散々待ったという経験はありませんか？　また、大病院では専門分野がとても細かく分かれていて、どの科を受診したらよいのかわからなかった、ということもあるかもしれません。

　なんとなくいつもと違って調子が悪い。**そんなときは、やみくもに大きな病院に行けばいいとは限りません。まずはかかりつけ医や近所の開業医に診てもらうのがいいでしょう。**いきなり大きな病院に行っても、あなたがいままでどんな病気をしてきたのか、糖尿病があるのか、高血圧なのか……ということはすぐにはわかりませんし、お薬手帳を持っていても、細かいことまではなかなか伝わるものではありません。あなたのいままでの病歴はかかりつけ医が一番よく把握しています。まずはかかりつけ医に診断してもらいましょう。**より高度な検査などが必要であれば、設備の整った病院のどの科がいい、というところまで指示してくれます。**命にかかわるような緊急事態を除いて、いきなり大きな病院には行かないほうがよいでしょう。

　自分にはかかりつけ医がいない、という人の場合でも、まずは近所の開業医などに診てもらうのがよいと思います。大きい病院の場合、紹介状がないとダメというところもありますし、紹介状がなくても大丈夫というところでも、「紹介状加算」という名目で余分にお金がかかったりすることもあるので、やはり開業医に先に診てもらったほうがいいでしょう。一般的には**ベッド数が二〇〇床の大病院になってくると紹介状が必要になってくる**ので、もし大きな病院にかかる場合はそのあたりも注意してみてください。

なお、紹介状に書かれる情報は治療の目的によって違いますが、たとえば「うちのクリニックではわからないけれど、こういう疑いがあるので、大病院の何々科に紹介します」という場合、かかりつけ医の診療所でおこなった検査の中身や症状の経過、これまでどのように治療してどのような薬を使ったか、それにより症状がどう変化したのか、というような内容です。また、別の病気があるとか、高血圧があるとかの留意事項や普段飲んでいる薬の情報なども記されています。

普段から診てもらっているかかりつけ医がいて、地域に訪問看護や訪問介護のサービスがある場合、終末期に自宅で看取ってもらえる場合もあります。**信頼できるかかりつけ医を持つことが、将来の在宅診療につながる鍵です**（p307「在宅医療に関するQ＆A」）。なかには、それでも自宅で看取るのはご家族が不安だから、と、普段はかかりつけ医に診てもらって、最後に病院で診てもらう、という人もいます。

かかりつけ医から大きな病院を紹介されて診てもらう場合、病の状態が落ち着いたらかかりつけ医に戻る、というのが原則です。その後また大きな病院にかかる必要が生じたら、再びかかりつけ医に紹介してもらう、という流れになります。いったん紹介されたら、それ以降もその大病院にずっとかからなくてはならない、ということはありません。ただし、あなた自身が紹介先の病院で継続して治療を受けたいと希望する場合や、その病気の性質上大きな病院で継続して診たほうがいい、という場合には、その限りではありません。

主治医は必ずしもひとりでなければいけないわけではありません。たとえば、普段はかかりつけ医に診てもらっていて、それ以外に必要に応じて特定の大病院の医師にも診てもらっているという場合、主治医が二人いることになります。これを**二人主治医制**といいます。

〈夜間や緊急時の病院〉

夜間など、病院が一般的にやっていない時間帯に具合が悪くなり、救急車を呼ぶほどでもなさそう、あるいは呼ぶべきか判断に迷うというときは、まずは地域の医師会などがやっている「夜間急病センター」に連絡してみてください。夜間急病センターでは当番制で、医師会の医師が夜の間の治療や相談を受け付けています。

あるいは地域によって「救急相談センター」「救急安心センター」などさまざまな名前で夜間の電話相談を受け付けているところがあるので、**あらかじめ連絡先をメモしておくと安心**です。まずこれらの連絡先に電話で相談してみましょう。ただし、あなたが特別な病気を持っていて、すでに決まっている病院があり、その病院が夜間も対応しているのであれば、そちらにかかったほうがよいでしょう。

診療、治療以外で病院で受けられるサービスは？
治療以外にもこんなことができる

病院は、病気を診察したり、治療したりすることが最大の役割です。しかし、**病院では治療や診療以外にもいろいろなサービスが受けられることをごぞんじですか？** たとえば、外来通院では必要ならリハビリやデイケア、栄養指導、各種の教室（糖尿病教室や呼吸器系のリハビリ）など、在宅での療養に向けた指導も受けられます。

糖尿病のための教育入院のプログラムがある病院もあります。そこでは入院して、毎日運動したり、勉強をしたり、料理をしたりします。一クール一〜二週間というのが一般的ですが、忙しい人には五日間コースなどもあります。また、精神科ではアルコール依存症のための更生プログラムがあり、**依存症への一種の治療として保険がききます**。同様に禁煙外来も保険がききます。

このように、病院では、病気を治すだけではなくて、あなたのこれからの生活に向けた指導もしています。病気を治して「はい終わり」というわけではないのです。病院では、病気を抱えながらいかにして生活していくか、ということを一緒に考え、そのために必要なサービスも提供してるということを覚えておいてください。

病院医療と在宅医療の特徴
治療方法や考え方の違い

〈キュアとケア〉

病院でおこなう治療と在宅医療とでは、目的がまったく違います。たとえば盲腸（急性虫垂炎）のときを考えてみましょう。盲腸を自宅で治すという人はいませんから、入院して手術をしたほうがいいでしょう。このように、**病院医療では基本的には病気を治し、「キュア（治療／救**

命)」することを徹底して追求しています。したがって、大病院では病気を治すために器官ごとにさまざまな専門科に分かれており、大規模な医療機器を備えています。

これに対して、**在宅医療やホスピスでは「ケア(配慮/お世話)」することを追求しています**。在宅でも基本的には患者さんの希望に添いながらできるだけの治療をしますが、あえて「その治療はしない」という選択をすることも含めて、治療を受ける人の生活の質(☞p317「用語③QOL(クオリティ・オブ・ライフ)」)や尊厳を持って生活を続けるということを重視することが多くなります。たとえば、ある治療方法が患者さんの延命にはつながるけれど、その方にとってはあまりに負荷が大きく、その後の生活の質を下げてしまうという場合、「あえて治療をしない」ということも「ケア」の一種だと考えられます。

病気を完治させるための「キュア(治療)」の方法は(病状や年齢・体力などにより)選択肢が限られていますが、もはや完治することのない疾患を抱える方の場合は、**「病気を持ちながらも自分がどのような生活を送りたいか」というその人の価値観**によってさまざまな「ケア(お世話)」の方法を選択することができます。

病院というのは、基本的には病気の治療をする場所であって生活の場ではありません。入院すると普段と環境が違うため、寝ているようで寝ていられないなどのストレスもかかり、認知症のような症状が出てしまうこともあります。こうした症状は家に帰るとピタリとおさまることも多いので、やはり自宅はその人にとって一番安心のできる生活の場だということでしょう。病院では点滴でやっとのことで生活していたような人でも、家に帰ったとたん口からごはんも食べられるようになったというケースもあります。

もちろん、これは病院医療と在宅医療のどちらが優れた医療なのかということではありません。大切なのは**病院医療と在宅医療とでは目指す目的が違っている**ということです。病気を完治させたいのなら病院（入院）、慢性的な病気を抱えながらも、これまでの自分の生活の維持を目的とするなら在宅、というふうに、あなたの要望や状況に応じて、**ふたつを使いわけて利用する**のがいいでしょう。

病院医療と在宅医療というのは必ずしもお互いに排他的なものではありません。がんや難病に対して積極的な治療をおこなっている人でも、**病院医療と在宅医療の二本立てから在宅医療をはじめる**こともあります。病院で「もうこれ以上治療の余地がない」といわれた人でも、不安であれば、病院と縁を切るのではなく「とりあえず家で過ごしてみる」というスタートも可能です。さきほどもご説明したように、主治医は必ずしもひとりでなければいけないわけではありません。**病院の医師と在宅医療の医師といったように、主治医を二人持つこともできる**のです。また、大きな病院には退院後の生活について相談できる窓口があることも多いので、退院後に在宅ケアをはじめたいと思ったら、そちらにご相談してみることもおすすめします。

〈在宅医療でできること〉

それでは、在宅医療とはどのようなものなのでしょうか。具体的には、**在宅医療には「訪問診療」と「往診」のふたつのタイプ**があります。訪問診療とは、たとえば毎月第一、第三木曜日に自宅に医師に来てもらうというように、予定を組んで**定期的に自宅を訪問してもらうこと**

を指しています。それに対して、往診は**急に具合が悪くなったときに医師にかけつけてもらう**ことをいいます。

在宅医療では、自宅を訪問した医師は、診療、治療、薬の処方、治療上の相談・指導などをおこないます。具体的には、血液検査、経管栄養法、中心静脈栄養法、酸素療法、自己注射指導、栄養指導、薬剤指導、人工呼吸器の管理、がんの疼痛《とうつう》管理・化学療法など、その範囲は多岐にわたります。

かつての在宅医療のイメージというと、ご近所のかかりつけ医が聴診器と往診カバンひとつを持ってご自宅にやってきて、簡単な診療だけをしてくれる、というものでした。しかし、最近では在宅診療用の超音波検査機器もあり、**在宅医療で対応できる範囲は飛躍的に広がってきています**。たとえば、在宅でも点滴や酸素吸入などをすることは可能ですし、医師によっては末期がんなどの痛みを和らげる緩和ケアや自宅でホスピス的な治療をする在宅ホスピスケア（☞p311「用語② 緩和ケア・ホスピスケア」）などもおこなってくれるケースもあります。在宅で看取りまでおこなってくれる医師の数も増えてきました。

また、**在宅医療で扱うことのできる領域は、高齢者だけを対象としたものではありません**。たとえば、がんの緩和ケア、老年病のケア、進行期内部障害（神経難病やALS・パーキンソン病など）のケア、小児在宅医療、精神科在宅医療などを扱っている在宅医もいます。

このような在宅医療の進化を背景として、脳梗塞などで入院し、病院での一定の治療が終わって状態が安定したときや、がんなどでも病状が落ち着いているときには、入院治療ばかりではなく、住み慣れた自宅や地域で医師・看護師などの訪問を受けながら暮らすという選択をする人も増えてきています。

ただし、**在宅医療でどこまでの範囲の治療が可能かということは、あなたの地域の状況によって異なっています。**具体的には、あなたがお住まいの地域を診療の範囲としている在宅医の存在、おこなっている治療の種類、連携している訪問介護や看護、病院などの状況によっても変わってきます。もしあなたが在宅医療を受けることを考えていて、もっと詳しいことが知りたいという場合は、次のお問い合わせ先に相談してみてください。

お問い合わせ先

在宅医療について詳しく知りたい場合は、まずは**あなたの地域の地域包括支援センター(高齢者相談センター)に相談してみる**のがいいでしょう。お住まいの地域にどのような在宅医療や介護・看護のシステムがあるのかを教えてくれます。また、**地域の医師会に問い合わせたり、かかつけ医がいる方はかかりつけ医に聞いてみるのもいいでしょう。現在入院中で、今後在宅医療への移行を希望される方は、病院の医療連携室や相談室にご相談ください。**

あるいは、**下記に問い合わせていただくか、ホームページ上で検索**していただくことで、お住まいの地域の在宅医療の診療所などを調べることもできます。

また、本書の巻末にもお問い合わせ先の一覧を掲載していますので、ご参照ください。

一般社団法人
全国在宅療養支援診療所連絡会
〒102-0083 東京都千代田区麹町3-5-1
全共連ビル麹町館5階

■電話
03-5213-3766(事務所代表)

■ホームページ
http://www.zaitakuiryo.or.jp/list/index.html
(会員の診療所リスト)

在宅ケアはチームケア

医者だけじゃない！ 在宅医療を支える人々

在宅ケアはチームケアです。在宅医療を支えるためになによりも大切なのが、多職種の連携です。さきほどもご説明したように、在宅医療の現場ではキュアよりもケアが重視されます。それは病を抱える患者さんの日常生活をチームで支えて継続していくということです。したがって、在宅医療で活躍するのは医師だけではありません。介護や看護などの職種と連携することで、はじめて在宅医療は成り立ちます。ここでは、在宅医療を支える人々についてご紹介します。

在宅医

ひとくちに「在宅医」といってもさまざまなタイプの医師がいます。たとえば、開業医やかかりつけ医・家庭医などが自身の診療所での治療をおこないながら、必要に応じて地域の人々の自宅まで訪問診療や往診をしているという場合もあります。また、自分の診療所を持たずに在宅の医療に特化した医師、あるいは末期がんなどの痛みを和らげる緩和ケアをおこなう在宅ホスピス医などもいます。あなたの地域にはどのようなタイプの在宅医がいるのか、詳しく知りたい方は前ページのお問い合わせ先にご相談ください。

歯科医師・歯科衛生士

歯科医院に通うことができない人に対して、ご自宅まで出向いて虫歯や歯周病の治療、入れ歯の調整などのケア、各種の指導などをしてくれます。

薬剤師

ご自宅まで薬剤を届けてくれたり、薬の服用方法などの指導をしてくれます。

訪問看護師

病院や診療所、訪問看護ステーションなどに勤務する訪問看護師が、ご自宅まで看護をしにきてくれます。医師や訪問介護士と連携しながら、褥瘡《じゅくそう》の処置や吸たん、在宅酸素療法などの専門的な看護サービスをおこなってくれます。

訪問介護士（ホームヘルパー）

介護保険を利用したサービスの一環として、訪問介護士があなたのご自宅を訪ね、入浴や食事、その他の日常生活のケアをしてくれます。訪問介護のサービスについては一六一ページをご参照ください。

介護支援専門員（ケアマネジャー）

介護保険に基づき、あなたの介護サービスの利用計画を立ててくれる人です。ケアマネジャーについては一五九ページをご参照ください。

栄養士

在宅でのあなたの健康状態をチェックし、食事などの栄養管理をしてくれます。

作業療法士・理学療法士

リハビリテーションの専門家がご自宅を訪れ、日常生活の動作の改善ほか、さまざまなかたちで心と身体のリハビリテーションをしてくれます。

在宅医療を支えるチームのメンバーはこれだけではありません。ご家族はもとより、地域のボランティアやＮＰＯも大切な在宅医療のメンバーです。たくさんの人々が、お互いに協力しあったり、情報を交換しあったりして、**病気になっても地域のなかで暮らしつづける**ための仕組みをつくっているのです。

在宅医療の将来
これからの地域社会

二〇一五年、ある雑誌に、「進行がんの患者の在宅寿命は入院の場合とほぼ同じ」というデータが出ました。これは、在宅医療でもがん患者のケアは十分可能で、少なくとも、終末期に病院に入院していたほうが延命効果があるというわけではない、ということを示す重要なデータです。実際、**きちんとした在宅医療・在宅ケアのチームがあれば、末期がんでもご自宅での看取りは十分可能です**。

とはいえ、まだまだ在宅医療や訪問看護のできる診療所や病院の数は不足しています。**「在宅療養支援診療所」というのは、「二四時間連絡を受ける体制をつくり、急な往診にも対応し、看取りが必要なときにはその態勢をとれる」診療所のこと**です。こうした診療所も近年増えてきましたが、まだまだ数が足りません。また、**在宅医療は二四時間体制の訪問看護ステーションに支えられています**。電話対応はしてくれるところは多いですが、「二四時間いつでも訪問看護できます」というところはまだ少ないのが現状です。在宅介護においても、訪問介護士の人手不足がよく話題になっています。

しかし、超高齢社会が進むなかで、経済的にも財政的にもこれまでの医療体制のままで乗り切ることができないことは明白になっています。こうしたことから、国は「地域包括ケア」の仕組みづくりに着手し、住み慣れた地域社会のなかで、高齢者が自分の生活を営めるように、在宅医療・在宅ケアに力を入れはじめています。

実は国のこうした方針は、高齢社会のなかで病院などの集中的な治療が増えることによって医療費がかさんでいることから、できるだけ社会保障にかかわるコストを抑制するために、脱病院化・在宅医療への誘導を推し進めているという本末転倒な側面もあるのですが、そのことによって、このさき地域ぐるみで在宅医療・在宅ケアを支えようという自治体や事業者、ＮＰＯやボランティアなどが出てきていることも確かです。

とはいえ、仮に**そうした在宅医療の仕組みが地域にあったとしても、あなたがそれに気がつかなければ、ないのと同じになってしまいます。**だからこそ、できるだけ元気なうちから在宅医療についての情報を集めておくことが大切です。

在宅医療に関するQ＆A
よくある疑問にお答えします

問1 わたしは最終的にはひとり在宅で過ごしたいのでいろいろ調べているのですが、全体像がわかりません。最初に相談に乗ってくれるところはどこでしょうか。

答1 まだお元気なうちに相談にいくことを考えておくのは大切なことです。まずは、日ごろからかかりつけ医に相談し、訪問診療をしてくれる医師を捜しておくといいでしょう。

問2 かかりつけ医と大病院の二人主治医制をとった場合、情報の共有はどうなりますか。

答2 最近の若い医師のつくる紹介状の内容はレベルが大変上がっています。また通信技術の利用もずいぶん進歩していて、ネットのサーバ上で電子カルテの情報をつなぎ、患者さんの閲覧許可が出ると、それぞれの持っているデータに直接アクセスできるようになっていますので、情報の共有はとても進んできていると思います。

問3　在宅支援診療所や訪問診療をしてくれている診療所・病院がわかりにくいです。調べてみたら自分が通っている診療所も訪問診療をしていることがわかったのですが、診療所に直接行っても、そのようなことをしているという表示はなく、気づきませんでした。

答3　在宅医療の現場では人手が足らずに手一杯の診療所も多いので、あえて目立った表示を出していないところも多いのではないかと思います。あまり遠くにお住まいの方だと往診は無理ですし、一般的に在宅医療に適正な距離は、普通は車で一五分くらいのところまでです。もし訪問診療をしている診療所がわからないという場合は、かかりつけ医に直接相談してみると、ご自分では訪問診療をしていなくても、「どこの診療所で訪問診療をしている」などと紹介してくれると思います。

問4　親族のいない、まったくのひとり暮らしの人でも最期まで在宅で診ていただけますか。

答4　ご自宅での独居、グループホーム暮らしともにおひとりさまでも成年後見人（☞**p182**「**成年後見制度について**」）やしっかりした在宅ケアのチームがいればできます。実際、完全なおひとりさまを最期まで看取ったという医師は全国にいらっしゃいます。

問5　在宅医療を受けたいと思っているのですが、在宅看取りで医師のいないときに呼吸が止まると警察を呼ばなければいけないと聞いたのですが。

答5　ご自宅で亡くなられた場合、落ち着いて主治医に連絡をすれば、大丈夫です。医師が遺体を診て死亡診断書が発行されます。その際に、体表面に犯罪を疑わせる異常を認めた場合は警察に連絡しなければなりませんが、基本的には、在宅で診療を継続中だった患者さんが亡くなっても、継続的に診ていた傷病が原因で死亡したことが予測できる場合は、警察が介入することはありませんのでご安心ください。

問6 在宅医療を受けたいと思ったとき、利用する制度は介護保険制度ですか？　医療保険制度ですか？

答6 医師による訪問診療は医療保険を使用しますが、訪問看護については医療保険と介護保険の両方が使えます。ただし、介護保険は原則六五歳から利用できるものなので、六四歳以下で訪問看護を受けている方は医療保険のみの使用となります。また障害者手帳をお持ちの方は障害者総合支援法により、在宅での医療を受けられます。市区町村の窓口へ相談してください。

4 終末期医療に関する用語

終末期医療ってなんだろう？

医療観の転換

これまで、現在起こりつつある医療に対する考え方の転換や医療保険の仕組みについて、そして病院医療と在宅医療についてご説明してきました。しかし、あなたの旅立ちのときを考えるうえで、はずすことができないのは終末期の医療です。人はだれでも必ず死を迎えるということは、だれもが終末期を迎えるということです。

ここでは、最近の**終末期医療のなかでよく使われる用語**や言葉を選び出し、解説をしてみます。これらの知識はきっと、自分が病気になったときに医療者と対話を重ねるためにも参考になり、治療法の決定や生き方の意思表明にも役立つものとなるはずです。

用語①
終末期医療（ターミナルケア）

終末期、あるいはターミナル期とは、文字どおり「人生の終わりの時期」のことを指しています。具体的には、もはや病気が治る見込みがなく、数週間～半年程度の残された人生の期間においておこなわれる治療を終末期医療（ターミナルケア）と呼びます。

そこでは、**病気を「完治」させるという従来の医療の目的とは異なったケアのあり方が重視されています。**具体的には、ターミナルケアの現場では、痛みや苦痛などの緩和に重きをおいた緩和ケアや終末を迎えるまでの間の日常生活のケアである介護などが相互に協力しておこなわれます。緩和ケアについては次にご説明します。

用語②
緩和ケア・ホスピスケア

〈緩和ケア〉

緩和ケアとは、**がんなどの病気による「苦痛」を緩和する（和らげる）ケア**のことをいいます。病気になり、痛みが出たとしても、ご本人の痛みの程度を他人が推し量ることは容易ではありません。しかし、痛みのケアについては、近年医療技術も発達してきています。

痛みは**「身体の痛み（フィジカルペイン）」**だけとは限りません。たとえば、入院する不安や死に向かう恐怖などは**「感情的・精神的な痛み（エモーショナルペイン）」**といわれます。また、病気によってあなたは、ご家族や会社のこと、あるいは入院費用などの経済的なことなども心配しなければなりません。それらは**「社会的な痛み（ソーシャルペイン）」**といわれています。それだけではなく、あなたの人生や生き方についての悔恨、そして死に逝く者として、みずからの存在意義に対する疑問などがあらわれる場合があります。それを**「霊的・宗教的痛み（スピリチュアルペイン）」**といっています。

このように終末期には、いくつかの痛みが、相互に、あるいは同時進行であなたを襲ってきます。とくに身体の痛みは、終末期には強くなることがあります。その痛みを緩和するために、近年は医師の指示にしたがってモルヒネ系の薬剤が用いられる場合が多く見られます。モルヒネと聞くと、「意識に障がいが出るのではないか」とか、「中毒になってしまうのではないか」と心配してしまうかもしれません。しかし**現代医療では、痛みの緩和という治療方法が理解され、適切な薬剤の使い方もできるようになってきました**。

痛みに支配されることと、そこから解放されること……病気療養のなかでこの格差は大きなものがあります。痛みから解放されたとき、生きる意欲や、痛み以外のことを考える余裕が生まれてくるものです。

症状の進行したがん患者の多くが直面する**痛みや不安への対処は、病気を「キュア（治療／**

救命)」することを目的とする医療では限界があります（☞p298「病院医療と在宅医療の特徴」）。緩和ケアは、終末期医療のなかで痛みや苦しみを和らげるという重要なケア、と位置付けられるようになってきています。

〈ホスピスケア〉

緩和ケアは緩和ケア病棟を生み、同じ目的を持ちながら、より深いケア（精神的・霊的なものも含むケア）を目的とするホスピスを生みました。

これまでの医療は、治癒できない場合の対応があまり考えられず、治癒できなければ一般に延命策がとられてきましたが、**いたずらに延命治療をおこなうことが必ずしも患者にとっての幸せにつながるとは限りません。**ホスピスでは延命を主眼とせず、肉体的な痛みの緩和、精神的な不安の解消、日常生活への援助、ご家族への支援が中心におこなわれています。そのなかには、薬剤による痛みの緩和だけでなく、ペットなどによるアニマルセラピー、絵画や陶芸などに集中する方法など、多様なケアが実施されています。

そして、ホスピスケアの底には、ケアに携わるスタッフ全員が一丸となって**「その人が、その人らしく、人生を全うすることができるように援助する」**という考えが流れています。ホスピスとはもともと「ホスピタリティ（歓待）」という言葉から来ていますから、苦しんでいる人たちを受け入れて、サポートするというのがその理想なのです。

ホスピスでは、治療方法、生活面、家族との関係など、一般病棟と異なった体制がとられて

います。以下でその特徴をご説明します。ただし、すべてのホスピス病棟が以下の条件を満たしているとは限りません。

身体と心の苦痛緩和

ホスピスには、痛みやだるさ、呼吸困難など、さまざまな身体的苦痛を緩和する方法や技術を持った医師や看護師がいます。また、不安や恐怖など、心のつらさや感情的な問題に対応する精神科医、カウンセラー、あるいは宗教者が、きめ細かく患者さんの精神的、感情的な問題についてもサポートをします。

苦痛をともなう検査や処置を少なくする

検査や処置は、つらい症状を和らげるために、必要な最小限のものをおこなうようにしています。医学的な必要性ばかりを優先するのではなく、患者さんやご家族と相談しながらこれらをおこないます。

患者とご家族との交流の場

多くのホスピスには、面会のご家族や友人たちとくつろげるデイルームが設置されています。また、季節の行事やコンサートなどを楽しむことができる場合もあります。季節の花を見ながら散歩ができる庭やハーブガーデンがある施設もあります。単調な療養生活のなかで、自宅にいるように日常的な感覚で生活できるような工夫が随所にしてあります。

ご家族がすごしやすい設備がある

病室は個室が多く、ご家族が患者のそばで宿泊できる簡易ベッドなどを備えていることがあります。また、家族室、キッチン、ご家族が入浴できるお風呂などを備えている場合も多いです。

面会時間の制限が少ない

ご家族や大切な人々がいつでも面会できるように、面会時間の制限がないホスピスも多く、ペットと面会できるところもあります。残された大切な時間をすごす、という感覚が大事にされています。

ホスピスボランティア

医師や看護師、薬剤師、歯科衛生士、作業療法士などの医療職や医療ソーシャルワーカー、ヘルパーなどの福祉職、宗教者など多くの専門家がチームを組んで、患者さんにかかわりますが、そのチームのなかにはボランティアも含まれます。

ボランティアの活動は多岐にわたり、行事の手伝い・散歩の付き添い・お茶配り・庭園整備・買い物・運営のための募金集めのバザー活動など、資格がなくてもできることがたくさんあります。ボランティアはある程度の専門的なトレーニングを受けたあとに、ホスピス病棟内で活動するのが一般的です。

〈在宅緩和ケア〉

緩和ケアには一般にホスピス、緩和ケア病棟などの病院で受ける**「施設緩和ケア」**と、自宅で受ける**「在宅緩和ケア」**があります。

在宅の緩和ケアでは「在宅ホスピス医」あるいは「在宅緩和ケア医」が、訪問看護師や訪問介護士とチームを組み、訪問診療によりご自宅を定期的に訪れて緩和ケアをおこなってくれます。

たとえばあなたが末期がんの状態であっても、お住まいの地域に**しっかりした在宅の緩和ケアのチームがあれば、病院やホスピス病棟に移らずに、ご自宅で最期まですごすということも十分可能です。**

用語③
QOL（クオリティ・オブ・ライフ）

QOL（クオリティ・オブ・ライフ）は「生命の質、生活の質」などと訳されています。医療的な治療の質だけではなくて、介護や治療を受ける患者さんご本人の身になってみた場合、ご本人ができるだけ快適で楽しい生活を送れているかどうかということを、**身体面だけではなく、**

お問い合わせ先

ホスピスや緩和ケアについて詳しい情報や身近な施設をお知りになりたい方は、**以下にお問い合わせいただくか、ホームページ上で検索することで緩和ケアを受けられる場所の一覧を調べることができます。**

また、本書の巻末にもお問い合わせ先の一覧を掲載していますので、ご参照ください。

NPO法人
日本ホスピス緩和ケア協会事務局
〒259-0151 神奈川県足柄上郡中井町井ノ口1000-1 ピースハウスホスピス教育研究所内

■電話
0465-80-1381（事務局）

■ホームページ
http://www.hpcj.org/uses/index.html
（緩和ケアを受けられる場所一覧）

生きがいや精神的な豊かさまでを含み込んで考えるための概念です。寝たきりの状態や障がい状態、あるいは終末期などで、たとえ自立した生活が送れなくなっても、可能な限りＱＯＬを高めていくということが、近年、介護や医療の従事者にとって大きな課題として持ち上がっています。

用語④ 尊厳死・安楽死

〈尊厳死〉

「尊厳死」とは一般に以下のように定義されています。

①不治かつ末期の患者が
②生命維持装置を使わず
③痛みの除去・緩和処置を受けながら
④人間としての尊厳を保ちつつ
⑤自然に寿命（死）を迎えること

つまり、**尊厳死とは、治らない病気の患者さんが、延命治療をやめて、適切な緩和ケアを受けながら自然に死を迎えること**です。日本でいう尊厳死のことを「自然死」といっている国もあります。これは、病状が急変したときも、蘇生させるための医療行為（心臓マッサージや人工呼吸器の取り付けなど）をしないことを意味しています。あまり医療の手を加えず、自然に死を迎えるという意味で、そこに人間の尊厳を見いだしています。

アメリカのさまざまな州では、生命維持装置などの技術を使わずに尊厳死（自然死）を迎えることを、患者さんの権利として法的にも認めています。終末期を迎えて、意思決定能力がなくなったとき、単に死期を先延ばしするだけの治療に意義を見いだせない場合を想定して、ご本人の判断能力や理性が残っている間に、書面によって特別な延命措置をおこなわないよう医師に依頼することが認められており、**「リビングウィル（生者の意思）」**（☞**p334**「リビングウィル」）と呼ばれる宣言書を作成します。

アメリカでは、リビングウィルで尊厳死（自然死）を望む意思を表明しておけば、不治・末期の病気で、たとえあなたの意識が回復しない状況になっても、宣言書に書かれている内容が有効なものとして認められることになっています。また、アメリカでは、医師は、宣言書の内容を複数の人たちが確認するなど一定の手続きにもとづいた対応をすれば、亡くなった患者さんに関して、「治療の責務を怠った」という法的な責任が生じることはありません。

〈安楽死〉

一方、**安楽死とは、「死をもたらすような何らかの方策を加えることによって、苦しまないよう、人為的に死を迎えさせる行為」を意味します**。さきにご説明した尊厳死（自然死）は延命治療の中止などを意味する「消極的安楽死」と呼ばれるものと一部に類似する部分もあって、言葉がまぎらわしいですが、一般に「安楽死」という場合は、**「（自然にではなく）人為的に死を迎えさせる」**という意味で、「積極的安楽死」と呼ばれるもののことを指しています。

「積極的安楽死」は、生命が短縮してもかまわないという考え方にもとづいています。この点で、「自然に寿命を迎えて死ぬこと」を想定している**尊厳死（自然死）とは決定的に異なります**。これを「医師による自殺ほう助」と呼んでいる国もあります。

積極的安楽死を認めている国の代表が、オランダです。オランダでは、二〇〇一年に安楽死法が制定されました。患者本人の自発的かつ真摯で継続した意思があり、「耐えがたい苦痛」（精神的なものも含む）があるとき、医師が第三者の医師と相談のうえ、事後に届け出ることを条件に、患者に筋弛緩剤《きんしかんざい》などを投与することが認められています。一二歳以上の未成年にも安楽死権を与えていることが特徴です。本来は患者を救命する役割を持った医師が、患者の生命を絶つ行為をしたとしても、オランダでは殺人罪に問われることはありません。

〈日本の場合〉

日本では、尊厳死、安楽死ともに、その手続きを定めた法律はありません。これまで日本では、尊厳死については、それぞれの手続きを法的に定めるべきなのか、それとも個別のケースごとに進めていくべきなのか、社会的にも議論になってきましたが、明確な結論は出ていません。

もしも尊厳死を希望する場合には、法的な根拠はないものの、リビングウィルを書き、周囲の人にもその存在や内容を知らせておくことで、できるだけ自分の希望が叶うように動いてもらえる可能性はあります。むやみな延命治療や苦痛をともなう過度の治療を避けるという意味で、緩和ケアの一環として考えられる場合もあるからです。他方、安楽死に関して、ご家族の意思あるいは医師の独断で、患者に筋弛緩剤や塩化カリウムを投与するなどして、医師が殺人罪で起訴された事件がいくつか起こっています。

あなたが治らない病に陥って、苦しまずに死にたいと思ったとき、人の手を借りてまで死ぬ権利があるのかどうかは、**慎重に議論すべきむずかしいテーマ**です。たとえば、オランダではさきにご説明したように安楽死が合法化されましたが、それによってご自身の希望どおりに人生を終えられたという方もいれば、本当はもっといいケアの方法が模索されるべきだったのに、安易に死を選んでしまった方もいるという話も耳にします。

本当は生きていたいのに、「自分の病気や障がいのために、家族に迷惑をかけたくないから、死を選びたい」という場合には、その解決策として、尊厳死や安楽死が安易に示されるべきではなく、その人が生きていくための手立てや福祉の充実が求められるべきです。

用語⑤

臨床試験（治験）

臨床試験とは、新しく開発された医薬品になる可能性のあるものを、実際に人に投与することにより、安全性と有効性を確認する目的でおこなわれる実験のことです。そして、治験とは、法律にもとづいて日本での医薬品としての製造・販売の承認を得るために、製薬企業からの依頼で、臨床試験の最終段階でおこなわれる実験のことをいいます。

あなたが患者として治療を受けているとき、関連する医薬品候補の臨床試験がたまたま実施されている場合、主治医から情報提供されて、参加を打診されることがあります。とくに、がんの終末期のように、標準的な治療法を受けられる状態にないと判断された場合、緩和ケアを受けるように促されるか、あるいは治験に参加するかどうかを聞かれることがあります。

しかし、**「治験」を「治療」と勘違いをしないようにしなければなりません**。臨床試験は、患者の治療が目的ではなく、将来の患者のために役立つ治療法を開発することが目的です。したがって、あなた自身の利益が優先されているわけではありません。もっとも、医薬品の候補になる物質なので、まったく効果が期待できないというわけではないかもしれませんが、医薬品開発の成功率は、何千分の一、場合によっては何万分の一ともいわれています。逆に自分の身体に不利益をもたらすかもしれません。したがって、治験を受けるならば、将来の医療のために積極的に協力したいと思えるかどうか慎重に考えることが大切です。

治験の場合にも、医療を受ける場合と同じように、インフォームドコンセントが重要です。なぜ自分が選ばれたのか、研究の目的や方法、参加者はどのような経験をするのか、予想される利益や不利益はなにかなど、医療者はわかりやすく、詳しい説明をしなければなりません。

もちろん、**どういう理由であったとしても、治験への参加を断ることができます。また、投与が開始されてからであっても、途中で参加をやめることもできます。**「断ったら、医師に嫌われるのではないか」「辞退したら、その後の治療に影響するのではないか」などと心配する必要は一切ありません。もし健康を害した場合などには、医師の判断で直ちに中止されます。

また、どんなに参加する意欲があったとしても、臨床試験は統一した基準と計画にもとづいて実施されていますので、あなたがその基準を満たさない場合には、頼んでも参加できません。また、試験によっては、従来の医療との比較をおこなうため、必ずしも医薬品候補を投与されるグループに割り当てられるとは限りません。

もし治験へ参加するかどうか聞かれる機会があったら、以上のようなさまざまな条件を理解したうえで、自分の人生にとっての意義を考えて、参加するかどうかの意思決定をしましょう。

臨床試験（治験）について、考えるべきことの例

- 将来の患者の医療のために協力する気持ちがあるか
- 本当は参加したくないのに、主治医に気を使って参加しようとしていないか
- 自分の治療になると期待しすぎていないか

- お金目的で参加しようとしていないか
- 通院や検査など、決められた条件を守り、実行できるか
- 自分の人生にとって、臨床試験に協力することはどのような意義があるか

用語⑥
臓器移植

臓器移植とは、病気のために臓器が弱くなったり、機能しなくなったりしたとき、通常の治療法では回復が望めない場合の**最終的な手段として、他人の臓器を移植して回復を図る方法**のことです。移植される臓器の提供は、ドナー（提供者）の脳死後、あるいは心臓が停止したあとにおこなわれます。臓器移植は、「臓器移植法（臓器の移植に関する法律）」と各種ガイドラインなどで定められた手続きにもとづいて実施されています。

現在、移植可能な臓器としては、次のものが挙げられています。

- 脳死の場合（心臓、肺、肝臓、腎臓《じんぞう》、膵臓《すいぞう》、小腸、角膜）
- 心臓死の場合（腎臓、膵臓、角膜）

また、腎臓や肝臓の場合には、遺体だけでなく、生きている人からも提供を受けることが可能

です。日本では、遺体からの臓器移植が進まず、生きている親族から腎臓や肝臓の臓器提供を受ける生体移植が、国際的に見ても圧倒的に多いことが特徴となっています。

二〇一〇年に**改正施行された法律では、生前に書面で臓器提供する意思を表明している場合だけでなく、亡くなったご本人の臓器提供の意思が不明な場合も、ご家族の承諾があれば臓器提供できる**ようになりました。

さらに、配偶者、子ども、父母のなかに臓器提供を待つ患者がいて、その患者が日本臓器移植ネットワークに登録している場合、その人への優先提供の意思が尊重されるようになりました。ただし、これにはいくつかの条件があります。まず、臓器提供目的の自殺を防ぐため、自殺者からの移植はおこなわれません。それから、医学的な条件などにより移植の対象となる親族がいない場合は、親族以外の方への移植がおこなわれます。また、「Aさんだけにしか提供したくない」などと提供先を特定の個人にのみ限定した場合には、臓器提供そのものがおこなわれません。

こういった状況のなかで、あらかじめ臓器移植について考えるべきことは、大きくふたつあります。

〈臓器移植を受けたいかどうか?〉

あなたが臓器を移植しなければ死が近づいていることが明らかな状態になっていると、想像してみましょう。

腎臓や肝臓などのように、生きている人から提供可能な臓器の場合には、生きている人の身体にメスを入れ、臓器の全部または一部を摘出する行為をともないます。そのため、何よりも**提供候補者の心からの提供の意思がなければ、臓器移植は絶対に実現しません**。提供する申し出をした方は、本来だったら受けなくてよい大きな身体的・精神的負担のもとで、それでも救命したいという尊い意思を持った方です。

また、脳死や心臓死の方からの臓器提供の場合、法やガイドラインにしたがった移植を希望するには、**日本臓器移植ネットワークに登録しなければなりません**。最初に必要な**移植希望の登録費用は三万円です（毎年の更新費用は五〇〇〇円）**。登録後は、公平な基準にのっとって、臓器が提供される順番を待たなければなりません。

生体であっても遺体であっても、その臓器が患者に適合する臓器かどうかを厳しく医学的に検査されますので、最終的に移植を受けられない可能性も残ります。

もし、あなたが臓器移植を待つ立場になるのはいやだと思うのであれば、ご家族ともよく話し合ったうえで、「移植医療を受けたくない」という希望を、あらかじめ事前指示のなかに示しておくことが大切になってきます。腎臓や肝臓など、生きている人からの提供を受けられる臓器移植の場合、ご家族は「自分が臓器を提供するから、生きていてほしい」と思うかもしれません。逆に、自分が臓器移植を希望する場合であっても、「だれもあげるといってくれない」と他人を責めてはいけません。

〈臓器を提供したいかどうか？〉

あなたが自分の臓器を提供したいかどうか、という意思を記入・表示するために**「ドナーカード（臓器提供意思表示カード）」**というものがあります。現在はドナーカードだけでなく健康保険証や運転免許証の裏面にある、図のような項目にも書き込めるようになっています。

法改正によって、ご本人の意思が不明な場合にはご家族が決定することになったとはいえ、**臓器提供に関しては、自分の意思を事前にご家族にしっかり伝え、話し合っておくことが望ましいです。**

もしご自身に臓器提供の意思があったとしても、提供者には年齢制限があります。心臓では、およそ五〇歳以下までとなっており、膵臓や小腸はおよそ六〇歳以下まで、肺や腎臓はおよそ七〇歳以下までが目安とされています。

ただし、角膜（眼球）については、年齢制限がなく、高齢になっても提供可能です。角膜の病気などで視力を失った人は、亡くなった人から提供される角膜を移植することによって視力の回復が期待できます。

健康保険証の裏面の意思表示欄

注意事項　保健医療機関等において診療を受けようとするときには、必ずこの証をその窓口で渡してください。

住所

※　以下の欄に記入することにより、臓器提供に関する意思を表示することができます。記入する場合は、1から3までのいずれかの番号を○で囲んでください。

1. 私は、脳死後及び心臓が停止した死後のいずれでも、移植の為に臓器を提供します。
2. 私は、心臓が停止した死後に限り、移植の為に臓器を提供します。
3. 私は、臓器を提供しません。

《1又は2を選んだ方で、提供したくない臓器があれば、×をつけてください。》

【心臓・肺・肝臓・腎臓・膵臓・小腸・眼球】

〔特記欄：　　　　　　　　〕

署名年月日：　　　年　　月　　日

本人署名（自筆）：　　　　家族署名（自筆）：

用語⑦

ブレインバンク（献脳）

近年、アルツハイマー病などの認知症や、パーキンソン病などの神経疾患、うつ病、統合失調症に代表される精神疾患など、脳に原因があるとされる病気が増えてきています。しかし、脳は、たとえ画像診断技術が進歩したとしても、亡くなってみてはじめて詳しくその状態を知ることができるという点で、他の臓器とは異なる性質があります。

お問い合わせ先

臓器移植について、詳しいことをお知りになりたい場合には、**以下にお問い合わせください。**
また、本書の巻末にもお問い合わせ先の一覧を掲載していますので、ご参照ください。

公益社団法人
日本臓器移植ネットワーク
〒108-0022　東京都港区海岸3-26-1
バーク芝浦12階

■電話
0120-78-1069（フリーダイヤル）

■ホームページ
https://www.jotnw.or.jp

諸外国では、「脳の病気で苦しむ次の世代へ、希望という贈り物をしよう」（ギフト・オブ・ホープ）という考え方のもと、生前の献脳登録の普及活動が活発になっています。これを受けて、**日本でもいくつかの研究施設が、亡くなった人の脳を解剖して収集する、ブレインバンクを運営しています**。必ずしも脳の病気で亡くなった人でなくても、患者の脳と比較するために、脳の病気以外の提供者も必要とされています。

生前にブレインバンクに登録されている人が亡くなった場合には、まず主治医やご家族からブレインバンクに連絡を入れることになります。その後、ブレインバンクが契約している葬儀会社がご遺体を迎えにきます。ご遺体は、ブレインバンクを運営する病院や研究所まで搬送され、病理解剖されます。解剖は、希望によって全身解剖か、脳のみの解剖となりますが、全身解剖の場合には、四時間程度かかります。解剖が終了したあとは、自宅まで搬送されます。こうした搬送費用は、ブレインバンクが負担しています。解剖をしても、顔に傷が付くことはありません。摘出された脳や脊髄は、丁寧に細かく分類され、凍結されたり、薬物を使用して固定したりして、研究施設の保存庫で丁寧に保管されます。

まずは提供者ご本人の意思が大切ですが、亡くなったあとにご家族がブレインバンクに連絡をとることもあるため、献脳を希望する場合にはご家族とよく話し合っておかなければなりません。ブレインバンクによっては、ご家族の承諾を要件にしているところもあります。

お問い合わせ先

ブレインバンクについて詳しく知りたい場合は、**下記にお問い合わせください。**
また、本書の巻末にもお問い合わせ先の一覧を掲載していますので、ご参照ください。

（統合失調症など精神疾患の研究）
NPO法人
精神疾患死後脳・DNAバンク運営委員会
〒960-8157 福島県福島市蓬莱町1-2-35
丸山ハイツ101号室

■ホームページ
http://www.fmu-bb.jp/

（パーキンソン病などの神経疾患の研究）
独立行政法人
国立精神・神経医療研究センター
ブレインバンク研究班事務局
〒187-8551 東京都小平市小川東町4-1-1
独立行政法人 国立精神・神経医療研究センター内

■電話
042-346-1868

■ホームページ
http://www.brain-bank.org

用語⑧
献体

献体とは、医大や歯科大で、解剖学の教育や研究に役立てるため、遺体を無条件・無報酬で提供することです。解剖学実習は、医師や歯科医師を目指す学生だけでなく、看護師、理学療法士、作業療法士を目指す学生らにとっても重要だと考えられていますが、充実した実習をおこなうには、解剖実習のためのご遺体が必要になります。

もし、あなたが「死後、遺体を医学・歯学の教育と研究のために役立てたい」と思ったら、自分が献体したい大学またはこれに関連した団体に問い合わせをしてください。大学側で受け入れられる場合は登録し、死亡時に、ご遺族あるいは関係者があなたの意思にしたがってってご遺体を大学に提供します。

あらかじめ献体登録をしていた方が亡くなった場合には、病院やご家族から献体登録をした大学に連絡をする必要があります。その後、通夜・告別式など、通常の葬儀をおこなったあと、出棺して大学に運ばれます。大学では、遺体保存のための処理を施し、解剖の機会まで大切に保存されます。解剖学実習などで解剖が終了したあとは、大学が火葬し、遺骨はご遺族に返還されます。ただし、献体されてから遺骨がご遺族に返還されるまでの期間は、医学部の教育カリキュラムの事情などにより、少なくとも一年以上、長い場合は三年以上かかることがあります。ご遺族が遺髪や遺爪を自宅で保管したい場合には、あらかじめ相談すれば可能です。

大学への搬送費用と、返還前の火葬費用は、大学が負担しています。また、献体してくださった方のための慰霊祭が、毎年、大学の公式行事としておこなわれています。また、献体のほかに、臓器移植のための臓器提供や、ブレインバンクへの提供など、すべてを実現する手続きが可能な大学もあります。

以上の用語や言葉は、もしも、あなたが病にかかったとき、とくに生命にかかわる病にかかったとき、役に立つことと思います。本書は、あなたの旅立ちをデザインするためのガイドブックという目的を持っています。これらの知識が、もしも病気になったとき、自分の意思をあらわすうえで、重要であることを知っておいてください。

同時に、**この用語のなかには、病気になってからの意思ではなく、ご自身の生き方から生じる意思に関することが含まれています**。たとえば尊厳死にしても臓器移植にしてもこれらは生き方の問題です。だから本当は「病」の章というよりも「生」の章にあるべき項目かもしれませ

お問い合わせ先

献体についての詳細は、**献体したい医大や歯科大、または以下にお問い合わせください。**

公益財団法人
日本篤志献体協会
〒160-0023　東京都新宿区西新宿3-3-23
ファミール西新宿4階404号室

■電話
03-3345-8498

■ホームページ
http://www.kentai.or.jp

ん。あなたの生き方が病への対応を生み、病によって自分のいのちのいとおしさに気がつくのです。**実は本書で扱っている「老」「病」「死」の問題も、すべては「生（生き方）」の問題なのです。**

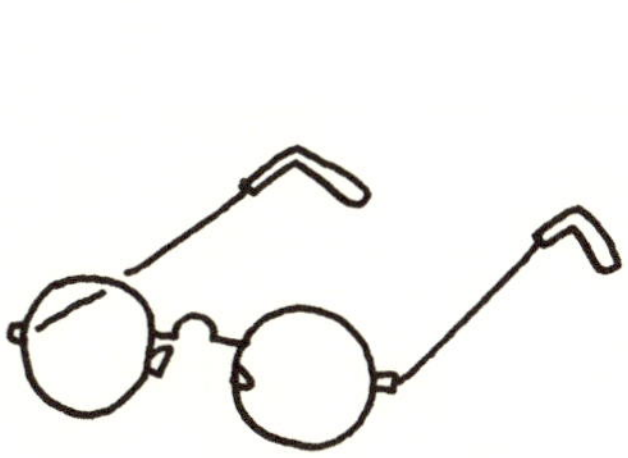

5 事前指示　あなたが受けたい医療とは？

リビングウィル

あなたの意思はなに？

この節では、あなたの病気に関して自分の意思を表明する「事前指示」について考えてみたいと思います。自分の治療やケアの方法に関して、自らの意思をより鮮明にし、病の場面であなたを支える人がだれであるかを明確にする事前指示書を書く、という段階に進んでみましょう。

ここではいのちの水際における「意思」のあらわし方を考えてみます。

健康な生活を送っているときはなんとも思わなかったことが、病にかかると不便や不自由を感じるようになります。とくに入院した場合など、日常生活に比べて大きな制限が生まれます。また、いままで感じたことがなかった痛みや苦しみに襲われ、不安や恐怖が増大し、精神的にも落ち込みます。将来確実に治癒するという病であっても、不安はあるのですから、もしも自分が治癒の見込みが困難な病にかかっていると知ったときなど、平静でいられるはずはありません。

しかし、そのようなときこそ、あなたの意思が問われ、それを表明するうえでの重要な時期となるのです。病を持つ自分の気持ちに素直になり、いままでの生き方と、これからいく道の予測をまじえながら、その**思いを言葉にし、ご家族や友人や医療者に、どうしてほしいのかを知らせていく**ことで、落ち着きと希望が生まれてくるでしょう。

また、重篤な病や認知症、あるいは事故などで、あなたの意識や判断力が失われてしまう場合も考えられます。そんなとき、どこかの段階で自分の意思が表明されていて、そのとおりに処置が進んだら、いのちの尊厳は守られます。そして、あなたの意思を最大限に引き受けて実行したまわりの人々は納得し、癒やされることになるのではないでしょうか。

病があっても、**意識が清明で判断能力があるうちに、医師やご家族に向けて、あらかじめ自分の意思を残しておくものに「リビングウィル」があります。**前節でも簡単にご説明しましたが、リビングウィルは本来「生者の意思」という意味です。リビングウィルを具体的に表明する手段としては、余命宣告されてもう治療の余地がない場合などに「無駄な延命治療をおこなわないでほしい」など、あなたの意思を表明するような「尊厳死の宣言書」などが代表的なものです。リビングウィルという言葉は狭義には「尊厳死の宣言書」と同様に使われますが、より広い意味では「生者の意思」、つまり自分に残された時間をどう生きたいのかという価値観の表明でもあります。

一昔前には医療はお医者さんにおまかせするものであって、患者自身の意思をはっきりと表明するということはあまりありませんでした。しかし、最近では、インフォームドコンセントの項目（☞p255「インフォームドコンセント」）でもご説明したように、いのちの主人公である自分と、いのちを預ける側にある医療者との間でのコミュニケーションが可能になってきました。いのちの水際に立たされたとき、自分自身の意思が具体的にあらわされる、という時代が到来しつつあるのです。

医療に関する事前指示書
あなたはどんな治療を受けたい？

リビングウィルとは別に、終末期の医療に関してあなたの意思を表明する手段に**「医療に関する事前指示書」**があります。これは、**「どのような環境で医療を受け、判断力や意思が失われたとき、だれが代理としてあなたの意思を伝え、いのちの行方に反映させるか」**を残すものです。内容は狭義のリビングウィルよりもより広範囲にわたっており、延命治療に限らず、自分が望む医療や望まない医療について、どのような療養生活を送りたいか、などについてあなたの意思を書き示します。

医療に関する事前指示書は、アメリカなどではかなり普及していますが、日本ではまだ一般化しているものではありません。しかし、少しずつ運用がはじまっています。最近では、自分でつくる事前指示書だけでなく、医療機関の方から書式を示されたり、作成を求められたりすることもあるようです。事前指示についてはこの節の末尾のコラム（☞p352「『医療に関する事前指示』の長所と短所」）などもご参考にしてみてください。

さて、以下でご説明する医療に関する事前指示書とは、アメリカの「尊厳を持って年を重ねるための協会」が作成した「五つのお願い（Five Wishes）」という事前指示書がもとになっています。すでにアメリカではたくさんの州で法的効力を持つものとなっていて、事前指示書のなかにあなたの思いと感謝を込めることができるということで、多くの人々に支持されています。

日本では、事前指示書はそれを実現する法的な効力を持つ文書ではありません。また、その様式も、関心を持つ個人や団体が各自で普及させているものから、個人的なメモや遺書・遺言の形式まで、さまざまなものがあります。しかし、公的な効力を持つ文書ではないとはいえ、**ご家族や医師にはっきりとあなたの希望を伝えることは、あなたの治療をどうするかを考えるうえで、とても大切なことです。**事前指示書に書くべき代表的な項目には次のものがあります。

事前指示書に書くべきこと（五つの願い）

①あなたが意思決定をできなくなったときに、あなたに代わって医療行為やケアの方法について判断する人（代理人）の指名
②あなたが望む医療処置や望まない医療処置はなにか
③療養生活のなかで、残された人生を心地よくすごすためにしてほしいこと
④あなたが望む介護やケアはなにか
⑤大切な人に伝えたいことや感謝の言葉

このような事前指示書は、自分自身の意思の究極的な表明です。あなたが病気などでいのちの

危機や困難を迎え、どうしてもいのちや死と向き合わねばならなくなったときに、まさに「いのちがけ」で書くものだといえるかもしれません。

事前指示書の具体例
辻本好子さんの場合

リビングウィルや医療に関する事前指示書といわれても、イメージがわきにくいかもしれません。ここではある患者さんがいのちがけで書いた**事前指示書の実例をご紹介します**。二〇一一年六月一八日に亡くなった辻本好子さんという方の事前指示書です。

辻本さんは大阪にあるＮＰＯ法人「ささえあい医療人権センターＣＯＭＬ（コムル）」の理事長でした。コムルは、患者の自立と主体的な医療参加、患者と医療者のよりよいコミュニケーションを目指して一九九〇年九月から活動している団体です。

「あなたは『いのちの主人公』であり『からだの責任者』である」をコンセプトに、電話相談やミニセミナー、講座の開催など、市民中心のユニークな活動をしていました。いま、わたしたちの会話に普通に登場するようになった「インフォームドコンセント」や「セカンドオピニオン」などの言葉は、その当時は、ごく一部の人にしか知られていませんでした。当時、医療現場の多くは「お医者さんにまかせましょう」という風潮のなかにありましたが、辻本さんたちは、**「賢い患者になりましょう」**を合言葉に、患者が主体的に医療にかかわる道筋をつくりあげていったのです。そして患者と医療者が、お互いに気づきあい、歩み寄ることのできる関係づくりを丹念におこなってきました。日本の医療が、患者中心の開かれたものに変わっていく原動力となったのです。

その辻本さんが、胃がんであることがわかったのは二〇一〇年六月のことでした。七月一二日に手術し、その後、抗がん剤治療を受けていましたが、二〇一一年六月一八日に永眠されました。六二歳でした。

辻本さんの活動は、「いのち」の問題を深く考え、医療に悩む患者たちの真実の声に耳を傾けるものでした。そんな辻本さんに「末期がん」が告知されたのです。辻本さんに訪れた「いのちの危機」に、辻本さんはどう対処したのでしょうか。このことは、**手術のおよそ一週間前に書かれた事前指示書**にあらわれています。

ここでは、その事前指示書を、辻本さんの二人のご子息、そして、コムルの現理事長であり、運営のパートナーだった山口育子さんのご了解をいただいたうえで公表させていただきます。ただし、プライバシーにかかわる部分は項目だけを挙げ、内容は控えさせていただきました。

ここでは辻本さんからの事前指示として、以下の必要事項が記されています。

①自分に代わって医療行為を決定する代理人の指名
②意識が失われたときの対処や救命だけの延命措置の拒否
③死亡後のこと
④感謝の言葉

辻本好子さんの事前指示書

わたしこと「辻本好子」が意思表示できなくなったとき、以下のことを本人の意思尊重のもとに執りおこなってください。また、ここに記す以外のことについては、A（長男）、B（次男）、C（COML のパートナー）の３名合議のもとで、生前のわたしの意思を鑑み、最良の方法を取ってください。

＊ 手術中の麻酔事故や急変、また術後の副作用や後遺症で重篤な状況に陥り、意識不明や正常な判断能力が失われた場合、救命のためだけの延命治療（心肺蘇生、気管切開、人工呼吸、人工透析、強制人工栄養、輸液、などすべて）をおこなわないでください。

＊ （死亡後の葬儀や遺骨の取り扱いについて）

＊ （死後の預金と生命保険の取り扱いについて）

＊ （2人の息子に対する生命保険給付金の一部の寄付行為について）

＊ （こだわりの洋服や絵画の譲渡や処分について）

＊ アクセサリー類やその他がらくたばかりですが、遺った品々をCOMLでガレージセールでもして処分し、すべてをCOMLに寄付してください。

＊ これまでの人生で出会ったすべての人々に心から感謝します。

とっても幸せな人生でした。本当に、本当に、ありがとうございました。

2010 年 7 月 4 日
辻本　好子

さきにご説明した事前指示書に書くべきことが見事に記された実例です。

救急医療
本当に必要な治療かどうか見きわめよう

辻本さんの事前指示書をあらためて読み返してみましょう。わたし（辻本好子）の「意思が表示できなくなったとき」、つまり辻本さん自身が決定できなくなった医療行為について、「わたしの意思を『尊重』したうえで」ことを進めてほしい、ということが前文に書かれています。そして「救命のためだけの延命治療」を「おこなわないでほしい」という「わたしの（強い）意思」と同時に「それ以外の問題が起きた場合の対処」については、わたしが「指名した者＝わたしの意思を反映できる者」たちの「合議」により「最良の方法」をとるように求めています。

そして、具体的な延命治療の内容にも言及しています。心肺蘇生、気管切開、人工呼吸、人工透析、強制人工栄養、輸液など……。**これらは辻本さんが「おこなってもらいたくない」延命治療の内容です。**

わたしたちは普通、辻本さんが拒否したようないくつかの医療行為について、多くの知識を持っていません。そしてそれが自分にどのような影響や負荷を及ぼすかという予測もなかなかできません。しかし、辻本さんが「おこなってもらいたくない」ものとして挙げている医療行為は、終末期においてご本人の事前の意思表明や指示がない場合、医療現場では「標準的治療」として実施されることが多いものです。

あなたのいのちの最終局面で実施される可能性のある治療について、その知識を事前に持っていることはとても大切なことです。

以下では、事前に知っておくべき事柄として、「心肺蘇生術」「気管切開」「人工的水分・栄養補給」の三つの医療行為についてご説明します。

〈心肺蘇生術（CPR）〉

心肺蘇生術（CPR）は、心臓や呼吸が停止したときにおこなう治療で、いわゆる「心臓マッサージ」や「人工呼吸」などのことをいいます。この方法は救命救急の現場でおこなわれ、多くのいのちを救ってきました。しかし、たとえば、高齢者や身体機能が低下した患者さんたちには身体的な負荷が大きく、亡くなる直前によけいに苦しい思いをさせるというような場合もありえます。また、救命後、ご本人の意思には関係なく、気管切開され、人工呼吸器につながれてしまうケースもあります。

CPRの実施についてはさまざまな状況が考えられるため、事前にすべてを決めることは困難かもしれませんが、もし自分がそのような状態になったときのことをイメージしながら、ご家族や医療者との間でできるだけCPRのことを話題にし、**あなた自身の生活の質（**☞p317「用語③**QOL（クオリティ・オブ・ライフ）」）にもとづきながら、考えを進めていくことが大切です。**

とはいえ、人の気持ちは状況によって変化するので、たとえ「心肺蘇生術は施さないでほしい」と事前指示をしていたとしても、その場になってみるととっさに「苦しい、助けてほしい！」と口にしてしまうかもしれません。ご家族はあなたの事前指示に納得していたとしても、こうした訴えをただ見守ることには耐えきれず、心肺蘇生を依頼するかもしれません。また、同じ心肺停止状態といっても、心臓発作のような予期せぬものなのか、加齢による身体機能の低下にともなうものなのか、などによりその意味も対応も変わってきます。

事前指示書というのは、単にそこに書いてあることを機械的に実行すればすむというものではありません。人の気持ちというのは状況の変化にともなって変わっていくものですし、たとえ事前指示書があったとしても判断に迷うケースも多々あることでしょう。また、事前指示書を書いたときに予期していないことが生じた場合は、その内容も変更することができます。だからこそ、**あなたが事前指示書を通して伝えたかった意思について、ご家族や医療者と十分に話し合っておく必要がある**のです。

〈気管切開〉

咽頭《いんとう》や気管が損傷したり、腫瘍の影響を受けたりして気道が塞がってしまった場合や、人工呼吸器による補助を必要とする病状になった場合、また痰《たん》を自分で出すことができなくなった場合などに、気管とその上部の皮膚を切開して、そこから**気管にチューブ（カニューレといいます）を挿入して、呼吸をするための気道を確保する方法**があります。

気管切開をすると、声帯に気流が流れなくなり、**声を出すことができなくなって**しまいます。

したがって、気管切開は、本来は気道確保のために最初に選択される方法ではありませんが、一刻を争う救急医療の現場などでは、ご本人の意思にかかわりなく気管切開手術がなされ、人工呼吸器とつながれることもあります。

もしあなたが突然一刻を争う事態になった場合、どういう治療をしてほしいのか、してほしくないのか。やはりここでも、事前にご家族や医療者と話し合っておくことが大切です。

〈人工的水分・栄養補給〉

わたしたちは普段、水分や栄養分を口からとっていますが、高齢や病気により、口からの栄養摂取ができなくなる場合があります。たとえば重度の病気などで起こる嚥下《えんげ》障がい（ものをのみ込むことができない状態）などでは、水分・栄養分がとれなくなり、いのちの危機が訪れてしまいます。その際によくおこなわれるのが「経静脈的輸液（首の根元の血管から栄養を入れること）」や「経管栄養」などの「人工的水分・栄養補給」です。

経管栄養のなかには「経鼻経管栄養（鼻から栄養を入れること）」と「胃ろう」という方法があります。胃ろうは、内視鏡を使った手術で、お腹に小さな口をつくるものです。口から食事がとれない人や、ものをのみ込むことができず、肺炎などを起こしやすい人に、お腹の口から直接栄養を入れる方法です。

胃ろうは長期的な栄養の管理法として、患者さんの苦痛や介護側の負担が少ないということで、多く用いられるようになりました。胃ろうは設置後でも、口からものが摂取できるようになったり、症状が改善すればはずすことも可能です。ただ、いったん胃ろうの状態になってしまうと、ものをのみ込む力がどんどん弱くなっていくので、その状態から胃ろうをはずせるまで症状を改善させることには、かなりの困難と努力をともないます。本来は介護やリハビリによってものをのみ込む力を回復させる努力をすべきところを、安易に胃ろう手術をしてしまう、というケースも少なくありません。したがって、**胃ろうをつけるかどうか、本当につける必要があるのかについては慎重に判断するべきことです。**

　しかし、たとえば、あなたが意思表示ができない状態にあるときなどは、とくに事前指示がない場合は「生命の延長」という観点から、ご家族などの要請でこれらの処置が実施されることがあります。それがあなたの意思に沿っているかどうかは、心肺蘇生術や気管切開と同じように、ご家族や医療者との間での話し合いや情報の獲得が必要になってきます。

　このような医療行為では、だれが、いつ、どのような状態で判断するのか？　ということがとてもむずかしい問題となります。とくに**あなたの意識が失われたり、判断力が失われたりした場合、ご本人の意思がはっきりとしていないと、周囲の人々に大きな負担と責任を強いる**ことになるでしょう。しかし、あなたが事前指示書のことを知り、この利点を活かしていくことで、問題解決へのステップが踏めるかもしれません。

　医療へのかかわりが深く、「わたしがいのちの主人公」と語り続けていた辻本さんの意思は、この一枚の事前指示書によって実現しています。そしてこの意思は、多くの人々に受け入れられることになりました。なぜなら、ここには、**「死に逝くこと」というよりも、辻本さんの「最期**

の場面をどう生きるか」という「生の意思」と、それを自らつくり出していく決意が見えるからです。そして、このような一人ひとりの「旅立ちへの意思」が医療の現場で実現されることを、辻本さんは望まれていたのではないかと思います。

辻本さんの事前指示書を参考にしながら、厳しい場面で自分の意思を伝える事前指示とそれが持つ意味について考えてみてください。むずかしいかもしれませんが、病時におけるご自身の意思を確認する準備をおこたりなくすることはとても大切なことです。

リビングウィルは「生き方の宣言書」
どう死ぬかだけではなくどう生きたいか

日本尊厳死協会の「リビングウィル（尊厳死の宣言書）」の作例には、あなたの病気が不治であり、かつ死期が迫っている場合、

①無理な延命措置は断る
②苦痛を和らげる措置は十分に実施してほしい
③植物状態に陥ったときは生命維持装置を取りやめてほしい

という三点が記されていて、それに賛同する場合、署名・押印するようになっています。

しかし、**尊厳を持って生命を終えるという最期の局面だけが問題なのではありません**。あなたがどのように生きて、どのような医療を受けたいかに関する希望をあらかじめ残しておくことも必要です。そのために、さきにご紹介した医療に関する事前指示書が近年注目されてきました。二〇〇三年、世界医師会は「事前指示」について次のように定義しています。

事前指示とは、記載され署名された書面、または証言された口頭による陳述で、意識を喪失し、または他の方法で自分の意思が表明できなくなった場合に、自分が受けること、または受けないことを希求する、医療に関する希望を記録したもので、自筆書類、あるいは、一緒に住んでいるご家族などに（口頭などで）伝えておいて、その人があるときに証言してくれるもの。

つまり、医療に関する事前指示書とは、意識がなくなってしまったときだけでなく、**意識が清明であっても、病気や障がいが原因で声や文字での表現手段が失われ、意思が表明できなくなったときに備えて**、どんな医療を受けたいか、あるいは受けたくないか、あなたが望む方法を記述した書面（または陳述した内容）のことで、**きちんとした証言者がいれば、口頭だけでもよい**とされているものです。

アメリカでよく見かける事前指示書では、病名の告知、そして自分の尊厳が保たれるような療養環境、さらに、死に逝く場所（在宅死か病院死か）、死後の身の回りの処理にまで踏み込んで、具体的に書くようになっています。また、日本ではまだ法的に認められていませんが、自分の意

日本尊厳死協会の「尊厳死の宣言書」のサンプル

尊厳死の宣言書 (リビングウィル Living Will)

私は、私の傷病が不治であり、かつ死が迫っていたり、生命維持措置無しでは生存できない状態に陥った場合に備えて、私の家族、縁者ならびに私の医療に携わっている方々に次の要望を宣言いたします。

この宣言書は、私の精神が健全な状態にある時に書いたものであります。

したがって、私の精神が健全な状態にある時に私自身が破棄するか、または撤回する旨の文書を作成しない限り有効であります。

(1) 私の傷病が、現在の医学では不治の状態であり、既に死が迫っていると診断された場合には、ただ単に死期を引き延ばすためだけの延命措置はお断りいたします。

(2) ただしこの場合、私の苦痛を和らげるためには、麻薬などの適切な使用により十分な緩和医療を行ってください。

(3) 私が回復不能な遷延性意識障害(持続的植物状態)に陥った時は、生命維持措置を取りやめてください。

以上、私の宣言による要望を忠実に果たしてくださった方々に深く感謝申し上げるとともに、その方々が私の要望に従ってくださった行為一切の責任は私自身にあることを附記いたします。

(日本尊厳死協会ホームページより)

識や判断力がなくなったあとの、医療行為に関する代理決定者の指名までできるようになっています。

このような書面を「死に方の宣言書」と考えるのは狭い見方です。事前指示書の核心は、「わたしがどんな医療を受けながら、尊厳を守って生きたいか」について書くものでもあるという、つまり**「生き方の宣言書」でもある**ということです。

生命維持装置の停止などを求めるリビングウィル（尊厳死の宣言書）は、あくまで医療に関する事前指示書などの「生き方の宣言書」を構成する一部だととらえたほうがいいでしょう。

在宅医療・在宅死についていえば、ご家族や住宅事情、地域の医療・福祉の体制とも密接に関係しますから、医師と患者の関係で「どう死を迎えるか」といった問題だけではなく、死を迎えるまでに、病気に対してどのような機関や組織が、どういったかたちで看護や介護にかかわるか、それらの体制や機能をどう利用し、どう生きていくか、が問われることになります（☞p290「病院医療と在宅医療」）。

そのためには、あなたと医療者との間で、これから受ける医療に関するインフォームド・コンセントを含む情報の綿密なやり取りと、介護・福祉関連の人々とのコンタクトなど、**いのちに関する細かな将来構想の打ち合わせ**が必要となります。

二〇〇七年、厚生労働省から「終末期医療の決定プロセスに関するガイドライン」が出ています。これは終末期医療およびケアのあり方についての考え方の指針となるものです。内容は以下のようになっています。

終末期医療の決定プロセスに関するガイドライン

①医師等の医療従事者から適切な情報の提供と説明がなされ、それに基づいて患者が医療従事者と話し合いを行い、患者本人による決定を基本としたうえで、人生の最終段階における医療を進めることが最も重要な原則である。

②人生の最終段階における医療における医療行為の開始・不開始、医療内容の変更、医療行為の中止等は、多専門職種の医療従事者から構成される医療・ケアチームによって、医学的妥当性と適切性を基に慎重に判断すべきである。

③医療・ケアチームにより可能な限り疼痛やその他の不快な症状を十分に緩和し、患者・家族の精神的・社会的な援助も含めた総合的な医療及びケアを行うことが必要である。

④生命を短縮させる意図をもつ積極的安楽死は、本ガイドラインでは対象としない。

このガイドラインを知ったうえで、あなたの意思が表明されれば、自分が望む医療やケアが受けられ、最善の最期に近づけるかもしれません。

リビングウィル（尊厳死の宣言書）をいろんなところへ忍ばせておくことも大事ですが、**その前に、ご自身の主治医とコミュニケーションを密にし、終末期をこうしてほしい、という真剣な話をしておくことが必要です。**

お問い合わせ先

事前指示について知りたい方は、**主治医などとよくご相談ください。**また、ご家族としっかりと話をしておくことも大切です。

なお、本書の巻末にもお問い合わせ先の一覧を掲載していますので、ご参照ください。

「医療に関する事前指示」の長所と短所

東京大学医科学研究所　武藤香織

相続人の指定や遺贈など、財産処分にかかわることについては、法的効力を持つ遺言という仕組みがあります。しかし、どのような医療を受けて、どのように死を迎えたいかという指示については、法的効力が認められていないだけでなく、何が正解なのかわからないような、たくさんの複雑なできごとに出会い、たくさんの決め事を抱えます。なにせ、生き死にとかかわる事柄だから、周囲の人々の感情も波立ってしまいます。遺された人たちは、後になってから「あれは正しい決定だったのだろうか」と悩むことも多いのです。

「医療に関する事前指示」は、自分の意思を伝えることができなくなってしまうという有事に備えて、あらかじめいろいろなことを考え、決めておこうという発想からきたもので、最近では「終末期に関する希望調査」「終末期医療に関する事前指示書」などの名称の書式を医療機関から示されることも増えてきました。また、患者が示した事前指示を踏まえて、医師による指示書を作成する試みも始まっています。

患者が「医療に関する事前指示」として決める内容には、心肺停止状態に陥った場合の蘇生術を行ってほしいか、生命の危機に瀕した場合に、①苦痛緩和のみをしてほしいか、②投薬（経口・経静脈）もしてほしいか、③医療機器を用いた気道確保（気管内挿管を含む）や人工呼吸器装着、除細動など救命してほしいか、経管栄養や点滴などの方法で水分・栄養補給をしてほしいか、そのほかの希望があるか、自分に代わって判断する人を誰にするか、といったことがあります。

しかし、その内容を考え始める前に、事前指示を書くことに伴う長所と短所を知ってほしいと思います。

事前指示に書かれたメッセージの受け止め方

長所：事前指示は、患者が決定した内容を実現するために、関係者が共通して確認する根拠になる。患者が何について希望しているのかがはっきりわかる。患者を支える人たちは、これを叶えることで、自分たちの向かっている方向が明確になり、「患者の意に沿わないことはやっていないんだ」という確信が持てる。

短所：事前指示は、患者が自己決定したことの証拠として、本人にとっても、周囲の人間にとっても、重みを持ちすぎてしまう場合がある。「あの時、私はこのように書いたんだから、あの通りに死ななくちゃいけない」と本人が思い、周りも「あの通りに死んでくれるはずだ」と期待してしまうかも。「蘇生はしないでくれ」と書いていたのに、呼吸困難になったとき、つい「助けてくれ！」と叫んだために、周りをがっかりさせたという、笑えないエピソードもある。

事前指示を書く意味とタイミング

長所：事前指示を書くことで、患者が具体的に終末期までを見通して、自分の病気の進行を理解し、自分の生き方を見直すよい機会になる。告知をされた後であって、自分の病気に関する理解がある程度進み、いくつか大きな決断をしなければならないときの前の段階などが望ましい。

短所：事前指示を書くことが、終末期までの見通しを検討する最適なタイミングの模索よりも優先されてしまうと、患者に精神的なダメージを与える可能性も高い。中には、重篤な病気の告知を面倒に思った医師が、告知をせずに、いきなり患者に「○○病に関する事前指示」を書かせたという例もある。

医療者にとっての意味

長所：医療者にとっては、事前指示に従った医療行為が可能になれば、不安が減る。「これに沿ってやっていけば、間違いない」という確信が生まれる。

短所：主治医や看護師が患者の心情観察を怠り、事前指示に依存してしまうことがある。医療者が「早く書いてほしい、こういうふうに書いてほしい」と思っている場合もあり、空気を察した患者にとっては耐え難い圧力となる。患者中心の医療を実現するはずの事前指示が、逆効果になり、強制につながる危険性がある。

家族にとっての意味

長所：家族が本人の意向を尊重できる場合、「患者本人に最善の選択ができる」という安心感を持つことができる。

短所：家族が本人の意向と異なる希望を持っていた場合、家族が本人の決定を尊重できるかどうかが新たな葛藤になる。たとえば、患者が「私は人工呼吸器をつけないで死にたい」と記載していた場合、「どんな姿でもいいから生きていてほしい」と思う家族は、患者の願いを実現することが苦しくなる。

事前指示の普及と実現可能性

長所：日本全体として、事前指示が適切なタイミングで着実に運用され、医療者も適切な指示ができる体制が整えば、医療全体の標準化や向上につながる可能性がある。

短所：事前指示で患者が求める内容が地域の医療の水準を満たさないために、実現できない場合もある。事前指示を持ったまま旅行先で倒れたときに、その内容を尊重してもらえるかどうかわからない。

「医療に関する事前指示」は、一度書いたとしても、気が変われば、いつでも書き換えることができます。書き換えることを恥ずかしがらず、面倒くさがらず、常に最新の内容に更新されていることが大切です。

また、「医療に関する事前指示」のほかに、身体の取り扱いについて意思を示しておくことも可能です。たとえば、臓器提供、献脳（神経疾患や精神疾患の研究のための脳の提供）、死因解明のための解剖、献体（医学教育のための遺体の寄贈）などがあります。いずれも、いつでも意思を変更することができます。

「医療に関する事前指示」は、あなたのいのちのために書く内容ですが、いずれも、簡単な内容ではありません。書きたくない時期もあるでしょう。しかし、折を見つけて、家族や大切な人、主治医や看護師とも話し合いながら、方針を見定めていってください。そして、もし内容が固まったら、その試行錯誤過程に付き合ってくれた人たちへの感謝も、文章の中で伝えてください。

難しいかもしれませんが、あなたの「意思」を確認する準備を怠りなくしていただくことが重要です。あなたは、あなたのいのちの主人公なのですから……。

第4章

死

葬儀は変化している

葬儀の生前準備
その手順

葬儀の流れと死後のあれこれ

エッセイ

理想の最期　お葬式は誰のもの

二〇一〇年二月二八日、冷たいみぞれが降る中、Kさん（八四歳）のお別れ会が私の寺（神宮寺）で行われた。Kさんは、この地域では、よく知られた画家で、碧《あお》を基調とした油彩作品のファンは多かった。一年ほど前、自宅アトリエでデッサン展が開かれたが、難病だったKさんはベッドに寝たままで、展覧会に来た人々を迎えた。そしてその傍らには、六〇年間連れ添った妻のNさんがいた。

二月二二日の真夜中、Kさんの様態が悪くなったと電話があった。K家は神宮寺の檀家ではない。菩提寺でもないのにKさん夫妻は「死んだときはお願いね」と、常々私に言っていた。「もし何かあったら真夜中でもかまわないから電話をください」と私は答えていた。

二三日早朝、Kさんは自宅アトリエで静かに息を引き取った。電話を受けた私は、すぐにKさん宅に伺い枕経をつとめた。Nさんは「Kが目を落とした瞬間、東雲《しののめ》の空が鮮やかに染まっていたのよ」と、穏やかな死に顔を見ながら静かに言った。そこには、Kさんの闘病に一三年間寄り添ったNさんの「やり切った」という感慨が含まれていた。

枕経の後、葬儀の打ち合わせが行われた。喪主のNさん、親戚数名、そして深く付き合った近所の人々が集まったが、そこに葬儀社はいなかった。私は冒頭、喪主であるNさんに改めて聞いた。「Kさんは生前、『こんなお別れにしたい』とおっしゃっていましたよね」と。もしも故人が生前、お別れの方法を「このようにしてほしい」という意思を残していた場合、私はそれを最優先して葬儀を組み立てる。残されていない場合は、一番身近な人々に「故人だったらどのようなお別れを望んだのでしょうか」と聞き、それに沿って

神宮寺住職・ライフデザインセンター理事
高橋卓志

遺族と一緒に考えながら葬儀を作っていく。

Nさんはじめ、故人の生涯をよく知る人々と一緒に、Kさんの意思に従っての葬儀の組み立てが始まった。葬儀社がいないことで、最初は皆、戸惑っていた。しかし、この葬儀は誰のものであり、何のためのものであるか、ということがわかってきたとき、「Kさんらしいお別れ」という言葉が自然に皆の口をついて出てきた。そして、「Kさんらしい」お別れのため、知恵を出し合い、葬儀のアイデアは膨らんでいった。そこには規格、決められた流れ、「こうしなければならない」という押しつけなど、何もなかった。一番近くにいたNさんを中心として、Kさんの人生を反映する「Kさんらしいお別れ」を作ろうと、全員が動き始めたのである。

葬儀は仏式の家族葬として自宅アトリエで行う。Kさんのとびっきりすてきな死に顔を多くの縁ある人々に見てもらうために、死後三日間火葬を待つ。家族葬後、改めてお別れ会を行う。お別れ会は「一日だけの個展」と名付け、Kさんの作品に囲まれた中で個展のように行う。食事は、Kさんが好きだったものを中心に、できるだけ自分たちで作り、会葬をしてくださった人々に食べてもらう。お香典に対して、Kさんの自筆デッサン（額入り）、そしてKさんが好んだコーヒーとお菓子を全員にお返しする。行政手続きから葬儀の準備、お別れ会など、運営はできる限り自分たちでやる……全員がKさんらしいお別れのシナリオ作りに熱中していった。

そして、二月二六日、Kさんが大好きだったアトリエで、家族や親しかった人々による家族葬が行われ、その二日後、一五〇人以上の人々が「一日だけの個展」の会場（神宮寺）にお別れのために姿を見せてくれたのだった。

「葬儀社」と「遺族」と「寺」

葬儀を、単なる「消化セレモニー」として割り切るなら、葬儀社に丸投げすればいい。しかし、葬儀が故人の人生や生き方を、遺族や関係者の心に残す場として、また、故人への真摯《しんし》な別れと悼みを表現する場としてあるのなら、現行のように定番化はしないし、均一化もしないはずだ。備え付けの祭壇、進行方法、香典返しの内容、そして慇懃《いんぎん》ではあるが、なぜか心に響かない葬儀社スタッフの言葉使いなどが、定番・均一化のいい例だ。人の人生は、一人ひとり異なる。それが別れの場面にだけ定番化することの方がおかしい。将来の葬儀にかかわるひとつの特徴が、「（その人）らしさ」の表現であり、それができるか否かによって、葬儀の形が変わってくる。「らしさ」の表現が可能となったとき、つまり「個性化」が葬儀の世界で市民権を得たとき、別れの在り方は確実に、劇的に変わると思う。そして、その兆候もすでに見え始めている。

では、「らしさ」を獲得していくためには何が必要なのだろう。

先日、私は、低迷が続く仏教界の現状を憂い、苦悩しながらも意欲的に変革を模索する若手の坊さんたちの会に参加した。グループ討議で、私は参加者にこう聞いた。「葬儀屋さんに頼らない葬儀をやっている方はいますか?」。皆キョトンとしている。続けて、「たとえば、どなたかが亡くなったとき、最初に枕元に伺うのは、葬儀屋さんですか? 坊さんであるあなたですか?」。続けて「火葬場の電話番号はご存じですか?」「柩《ひつぎ》や葬具、食事の手配をしたことはありますか?……」と。誰もが首を横に振った。どの坊さんも、これらは自分の仕事ではないと思い込んでいる。しかし、こういったことが、遺族と坊さんとの間をつなぐ大切な寺の仕事であり、それらひとつひとつに坊さんが丁寧にかかわってこそ、その人らしい葬儀が実現するはずなのだ。これについては「葬儀社の仕事を坊さんがやっている」と批判されるかもしれない。しかし、菩提寺と檀家間の縁の深さ、あるいは地域における故人との付き合いなどがある坊さんの視点は、葬儀社とは明らかに異なる。だから、故人の生涯を知る場合も多い坊さんは、その人らしさを表現できる葬儀への筋道を、遺族とともに描けるはずなのだ。また、現在、葬儀社の独壇場にある葬儀費用のチェックができ、葬儀の無駄を省くことも可能だ。

遺族と寺が、一人の死を共通の悼みとしてとらえ、その死の周辺に両者がかかわることができたとき「その人らしい」葬儀は可能になる。そして寺は必要とされ、同時に葬儀は変わっていく。しかし、寺の現状は、そこに踏み込むことはせず、ほとんどを葬儀社にゆだねている。現行の坊さんの仕事は、通夜、葬儀のプログラムの中で、葬儀社によって決められた時間だけお経を誦《よ》む、という一点に絞られる。それ以外は坊さんの仕事ではない、と社会も喪家も葬儀社も坊さんたちまでもが思い込んでいるのだ。

本来、死の周辺に、濃密にかかわることができるはずの坊さんが、自らその重要な機会を逃し、本務を放棄しているのである。別の言葉で言えば、死者との距離が遠いのだ。そこに葬儀が定番化し、新しいアイデアが生まれてこない大きな原因がある。目前の柩の中にいる死者との深い関係性が築けない中で、死者との距離を詰められないまま葬儀の多くは進行している。現行の葬儀なら、関係性を持つ努力をしなくても何の問題もなく進行できる。つまり、葬儀社や坊さんは死者との、あるいは遺族との「共苦」が欠如していても、葬儀をつとめることができるということだ。

死者の見送り方

福島県南相馬市、鹿島中学校の避難所で一人の男性に声をかけられた。「高橋さんはお坊さんですよね……お願いがあるんだけど……」と。五〇代のEさんは「じつは、親父の火葬ができなかったのが気になって、ずっと眠れなかった。でも明日、火葬が決まったので、見送りのお経を誦んでほしい」と少しほほ笑みながら言った。二〇一一年三月一一日の大震災後の津波から二週間たったある日のことだった。Eさんの父親は八三歳。自動車運転中に津波にあい、三日後遺体が発見され、近くの高校の体育館に安置されていた。一〇〇体を超える遺体の安置所は、私が南相馬にいる間、毎朝お経を誦んでいた場所だ。

翌朝、Eさんは一人でやってきた。出棺に立ち会う家族はいなかった。私は柩の前で読経した。宗教儀式らしい「しつらえ」は何もなく、お経だけが体育館に響いた。汚れた作務衣に略式の衣《ころも》をまとった私と、Eさんだけのお葬式だった。

お経の後、警備をしていた二〇名ほどの警察官が集まり、柩に手を合わせ、深く頭を下げた。そして、霊柩車代わりのライトバンまで慎重に、丁寧に柩を運んでくれた。Eさんは、助手席に乗り込んだ。手には位牌も遺影も何もなかった。

縁のある人々も会葬者もいない。宗教儀式らしい色とりどりの衣をまとった坊さんもいない。祭壇や生花や灯明など、葬儀に必要だとされている品々もまったくない。弔辞によって、その人の一生が偲《しの》ばれることもない。これが被災地のお葬式だった。

「儀式もなく、戒名もない。こんなのはお葬式ではない」と言う坊さんたちがいる。「豪華でなくとも、せめて普通のお葬式で送ってやりたい」と思う遺族もいる。いままでの葬儀の在り方を考えれば、そういう考えに至らざるを得ない。しかし、私は驚き、そして感動した。それは警察官たちが見せた死者の見送り方だった。全員の警察官が、Eさんの父親の遺体を乗せた車の両側に整列し、敬礼して見送ってくれたのだ。津波発生直後から、生存者の救出、遺体の捜索・検視・収容という厳しい死の現実を見ながら、苛酷な環境で仕事を続けてきた彼らだからこそ、その人の死の瞬間の無念さや恐怖を思うことができる。彼らと死者の距離は近い。だから「共苦」の世界がそこに生まれる。そのことが、死者に対する向き合い方、礼のつくし方に顕れていた。その姿はとても美しく、気高かった。

Eさんの見送りは、現行葬儀の認識や概念を覆した。いま、多くの葬儀業者や坊さんたちが何の疑問も持たず執行している葬儀の対極にあるものだったからだ。震災が起こる前、騒々しく議論していた「葬式は、要らない」「葬式は、必要」など、被災地では砕け散り、議論の生じる余地もなかった。

生老病そして死

仏教は「縁起」を説く。これは、言いかえれば相互の関連性を明らかにすることでもある。葬儀についていえば、「死後のセレモニー」という切り取られた形ではなく、生前からの関連性に基づいた流れ、つまり、生・老・病というプロセスを経たうえで、葬儀に行きつくと考えなければならない。

しかし近親者の死は、たとえ覚悟していても動揺する。その動揺の中で行われる葬儀では、いままで聞いたこともなく、経験したこともない言葉や慣わしが目の前に現れる。そして、葬儀を無事行うために必要な、いくつもの事項を瞬時に決めなければならない。これは喪家にとっては難問だ。そこに葬儀社という専門家が登場することになる。この流れは、いま、人々の意識に深く刷り込まれている。

大方の場合、そこが始点となり、行きつく先は、モデル化された別れの儀式になる。そして、そのことにほとんど疑問を差し挟むことなく、この国では、毎日、平均三〇〇〇件近い別れの儀式が執り行われている。しかし、喪家は愛する家族の死という深い悲しみの中で、人任せで執行した葬儀の後、何らかの違和感を持つことが多いという。「ああしたらよかった」といった悔いや失意を持つ場合もある。それは、かえって悲しみを増幅してしまうことになる。

それは、葬儀を人任せにしているからだ。わからないことが多いかもしれないが、事前準備を行い、もしものとき、人任せにせず、自分の意思に従った別れができたとき理想の最期につながる、と私は経験上そう思う。そのためには生きているうちに自分の意思を表明しておく必要がある。生前意思は、死を自分の手元から遠ざけるのではなく、「死すべき私」という認識を常に持ち、死を起点として、いま、生きている私を透視するという意識から語られるものだ。そして、その意思を実現するためには、何が必要なのかを学び、準備することが必要となってくる。

一人ひとりの人生は、その人の主体性に基づき、その人らしく生きることができる。ならば、その人らしい別れも可能なはずだ。そこから、悲しくはあるが「いい葬儀だった」「故人の意思により見送れた」「その人らしく見送れた」といった、見送る側の納得と達成感が生まれる葬儀が可能になる。

それができたとき、葬儀が持つひとつの重要な機能であるグリーフワーク（悲しみをいやす作業）が起動する。納得や達成感は悲しみの増幅を食い止めるものであり、納得の葬儀は、それ自体が、残された人へのグリーフケアになるということなのだ。葬儀とは、こうでなければならない、というものではない。生前の生き方や姿が、会葬者の心の中に刻みこまれる努力や工夫がなされ、もっと自由に行われてもいい、と思う。葬儀社や寺は、これを支援する意識と役割を担うことこそが重要だと思う。

Kさんのお別れ会は、トマゾ・アルビノーニの「アダージョ」から始まった。真っ暗な会場のステージに三枚の絵がスポットを浴び始めた。碧を基調にしたKさんの代表作だ。光量が増すに従って、鮮やかになる「碧」に参加者は息をのんだ。ここはお別れ会会場だ、ということを忘れるかのような光景だった。一〇分間の「アダージョ」の間、スクリーンにはKさんの生前の姿や、作品が次々映し出された。花に囲まれ中央に置かれた位牌には「東雲院碧潭彩光居士」という戒名が浮き立っていた。

すてきな「たった一日の個展」だった。普段着で集まった一五〇名の参加者（会葬者）は、Kさんが好んだワインを手に、Nさんが夜遅くまでかけて作った料理を食べながら、思い出話に花を咲かせた。この光景や、会話の内容は、画一的な葬儀には絶対登場しないものだ。このような企画と環境があったがゆえに、故人への思いを本心で語ることができ、故人の思い出を、気持ちよく胸に刻むことができたのだと思う。多くの人々が、Kさんのために、Kさんらしいお別れをするために、夢中になって動いた結果が、このような「葬儀のカタチ」となった。

たかはし・たくし

一九四八年長野県生まれ。龍谷大学文学部卒。海清寺専門道場で禅修行の後、九〇年、神宮寺住職。NPO法人ケアタウン浅間温泉代表理事、NPO法人ライフデザインセンター理事、龍谷大学客員教授、東京大学大学院講師。一九九一年から一九九七年の六年間で三六回チェルノブイリに通い、援助活動を行うなど、「四苦（生・老・病・死）のケア」を実践している。著書に『チェルノブイリの子どもたち』（岩波ブックレット）、『寺よ、変われ』（岩波新書）。鎌田實医師との共著『生き方のコツ 死に方の選択』（集英社文庫）ほか。

ガイドライン

「死」の章の使い方

終幕を飾るシナリオ

あなたは自分が旅立つ日（死）のことを考えたことはありますか。死を身近に感じたことはありますか。そのとき、どんな気持ちになりましたか。日本の年間死亡者数は、一九九〇年に八二万人だったのが、二〇一五年は一二九万人、そしてピークとなるのは二〇三六年で、一七〇万人を超えるといわれています。そして将来、あなたは確実にそのうちの一人となります。

人の生涯のうちでもっとも困難なことは、自分の死を受け入れることであるといわれます。いままで見てきた生・老・病という、いのちの流れは、最後は死にいきつきます。死はいのちを持つすべてのものにとって、避けられない困難な現実です。日本はいま高齢社会を迎えています。そこでは死をめぐる情報が飛びかい、死はかなり社会化されてきたかのように思われていますが、肝心なところではいまだにタブーとされ、安易に口にすることがはばかられます。その理由は自分自身が冷静に死と向き合えず、できれば死から逃げたいと思ってしまうからではないでしょうか。

また、いままで長い時間をかけてさまざまな宗教がつくりあげてきた「死後の希望」についても、近代の科学はそれを打ち砕いています。死は各種の痛み、別れの苦しみや悲しみ、そして未知の世界への恐怖や不安をともなってやってきます。それは自分自身の死に関してだけでなく、身内や知人などの死に直面してもあらわれる感情です。「死は個人がひとりで対面しなければならない困難な問題」（藤原新也さん）なのです。では将来、必ず目の前にあらわれ、経験することになる死をあなたはどのように捉え、どのようにそれに対処するのでしょうか。そもそも対処する必要は、対処する術《すべ》はあるのでしょうか。

この章の内容と使い方

この「死」の章では、あなた自身の死の捉え方、死への対処の方法などを、別れのあり方（葬儀）を軸として考えてみようと思います。近年の葬儀の種類について、生前準備や諸費用、実際の葬儀の流れなどについて、事前に知っておくべき情報を整理してありますので、こちらも**必要な項目から読みはじめてください。**

葬儀の多様化

372ページ

葬儀は
変化している

最初に近年の**「葬儀の多様化」**についてご説明します。家族のかたちが多様化するにしたがって、葬儀の形態や種類も数多くなってきています。また、最近では葬儀は縮小化・簡略化する傾向にあり、家族葬や直葬、宗教によらない「お別れ会」なども増えてきました。自分自身の葬儀をどう考えていったらいいのか、ここではそうした葬儀の考え方についてもご紹介します。

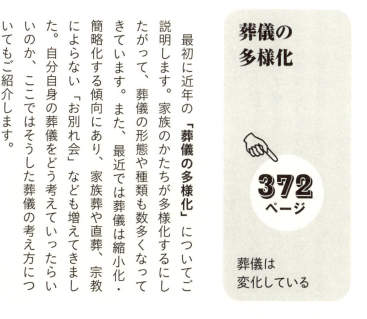

葬儀の生前準備

381ページ

葬儀の生前準備
その手順

さらに一歩進んで、自分の**「葬儀の生前準備」**をおこなってみることをおすすめします。これまでの葬儀では伝統や慣習の力が強かったため、葬儀は画一化しがちで、費用も高くなる傾向にありました。葬儀の生前準備をすることで、事前にあなたが本当に必要とするサービスと必要でないサービスをより分けることができ、費用の削減にもつながります。また、自分の判断力が十分にある時期に、残されることになるご家族やパートナーとも相談しながら生前準備をしておけば、自分らしい葬儀をつくりあげることもできるでしょう。

葬儀の流れと死後にご遺族がおこなう手続き

396ページ

葬儀の流れと
死後のあれこれ

最後に、実際の**「葬儀の流れと死後にご遺族がおこなう手続き」**についてご説明します。これらはあなたが亡くなった時点からはじまりますが、あなたはすでに亡くなっているため自分の葬儀にはかかわれません。事前に葬儀までの流れや、その後の手続きなどについてご家族やパートナーと知識を共有しておけば、あなたが亡くなったあとに余分な混乱を招かずにすみます。また、死後のお住まいであるお墓はどうしたらいいのか、ということについても事前に考えておくとよいでしょう。

さて、それでは、どうぞページをめくって
必要な項目にお進みください。

1 葬儀は変化している

究極のけじめ
どんな別れを？

死はそれに付随する面倒な手続きを必要とします。わたしたちは簡単に死ぬことはできません。なぜなら、人の一生は、無限とも思われる（自分でないものとの）関連性で支えられているからです。宇宙規模、地球規模の関連からはじまり、身近な人々やものとの間で、豊富で複雑な関係性・関連性が築かれています。

しかし、死はその関連性を断ち切ります。切り捨てることができるものばかりならいいのですが、そこにはご家族やパートナーが継承していかなければならないものや、きちんと処理しなければならないものがたくさんあります。それらに対して、これまでの生・老・病の章では、ご自身の旅立ちの準備について考えていただきました。

死の章についても同様です。別れ、継承、死後処理などは、まさに旅立ちの問題であり、究極の「けじめ」だと考えられます。それらが、セレモニーとなって「葬儀」を生み、形式化されて

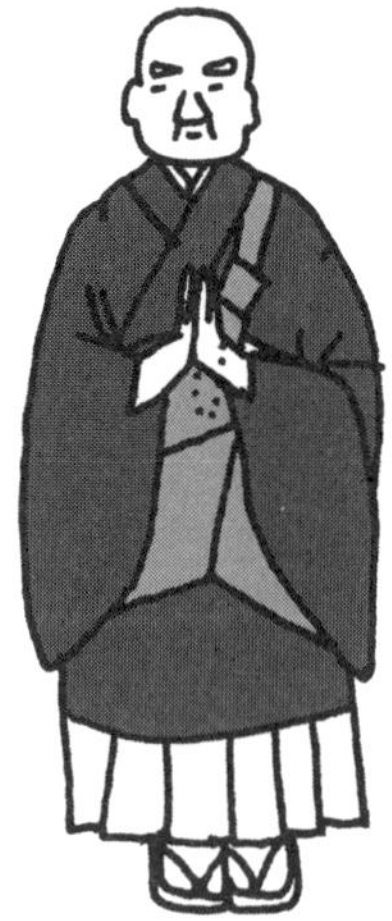

きたのです。そして**葬儀は、誕生、結婚とともに重要な人生の節目としてとらえられてきました**。ここではあなたの人生の旅立ちを飾る別れの儀式である葬儀（葬式）について考えてみたいと思います。

葬式はいらない？
葬儀は変化している

二〇〇九年五月、『寺よ、変われ』（高橋卓志著、岩波新書）が出版され、伝統仏教の内部から、現行の葬儀のあり方への疑問と批判が提起されました。その八ヶ月後、今度は『葬式は、要らない』（島田裕巳著、幻冬舎新書）が出版され、急激に葬式の要・不要論争がまきおこりました。ほぼ同じころ、大手流通企業であるイオンが、自社の会員向けに葬祭サービス「イオンのお葬式」を開始し、現在では、インターネット通販大手のアマゾンがお坊さんの派遣をおこなうサービス「お坊さん便」をはじめています。

これらの動きに共通するのは、**従来の葬儀の費用の肥大化と不透明性への批判**だといえるでしょう。イオンのお葬式やアマゾンのお坊さん便についてはさまざまな議論がありますが、その特徴は、これまでグレーなままで進められていた葬儀の「価格」を可視化したことにあります。こうした流れのなかで、次第に葬儀はだれのためのものか、という葬儀の意味の再考や、その人らしい別れの方法の模索など、葬儀の多様化がはじまっています。わたしたちは**葬儀に関する**

価値観の転換期に立っています。

かつて地域の共同体が力を持っていたころは、そのなかでお互いに助け合うシステムが働き、地域社会での「死の共有化」のなかで葬儀がおこなわれていました。たとえば、お隣さんが亡くなったときには、地域のみんなで協力して葬儀の手助けをしていました。葬儀は、死者の尊重と禁忌（忌み嫌うこと）を儀礼化することで、地域共同体の結束にも役立ってきました。つまり、ひとりの人間をみんなで見送ることは、残された人々による新しい人間関係を再構築する場にもなっていたのです。しかし近年、過疎化や都市への集中化が進むなかで、地域の共同体は力を失いました。それとともに**葬儀に関する考え方や執行方法も大きく変わってきた**のです。

現在、日本人のおよそ九割が仏教式での葬儀をおこなっています。日本ではかつて多くの家庭が代々のお墓を持ち、先祖供養のためにお寺との関係をつくってきました。それは「檀家システム」という、家とお寺との間の信仰にもとづいた（一種の）契約関係がもとになっており、とくに葬儀の場合にはこの関係が強く働いていたのです。もちろん現在でもこの伝統は続いていますが、最近では、お寺や特定の宗教・宗派にはこだわらない人々、あるいは、そのようなことはそもそも知らないという人々も増えてきています。

これまで、葬儀は「人生最後のセレモニーだから」とか、「世間的に恥ずかしいことはできないから」という見栄や外聞で費用が肥大化する傾向がありました。また、自宅での葬儀ではなく葬儀社などの葬儀専用ホールを使用することも**費用の高騰の原因**となっています。それに対して、費用の見直しや簡素化を求める傾向も見られ、実際にそうした葬儀のサービスも出てきています。

近年の葬儀の性質の変化

● 社会儀礼から個人化へ
● 大型化から小型化へ
● (担い手が) 地域共同体から葬儀社へ
● 定番型から独創化・メッセージ性の増大化へ
● 既成宗教に固執しない葬儀へ
● 費用の見直しから簡素化へ

人々は社会の変化にともない「なぜ葬儀をおこなうか、葬儀とはいったいだれのためのものか」ということを真剣に考えはじめ、求める葬儀のかたちは変わってきていると思われます。**「葬儀はだれのため?」という問いには、「自分自身のため」と「残される家族のため」という答えが圧倒的に多い**ことも注目しなければなりません。かつて葬儀は社会的なセレモニーとしての性格が強く、人生の終わりを確認することと宗教的な別れの意味をともに担っていました。それが最近の葬儀では性格を変えて、自分自身の存在表明と、残された者へのグリーフワーク(悲嘆のケア)として動きはじめたといえるでしょう。

そしてそれは次のような具体的な傾向となってあらわれています。

近年の葬儀に対する人々の考え方の傾向

- 「葬儀をしない」と宣言する人の増加
- 定番化した現行の葬儀から脱して、個性的な葬儀を考える人の増加
- 宗教的セレモニーによらない「お別れ会」を望む人の増加
- 家族や近親の人だけを対象にした「家族葬」や「直葬」の増加

これらのことから、明らかに葬儀のあり方の変化が見てとれます。

家族葬・直葬
安い、早い、宗教はいらない

このような傾向を反映して、**近年、多くなってきたのが「家族葬」です**。その背景には死者の高齢化があります。高齢まで生きると知人も関係者もすでに亡くなっていることも多いため、葬儀への出席者は減少する傾向にあるからです。また、バブル期に多かった「社葬」（会社の仕切りでおこなう葬儀）も、経済が冷え込んだ関係で、大幅に減少してきました。これらのことが葬儀を見直すきっかけになり、ご家族やごく親しい人々だけが見送る家族葬が増えてきたのです。**家族葬では、死者と向き合う時間が増え、家族の絆がより強くなる傾向が指摘されていま**

す。家族の絆は喪失感を薄め、残された人々の立ち直りを早めることも知られています。

それに加えて、**「直葬」と呼ばれる葬儀方法**も多くなってきました。直葬は、死亡後、病院や自宅から直接火葬場にご遺体を運び、ご遺族が簡単なお別れをしたあと、火葬するという方法です。宗教的儀式を最小限にする、あるいは含めない場合も多く、火葬後、納骨や散骨をして終わるというケースも増えています。

費用も柩代《ひつぎ》、搬送・霊柩車代、火葬料程度ですむので安くすみます。東京都内では現在、葬儀総数のおよそ二～三割が直葬であるといわれています。こうした簡略化のバリエーションは、通夜をやらずに一日だけの葬儀ですませる**「一日葬」**や直葬と同じような**「火葬式」**などが広がっています。

このように、**いま、葬儀は明らかに多様化しはじめています**。そして、こうした状況の変化は、**自分の生き方、自分なりのこだわりを、葬儀にあらわしていくこともできるようになった**ということを意味しています。そのためには、しっかりした意思の表明と、葬儀に関しての知識を持ち、生前準備をすることが必要になってきます。

お別れ会
宗教によらない葬儀

最近では、**宗教を持たないから葬儀をしない、あるいは宗教がかかわる葬儀をしたくない、**

と考える人もいます。この傾向が、**「お別れ会」という形式**を生んでいます。宗教的な儀式を入れずに、ご家族や友人、仲間たちによるコンサート（献奏）や食事会などで故人とお別れをするというものです。

お別れ会は新しい葬儀のかたちとして認知されはじめましたが、まだ一般的ではありません。一般の人々は、死亡告知があればすぐに葬儀をおこなうものと考えてしまいます。したがって**葬儀をおこなわずお別れ会にする場合は、出席者にその旨をしっかり伝えておくことが大事です。**また、葬儀をおこなわない場合は、生前お世話になった人々が日時を決めず次々と弔問に訪れる可能性があるので、事前にお別れ会の日程をお知らせして、そのときに集まってもらうようお願いするなど、対応も考えておきましょう。

無駄を省きながら、お別れに集う人々が、心をひとつにして、あなたらしい旅立ちを見送ってくれる。そんなあなたの旅立ちにするため、生前に真正面から自分の死や葬儀に向き合い、しっかりと考えておくことが大切です。

生前準備
縁起でもない？

「旅立ちのため、生前準備をしておきましょう」などとはいっても、実際にはなかなかできないものです。旅立ちの日（葬儀）のことを事前に考えることは「縁起が悪い」と思ってしまうこと、そして生前準備をしていても、自分は死んでしまうのだから、ご遺族がそのとおりに実行してくれる保証がないということ、また葬儀は社会的な儀礼なのだから、それにしたがえばいい、という考えがまだまだ根強いということ……これらが生前準備をしない大きな理由のようです。しかし**旅立ちの生前準備には大きな利点がある**ことをご存知でしょうか？

まず、**生前準備がされていると、ご遺族が深い悲しみのなかで、むずかしい選択をしなければならない場面が少なくなります**。葬儀は極めて短期間に多くのことを決定しなければならないものですが、あなた自身が「こうしてほしい」という意思を残しておけば、ご遺族の「決定」に関する負担はかなり減っていきます。

そのためには、あなたがまだ適切な判断力を持っているときに、ご家族に話し、相談して決めておくことが大切です。なぜなら、たとえ生前準備をした書類をつくっておいたとしても、もしご家族がその保管場所を知らなかったり、あなたの考えを理解していなければ、自分たちの都合だけで葬儀がおこなわれてしまうことにもなりかねないからです。このような場合、生前意思は実現できなくなります。

次に、**生前準備をしておくと葬儀にかかわる経費の軽減が可能です**。事前におこないたい葬儀の概要をつくり、費用の見積もりを出してみるのです。「まだ自分は生きているのに、見積もりなんてできるのだろうか？」と思われるかもしれませんが、**一度葬儀社に生前見積もりを依頼**してみましょう。現行の葬儀には無駄な部分があることは事実ですから、生前準備をすれば、葬儀の見積書を見ながらあなた自身が細かく点検し、無駄を取り除くことができます。見積もりを複数の葬儀専門業者に依頼すれば、費用とサービスの質を比較することもできます。このように生前準備は葬儀の金銭的な負担軽減にも効果が大きいといえます。

生前準備は「こうしてほしい！」というご自身の意思をどう実現するか、ということをもとにして進みます。しかし、その意思はともすれば「ひとりよがり」になってしまう可能性もあるので注意してください。しかし、葬儀を実際におこなうのは、あなた自身ではなく残された周囲の人々です。**「ひとりよがり」になるのではなく、あくまで「可能な範囲で」お別れのセレモニーを考える**といったスタンスが必要です。

そのためには、事前相談が有効です。事前相談の相手は、ご家族、葬儀社、お寺のお坊さん（仏教式の場合）、あるいは所属教会の牧師・神父さん（キリスト教式の場合）、神社の神主さん（神道式の場合）たちです。ご家族にはあなたの意思を伝え、葬儀社にはその意思が可能になる方法を相談し、お寺や教会、神社には、生き方や自分史を伝えるとともに、自分の意思の実現のための理解を深めてもらう、ということです。**事前相談がある場合とない場合では、対応や費用にも大きな違いが出てきます**。これも大切な生前準備といえるでしょう。

このような利点を考えながら、次節では生前準備の基礎になる項目を考えてみましょう。

2 葬儀の生前準備　その手順

自分の葬儀をつくる
葬儀の生前準備

現行の葬儀は基本的にはセレモニーです。通常はセレモニーには、それなりのプロデューサー（製作者）とディレクター（演出家）がいて、式の流れがかたちづくられるものですが、最近はそれを葬儀社が全面的に引き受けています。しかしここでは、**あなた自身がプロデューサーとなり、ディレクターとなって、いくつかの選択肢のなかから葬儀をつくりあげていく**ことを試みましょう。そのために、選択の対象となる項目を挙げておきました。

たとえば、あなたが亡くなった時点からはじまり、葬儀の規模（直葬・家族葬・一般葬・だれに参列してもらいたいか）、喪主はだれか、どんな葬儀社に依頼するか、祭壇や遺影はどんなものを選ぶか、宗教者は、戒名は、柩は、料理は、お花は、返礼品（香典返し）は、そして葬儀費用はいくらかかりそうか、などなど。これらをもとにして、いよいよあなたの葬儀づくりがスタートします。

選ぶ①

喪主、葬儀社、規模

〈喪主（葬儀委員長）〉

喪主とは葬儀の主催者のことをいい、**葬儀の実質的な責任者**となる人です。

亡くなったのが妻の場合は夫、夫の場合は妻、あるいは長男などが喪主となる場合が多いのですが、近年はそれにこだわらず、友人代表が葬儀委員長をつとめたり、友人みんなが喪主的な役割をするということもあります。

自分の葬儀の形態を考え、あらかじめ責任者を選んでおきましょう。「わたしのときはお願いします」とその方に伝えておくことも大切です。

〈葬儀社〉

あなたの死亡後は残された人々に複雑で多岐にわたる仕事が待ちかまえています。

その内容は、遺体搬送からはじまって、枕飾りの準備、ドライアイスの手配、役所などの手続き、会場づくり（祭壇・遺影・生花・供物など）、料理の手配（通夜振る舞い・精進落としなど）、返礼品（香典返し）などの準備や手配、そして葬儀当日は葬儀の進行から会葬者の接待、火葬から精進落としの準備などが考えられます。

さきにもご説明したように、最近、これらは葬儀社が総合的に引き受けるようになっています。また葬儀社は斎場（ホール）を持っている場合も多く、納棺・通夜から葬儀が終了するまで、一ヶ所ですべてができるようになっている場合もあります。

このように機能的で多様な対応ができる葬儀社の存在は、葬儀をする人にとっては便利でありがたいものです。しかし、**便利さには必ず経費がともないます**から、生前準備として信頼できる葬儀社を選び、しっかり打ち合わせをおこない、できれば見積もりをとり、とったあと、再度、説明や打ち合わせをしたほうがよいでしょう。そして、葬儀社に依頼すること、あなたが希望し、生前準備として用意すること、葬儀社に頼まなくてもご遺族でもできることなど、打ち合わせ事項をノートに書きとめておくことも大切です。

〈規模〉

あなたはどのような規模の葬儀を考えていますか？　「家族やごく親しい人だけでひっそりと」「世間並みに」「大勢に来てもらってにぎやかに」など、**ご自身の意思をもとに葬儀の規模を考えてみましょう**。

葬儀は社会的儀礼としての意味もあるため義理がからみます。したがって、本当にお別れしたい人ばかりでなく、親戚や隣近所の人々、仕事関係者、あるいは生前一度も会ったことのない人も弔問に訪れる可能性もあります。

儀礼を重視している人はそれでかまわないのでしょうが、本当に心のこもったお別れを重視したい場合には、きちんとした生前準備が必要になってきます。**生前準備で名簿などの整理をしておく**と、残されたご家族の困惑は少なくなります。葬儀の連絡をしてほしい人を、あなた自身で選んでおく、ということです。そのために名簿づくりは重要です。そしてその名簿は、ご家族のだれが管理し、葬儀の通知の際に使うのか、ということを共有しておくといいでしょう。

選ぶ② 通夜、葬儀

〈会場〉

会場にはご自宅、お寺、関連ある宗教施設（教会など）、公民館、葬儀社のホールなどが考えられます。なお、神道式の葬儀（神葬祭）の場合、会場は神社でなく、ご自宅か別の斎場になります。一般に通夜はご自宅、葬儀はお寺や葬儀社のホールというかたちが多いのですが、最近では、利便性もあって、通夜と葬儀がお寺やホールなど同じ会場でおこなわれる場合も増えてきています。生前準備として、人生最後のセレモニーの舞台をどこにするかを個性的に選ぶため、いくつかの会場を下見しておくことをおすすめします。

〈祭壇〉

現在使われている祭壇のほとんどは、葬儀社や行政やお寺の所有する祭壇で、貸し出されているものです。それもほぼ定型のもので、間口の広さや段数で費用が決まります。また祭壇費用は柩、霊柩車など葬儀に必要なものとセットになっていることもあります。どちらにしても費用はかかり、かなり高額な場合もあります。

「葬儀には祭壇がつきもの」と考えている方も多いと思います。しかし、祭壇は本当に必要なのでしょうか？　あるいは定型の豪華な祭壇以外に、どんなものがあるか考えたことはあるでしょうか？　定型の祭壇から離れ、あなたの好みや、見送る側の好みを優先した祭壇があってもいいのではないでしょうか。それは、**葬儀費用の大幅な削減につながる場合もある**ということを、知っておくことが大切です。

多くの場合、祭壇の両側には生花が飾られています。葬儀の際には、祭壇と生花は欠かせないものとなっていて、喪家《そうか》が出すだけではなく、親戚や友人、会社関係からの「供花《くか》」として飾られます。

ここでは、この**供花と祭壇とを組み合わせた「供花含み生花祭壇」**に注目してみます。一般の葬儀では、祭壇のまわりに供花者の名札がついた生花が飾られますが、供花含み生花祭壇は、花によってつくられた祭壇です。喪家、親戚、友人、会社関係者たちが「供花料（お花代）」としてお金を出し合い、一緒に祭壇をつくりあげます。供花者の名前は、祭壇のまわりに掲示することになります。

花によってできあがった祭壇なので、従来の「段飾り祭壇」を必要とはしません。したがって祭壇費用は軽減できることになります。このような祭壇はまだ葬儀社ではなかなか取り扱ってもらえませんが、工夫する価値は大いにあると思います。

〈遺影〉

一番好きな自分の写真を、生前準備で選んでおきましょう。祭壇におかれたその写真を、参列者はあなたを偲《しの》びながら見つめるのですから。

ポートレートサイズで結構です。写真屋さんや葬儀社に依頼すると、祭壇中央に飾ることのできるサイズに仕上げてくれます。そのときまで大切に保管し、保管場所がご家族にもわかるようにしておいてください。最近は、祭壇に飾る遺影だけでなく、故人がこの世に生きた姿を、会葬者にスライドショーなどで見てもらう場合も多くなっています。生前の姿を親しかった人々の心に残すことができる方法です。

〈生花・供物〉

祭壇に、生前、あなたが好きだったたくさんの花が飾られていたなら、きっと満足できることでしょう。参列者は、その花をあなたと重ね合わせ、感動の見送りが実現すると思います。

一方、嫌いな花が供えられたら、悲しいですね。花は個人の趣味や好き嫌いが強いものです。

ですから、生前準備として、**自分がどんな花が好きなのかを知らせておく**と希望が叶えられると思います。

また、おまんじゅうや果物などを供物とする習慣の地域もあります。これも生花と同じように親戚や知人などが供えるものです。あなたが好きだったもので「これだけは祭壇に供えてほしい」というわがままを残しておくのもいいでしょう。

選ぶ③ 柩、死に装束、骨壺

〈柩〉

柩についてはいままであまり神経を使っていなかったというのが一般的な感覚です。多くの場合、柩は葬儀社のパッケージのなかに入っていたり、葬儀社から提示されたものからの選択になるからです。しかし考えてみると、柩はあなたの身体が最後に入る場所です。それならば、事前に気に入った柩を選んでおくのもいいかもしれません。生前準備として、**洋服やアクセサリーを選ぶという感覚で、柩を選んでみてはいかがでしょうか**。

いま、柩は、木製のオーソドックスなものだけでなく、いろんなかたちや素材でつくられたものが出てきました。当然価格もまちまちです。葬儀社、行政関係のほかに、環境関係のＮＰＯが自然素材や間伐材などを使って製作・販売しているものもあります。「自然に帰る旅」に使える柩といえるかもしれません。柩の情報はインターネットなどからも得ることができます。

死に装束・死に化粧

あなたは柩のなかにどんな服装で入りますか？　主に仏教系統の習慣として使われている死に装束は、手っ甲、脚絆《きゃはん》、足袋にわらじ、笠に杖というものです。故人がこの世から浄土（彼岸）に向かって旅をする、という設定から、このような昔ながらの旅装束が使われてきました。しかし最近は習慣にこだわらない死に装束を選ぶ人が増え、普段の服装や、自分がもっとも気に入っていた着物、あるいは結婚式のときに着ることができなかったウェディングドレスなどを用意する場合もあり、死に装束（旅立ち衣裳）のファッションショーまで開かれています。

生前準備として**あなたが着たい死に装束を選び**、それらをひとまとめにして保管しておき、死後着替えさせてもらうこともできます。もちろん保管場所は、ご家族がわかる場所でなければなりません。

また、死に装束だけでなく、**エンゼルメイクとかエンバーミングといわれる死に化粧**をする人も増えてきました。死に化粧は、たとえば、長く病床にあって、お化粧もできなかった方に、少しでもつややかな生前のお顔に戻ってもらうためにおこなわれるものです。美しいお顔のままでお見送りをすることでご遺族は癒やされるといいます。

死後の湯灌《ゆかん》（亡くなった身体を清める入浴）についても、葬儀社関連の専門業者がいる場合もありますので、死に化粧を含めて、これらのことも考えておいてください。とくに女性の場合は、ご自分が愛用している化粧品などの準備をしておくことも大切です。

〈柩に入れてほしいもの〉

愛煙家で甘いものが大好きなKさんが亡くなりました。肺がんでしかも糖尿病もあったため、煙草は吸えず、甘いものは避けていました。奥さまは、Kさんの柩のなかに「もうたっぷり煙草が吸えるからね」とワンカートンの煙草を、そして「甘いものもいっぱい食べてね」とお菓子を入れて涙ぐみました。そして子どもたちは、Kさんが大切にしていた筆や絵の具、木彫品や本などを入れてあげました。

生前愛用したものを身近において旅立つことで、安らぎが生まれるかもしれません。残されたご家族にとっては、柩のなかにあなたのゆかりのものを入れてあげることで、あなたを見送ることについて納得ができ、癒やされることでしょう。

あなたが大切にしていたもので、死後も手元におきたいと思っているもの、ご家族が入れてあげたいと思うもの、そして燃えるもの。この条件が揃ったものが、柩のなかに入ります。

生前準備として、あなたが入れてほしいもののリストを書きだしておくのもいいでしょう。場合によっては、入れてほしくないものが入れられる可能性もあります。これだけはダメ、というものも書いておくといいと思います。

〈骨壺〉

作家・故水上勉さんは、晩年に長野県東御市の勘六山《かんろくやま》で骨壺をつくっていました。水上さんは骨壺をつくる思いを次のようにあらわしています。

「私の骨壺は、生きる日々のよろこびの所産であって、決して自分が入りたいと願う壺ではない。私だって死亡すればどんな壺に入れられるかわかったものではない。あの味けない葬祭業者のもってくるチャチな壺に入ってしまうかもしれない。けれど、生きているうちは、断固として、あんな痰壺のようなところに入りたくないと願って、足もとの土をかためて悲願の骨壺つくりをあそぶのである。これがじつに楽しいのである。つくっているうちに、入るのがいやになるほど骨壺つくりはたのしい。人は死ぬまでに砂糖か梅干かアイスを入れて楽しむらしいが、私は何も入れずに眺めくらしている……」

人生はいっぱいに生きてもせいぜい一〇〇年が限度です。あなたが骨になったとき骨壺に入りますが、骨壺のなかにいる時間のほうが長い場合も多々あります。それなら、生前準備として、水上さんのように、**できるだけ居心地のいい骨壺をつくったり、選んだりしておいてもいいのではないでしょうか**。

好きな陶芸家の壺でも、ショーウインドウで見かけて気に入った壺でもなんでもいいのです。安心して入れそうなあなたの好みの壺を探すことが大切です。

選ぶ④
料理

〈通夜振る舞い〉

通夜の際、参列者に出す料理を「通夜振る舞い」といいます。通夜では、亡き人と最後の食事をすることが供養につながる、と言い伝えられている地域もあります。

かつての通夜振る舞いは地域の人々が総出でつくったものでしたが、現在では仕出屋さんや葬儀社によって用意される場合が多くなっています。

しかし、あなたが好きだった料理を通夜に来てくださった親しい方々に出すことは不可能ではありません。ご遺族にとっては、少し手間がかかりますが、あなたが好きだった料理を注文し、お酒・ワインなど、好きだった銘柄を揃え、皆さんに飲んでいただきたい、とお願いしておくことは可能です。参列者にあなたが好んだ料理や飲み物をいただいてもらうことによって、あなたを偲ぶことができるのです。生前準備として**参列者に食べてもらいたい通夜振る舞いのメニューをつくって**おけば、その希望は叶えられるかもしれません。

〈精進落とし（お斎《とき》）〉

多くの地域では、葬儀が終わると「精進落とし」と名付けられた料理が出されます。ほとんどの場合、火葬後の「初七日法要」が終わった段階で、料理が出ることになります。

精進落としとは、一種の区切りを意味します。葬儀という悲しみの儀式から、少しでも立ち直り、日常の生活や意識に早く戻りたいという思いが精進落としという食事の場をつくったといわれています。この場では、油揚げ、こんにゃくの煮物、てんぷらなど「精進もの」が続いた葬儀期間を終えて、刺身などが付いた精進落とし料理が出されます。地域によっては、一人ひとりに豪華な「お膳」が付く地域もあります。

亡くなった人との最後の食事をできるだけ豪華に、というのが葬式料理のはじまりといわれていますが、それらのお料理は、食べてみておいしいですか？　おいしければいいのですが、もっと他のお料理が登場してもいいと思いませんか？

オードブルとサンドイッチでパーティー形式のお別れの宴とか、中華料理主体とか……。飲食産業がこれほどまでに発展している現代社会ですから、もっとおいしいものに目を向けてもいいのではないでしょうか。**定番料理にこだわらず、「おいしい」というキーワードで選んでみてはいかがですか**。通夜振る舞いと同様に、あなた自身の精進落としメニューをつくってみましょう。

選ぶ⑤
音楽、弔辞、香典返しなど

〈音楽〉

最近、**音楽を取り入れたお葬式**が増えてきました。

仏教式による葬儀の場合は、お経や回向《えこう》やご詠歌が主になって儀式が進みますから、音楽が入る場面はあまりありませんでした。しかし、そのなかから、わずかですが、参列者の入退場、弔辞奉読、お焼香のときなど、静かなＢＧＭが流れるようにもなってきました。選曲は故人が好きだったもの、というのがほとんどですが、追悼する意味を理解し、場に合った曲を選ぶのがいいと思います。

生前準備として、**あなたが好きなＣＤを用意し、信頼できる人に「わたしのお葬式には、これをかけてね」と渡しておく**のもいいと思います。

〈弔辞〉

あなたの生前を語る弔辞は、参列する方々に、思い出と弔慰、そして感動を与えるものです。

あなたの一生が、弔辞、あるいはお別れの言葉として語られるためには、あなたのことをよく知る人にお願いすることが必要です。それは友人であったり、同級生であったりする場合が多いのですが、最近は、もっとも近い存在である、夫や妻、子どもや孫が、お別れの言葉（弔辞）を述べることが多くなっています。

生前準備として**「わたしの一生を、語ってほしい」と思う方の名前を書きだしておく**ことも大切です。

〈香典返し（返礼品）〉

葬儀には会葬者が香典を持参するのが常識化しています。それに対してお礼の意味をあらわすため、香典返し（返礼）の品を用意するのも普通になっています。

香典返しにはさまざまな種類があります。ビール券、図書券、海苔やお茶などの定番にまじって、最近はメールギフトも多くなりました。また、障がい者の福祉施設などでつくられた製品を香典返しに使う、という方法も最近見られるようになりました。

たとえば、画家の夫を失ったSさんは、夫が残したたくさんのスケッチを額装し、会葬者全員に返礼として渡しました。また、趣味で陶芸をやっていたNさんの葬儀では、Nさんがつくった箸置きや小皿が精進落としに使われ、それが返礼品となって参列者が持ち帰りました。故人を偲ぶものとして感動を生んだ一例です。

一方、いただいた香典に対して、品物をお返しするのではなく、社会福祉関係や海外支援、あるいは災害被災地などに寄付をするという方法が、最近注目されています。この場合は、後日、会葬者にどこに、どのようなかたちで寄付したのかを報告することが必要です。欧米諸国では、このような方法がよくとられます。

俳優の牟田悌三さんの葬儀では、生前、ご自身がかかわっておられたＮＰＯやボランティア組織に香典を寄付されていました。その報告が後日、喪主および寄付の受け手から届きました。牟田さんの人柄が偲ばれる、さわやかで、わかりやすい返礼の仕方でした。これは葬儀を通じた社会貢献といえましょう。

生前準備として、**参列者になにをお返ししたいか**、ということを考えてみてください。

〈あなたが書く「お別れの言葉」〉

葬儀の最後に喪主（あるいは葬儀委員長）が参列者にお礼や挨拶をするのがならわしです。しかし、**あなた自身が「お別れの言葉」や「お礼の言葉」を生前に用意し、それをだれかに読んでもらうか、あるいはテープなどに吹き込んで会場に流す**、ということも可能です。

葬儀の最後にご本人の文章が読まれたり、ご本人の声が流れるということは、会葬者にとっても意外なことでしょう。しかしそれは故人を思い出し、心にとめる大切な演出だと思います。

ここまでは、葬儀の生前準備をするうえで必要な項目についてご説明してきました。次節では葬儀の流れや死後に必要となる事務作業などについてより詳しく見ていきます。

3 葬儀の流れと死後のあれこれ

葬儀の流れ

納得できる葬儀のために

葬儀は頻繁にあるものではありません。ですから、葬儀がどのように進行していくか、ということを詳しく知っている人はそれほど多くはないはずです。これは、これまで葬儀が、専門である葬儀社や経験豊富な地域の長老の手に委ねられ、その指導や指揮のもとでおこなわれてきたからでもあります。このことが、**型にはまった、自由度の少ない葬儀が多い現在の状況**をつくりだしている理由のひとつでもあります。

あなたらしい葬儀をつくりあげていくためには、葬儀に必要な事柄、その内容、運用などについての理解が不可欠です。そして、さまざまな準備をしていくあなたの意欲と、いままでの概念を打ち破る勇気も必要です。そのためには、いままで伝統的に続けられてきた葬儀に対する理解も大切になってきます。なぜなら、やみくもに新しさだけを追っていては、周囲の理解を得られない場合もあるからです。

まずは葬儀の流れを知りましょう。現在、各地方でおこなわれている葬儀の一般的な流れを図式化してみました。地域によって担当や順番は異なりますが、一例として考えてください。

三九八～三九九ページに、**葬儀を仏教式でおこなう場合とキリスト教式でおこなう場合の一般的な流れ**の例をそれぞれ挙げておきます。このチャート図のなかにもお役立ち情報があるので、ご確認してみてください。

葬儀の手順
あなたはかかわれない

葬儀当日、自分の葬儀にあなたはかかわれません。あなたはすでに亡くなっているからです。その代わりに、親族・近親者や葬儀関係者が以下の手順を踏み、葬儀を執りおこないます。その際、事前準備したことや意思をしっかりと反映し、葬儀を執行してくれることを、生前にお願いしておかねばなりません。そのためにはしっかり話し合い、自分の意思を理解してもらうことが大切です。

ここでは、チャート図に沿って、葬儀までの手順をご説明します。

一般的な葬儀の流れ（仏教式の場合）

死亡
近親者への死亡連絡
寺・葬儀社に連絡

自宅
かかりつけ医
→死亡診断書受領

病院
病院担当者→死亡診断書受領
病室の後かたづけ・精算（後日の場合もあり）

搬送
自宅・寺・斎場へ
受け入れ準備／布団・シーツ・枕

搬送方法
・葬儀社に依頼
・行政に依頼（時間制限あり／搬送しない自治体もあり）
・自家用車

安置・枕経
枕飾り（宗派によって異なる）
ドライアイス（葬儀社に依頼）

打ち合わせ
喪主、葬儀委員長、僧侶、葬儀社が入る場合は担当者

1. 喪主あるいは委員長を決定
2. 日程の決定／納棺、通夜、出棺、火葬、葬儀・告別式の日程
3. 場所の決定／寺もしくは葬儀場、自宅など
4. 規模の決定／僧侶の人数、通知範囲、参列者予想、新聞等告知
5. 準備品確認／柩・葬具、生花、供物、遺影、納棺花、式次第印刷、香典返し、会葬礼状、料理
6. 役割・予算を決める

打ち合わせにもとづく準備・手続き
1. 死亡届→市区町村担当課へ
2. 火葬埋葬許可証受領（死亡届提出窓口より受け取る）
3. 許可証を火葬場事務局へ提出
4. 柩・葬具入手（火葬場事務局・葬儀社より）
5. その他の資材の手配

納棺・通夜
1. 読経　2. 納棺・旅支度　3. 献花
4. 通夜振る舞い（喪主挨拶、食事）　5. 通夜

葬儀会場へ移動
位牌・遺影準備、見送りに喪主挨拶
火葬場への車手配

葬儀・告別式
1. 告別式にて最後のお別れ（読経・対面・焼香）
2. 出棺　3. 火葬　4. 待合（昼食・お茶など）　5. 収骨

出棺

火葬

埋葬

《骨葬》
葬儀後に火葬、火葬後に葬儀と、その順序は地域や喪主家の都合によって異なります
火葬後に葬儀をおこなうことを「骨葬」といい、たとえば長野県の場合はおよそ70%が骨葬であるといわれています

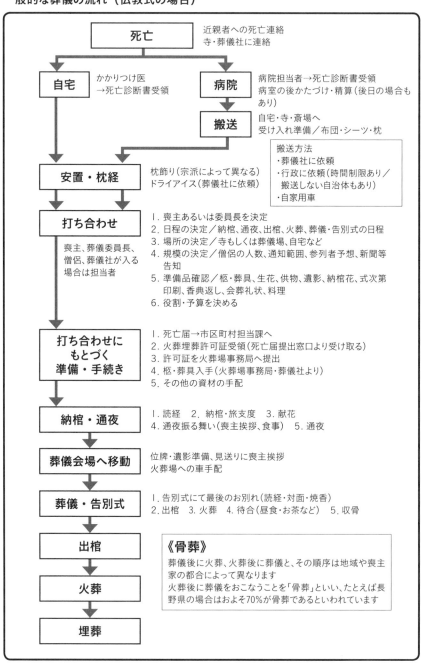

一般的な葬儀の流れ（キリスト教式の場合）

重篤　牧師に連絡、牧師が臨終に立ち会うのがよい → **病床聖餐、祈り**　家族、教会の友が立ち会う

↓

死亡　近親者への死亡連絡／牧師に連絡／死亡診断書受領 → **枕頭の祈り**　臨終の祈り／家族が立ち会う

↓

病院で亡くなった場合は　**搬送**　通例は自宅に／搬送方法は仏式の場合と同じ　受け入れ準備／布団・シーツ・枕

↓

安置　枕元に生花、故人使用の聖書、賛美歌など　ドライアイス

↓

打ち合わせ
喪主、葬儀委員長、牧師、葬儀社が入る場合は担当者

1. 日程の決定／納棺、前夜祭、出棺、火葬、葬式の日程
2. 場所の決定／教会もしくは葬儀場、自宅など
3. 規模の決定／通知範囲、参列者予想、新聞等告知
4. 準備品確認／柩・葬具、前夜祭・葬式の生花、献花用の花、遺影、十字架花、式次第印刷、引き物、会葬礼状、料理
5. 移動にかかわる車の手配、食事

↓

打ち合わせにもとづく準備・手続き

1. 死亡届→市区町村担当課へ
2. 火葬埋葬許可証受領（死亡届提出窓口より受け取る）
3. 許可証を火葬場事務局へ提出
4. 柩・葬具入手（火葬場事務局・葬儀社より）
5. その他の資材の手配

↓

納棺・前夜祭

1. 前夜祭………………賛美歌、祈り、聖書からの話、納棺、献花、故人を偲ぶ感話
2. 式後の振る舞い……喪主挨拶、茶菓子の接待

↓

出棺・出棺の祈り　遺影・十字架準備、見送りに喪主挨拶　火葬場への車手配

↓

火葬

1. 告別式にて最後のお別れ
2. 火葬前の祈り、炉前でお別れ
3. 火葬　4. 待合　5. 収骨

↓

葬儀会場（教会）へ移動

↓

葬式　礼拝形式

↓

埋葬・埋葬の祈り

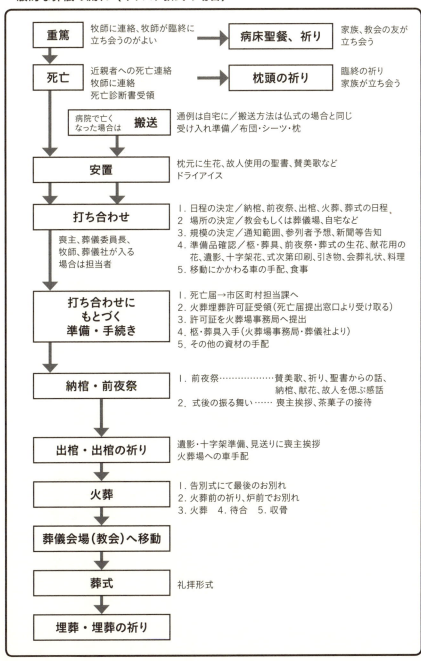

〈死亡から安置まで〉

現在では、病院で死亡する方が八割を超えています。病院では医師によって死亡が確認されると、身体から器具類がはずされ、清拭（身体を拭き清めること）と着替えがおこなわれます。もし、余裕があれば（状況が許したら）、亡くなる前に、あなたが選んだ死に装束を着替えとしてだれかに依頼し、病院（の担当看護師さん）に届けてもらうことをおすすめします。

その後、**担当医師から死亡診断書をもらい**、退院の手続きをおこない、斎場あるいは自宅まで帰ります。その際の一般的な流れは次のとおりです。

死亡↓ご家族・近親者への連絡↓お寺あるいは教会、神社、葬儀社へ連絡↓清拭・着替え↓死亡診断書受け取り↓退院手続き↓搬送用車両手配↓斎場あるいは自宅の受け入れ準備（自宅の場合は布団・シーツ・枕などを用意）↓枕飾り・ドライアイス用意↓搬送↓斎場あるいは自宅に安置

ケースによっては若干前後しますが、大概はこのようになっています。チャート図を見ながら確認してください。

〈遺体搬送〉

病院から斎場あるいは自宅への**遺体の搬送には、多くの場合、葬儀社や移送専門業者の寝台車が使われます**。この場合はほとんどの業者が二四時間対応していますので、電話で依頼します。また、**時間内（九時から一七時まで）なら、行政の寝台車を安価で利用できる地域があります**。行政の関係窓口へお問い合わせください。

遺体搬送はこれだけではありません。**自分の車も使えます**。このことはあまり知られていませんが、基本的に、他人から料金をとって運ぶのでなく、ご遺族が自分で運ぶのならば、自家用車でも搬送可能です。この場合は医師の死亡診断書を必ず携帯しましょう。

搬送費用については各葬儀社によってばらつきがありますので、お問い合わせしてみてください。ただし、**葬儀社に搬送を依頼した場合、その後の葬儀全般をその葬儀社にまかせることになる場合もあります**。情報をしっかり確認したうえで冷静に対処するよう、生前準備のひとつとして、事前にご家族と話し合っておくことが必要です。

〈葬儀社への依頼〉

葬儀全体を葬儀社に全面的に依頼する場合も多々あります。もちろん葬儀社にはそれぞれの経営方針があるので、対応や費用はさまざまですが、喪主家の側に立ち、親身に相談に乗ってくれる業者を見つけておくことが大事です。

葬儀社が全面的にかかわる場合は、死が確認された段階ですぐに連絡を入れてください。そこからは葬儀社が手順に沿って進めていきます。ご遺族は喪主を決め、現金を用意し、通知する参列者リストを提出し、祭壇や料理、香典返しなど、葬儀社のカタログによってランクを指定し、葬儀社の担当者の指示を受けながら一連の儀式や参列者接待の準備を進めていきます。そこまでのことをあなたが事前に葬儀社と話し合い、準備しておけばご家族の混乱は少なくなります。

もちろん、**全面的に葬儀社に依頼するのではなく、できるところは喪主家で、ということも可能です**。しかし、その場合は、役割分担が複雑になり、抜け落ちが生じる可能性もありますのでご注意ください。あなたの意思が反映できる葬儀が本当にできるかどうかは、事前の段階であなたと喪主、そして葬儀社（あるいはお寺や教会、神社）との細部にわたる話し合いと確認が必要です。

〈葬儀の式次第（葬儀の順序）〉

現在おこなわれている葬儀の式次第（葬儀の順序のこと）に関しては、それぞれ信仰する宗教や宗派、そして地域によって大きな違いがありますので、ここでは詳しく記すことができません。しかし基本的には仏教の場合は読経（引導や回向をおこなう宗派もあります）、弔辞・弔電の奉読、焼香、喪主挨拶となり、キリスト教の場合は、黙祷、聖書、讃美歌、祈祷、弔辞、祝祷、喪主挨拶、献花といった流れが一般的なようです。

詳しくはお寺や教会、神社にお問い合わせください。

〈教会での葬儀〉

現在、仏式での葬儀が大半を占めていますが、**近年、教会での葬式も増えてきました**。ここでは、教会で葬式をおこないたい場合、どうしたらいいかを記してみます。

教会でおこなう葬式は、キリスト教の信仰にもとづくものなので、一般的にはどこの教会でもその教会の信者のためにおこなうものと考えてください。しかしあなたがキリスト教信者でない場合でも、教会でおこなってほしいという希望を受けた場合には、どの教会の神父さんや牧師さんも、おそらくむげには断らず真剣に考えてくれるはずです。なぜなら死は人間にとっての重大事であり、そのような願いの背後には、何らかの深刻な理由があると思われるからです。

あなたがそのような願いを持っている場合は、なるべく早い機会に教会を訪ね、牧師さんに相談しておくのがいいでしょう。キリスト教にはいろいろな宗派があり、それぞれの教会の考え方もありますので、一概にはいえませんが、話を聞き、できるだけ要望に応えようとしてくれると思います。

教会では牧師さんの判断にもとづいて、役員会で承認して葬式をおこなう場合があります。経費については、一連の諸式費用の実費と奉仕者への謝礼、そして志に応じた教会への記念献金などが必要になります。

神道にのっとっておこなわれる葬儀（神葬祭《しんそうさい》）

神道にのっとっておこなわれる葬儀もあります。これは一般に「神葬祭」といわれています。葬儀の流れは仏教式とほとんど変わりませんが、呼称や作法に違いがみられます。たとえば、仏教で通夜にあたるものを「通夜祭」、葬儀・告別式にあたるものを「葬儀祭（神葬祭）」といいます。仏教式の作法と大きく違うのは、玉串を捧げることと手を清める儀式があることです。神葬祭の場合は数珠は使わないので注意しましょう。

葬儀式と告別式（お別れ会）を分ける

葬儀とひとくちにいっていますが、基本的には葬儀式と告別式に分かれます。

葬儀式は亡くなった方やその家が持つ宗教にもとづいた宗教的なお別れの儀式であり、告別式は親しい人々や社会的なつながりのあった方々とのお別れの儀式となります。**結婚式でおこなわれる「挙式」が「葬儀式」に、「披露宴」が「告別式」にあたる**と考えるとわかりやすいかもしれません。

最近、葬儀式はご家族や親しい人たちだけで執りおこなわれる家族葬（☞p376「家族葬・直葬」）が多くなっています。家族葬の利点は、たくさんの参列したお客さまに気を遣うこともなく、故人としっかりお別れができることにあります。また、告別式（お別れ会）を葬儀から独立させると、故人が好んだ音楽の演奏や本の朗読、好きだったお料理をみんなで食べながら故人の話をするなど、故人を中心にしたお別れが可能になります。

さきに葬儀をおこなわずにお別れ会のみおこなう方法をご説明しましたが（☞p377「お別れ会」）、葬儀をおこなう場合でも葬儀式と告別式（お別れ会）を切り分け、時間や日取りを変えることで、それぞれの性格がはっきりしてきます。たとえば葬儀式をおこなったあと、初七日や四九日にお別れ会をおこなうという方法も可能です。

現在は、葬儀式と告別式の境目はなく、葬儀・告別式として両方が一緒におこなわれるのが一般的です。しかし、葬儀はだれのためのものかを考えながら、**葬儀式と告別式を分ける方法を取り入れてみる**のもいいかもしれません。

〈葬儀にかかる費用〉

葬儀には、どれだけの費用がかかるのでしょうか。予算案をつくってみましょう。

仏教式でおこなう場合、予算のなかには一般的に以下のものを含めておきましょう。

①搬送用布団・搬送費用・ドライアイス・枕花・枕飾り・柩・葬具（位牌《いはい》など）・霊柩車・火葬場費用
②祭壇・遺影・会場費・料理（通夜・火葬場・精進落とし）・供花・供物・香典返しなど

葬儀社を使う場合は、葬儀社それぞれでサービスや価格が異なります。また、全部葬儀社にまかせるのではなく、遺族がその一部を担うことも、葬儀では大切なグリーフワーク（悲嘆のケア）につながっていきます。

この他にお寺へのお布施や伴僧《はんそう》さんへのお礼（お布施に含まれている場合もあります）、教会への献金などが必要になります。お布施の中身は、枕経・納棺や通夜の立ち会いとお経・出棺のお経・火葬場でのお経・戒名料・導師謝礼などが含まれている場合が多いのですが、これはお寺によって異なります。お寺の住職と親交を深めて聞いてみること、あるいは近所でおこなわれた葬儀から情報を得ることも大切です。また最近は、**きちんと明細を公表しているお寺**も少しずつ出てきました。

〈葬儀費用の計算〉

これらを考えながら、葬儀費用を計算してみましょう。葬儀費用はわかりにくいといわれています。葬儀社から見積もりをとることなども、まだ一般化していません。ある程度の費用計算はできるかもしれませんが、**終わってから請求書を見て愕然とした**、という話をよく聞きます。

ですから、細かく、正確ではなくても、**葬儀にはどのような支出項目があるのか、そして項目ごとの経費はどの程度か**、という知識はあらかじめ持っていたほうがいいと思います。

調査によると、**日本人の葬儀の平均的費用は、約一八九万円**である、というデータが出ていることも知っておいてください（二〇一四年、日本消費者協会調べ）。これはあくまで全国平均の金額ですから、生前準備で本当に必要なものと必要でないものをより分けたり、葬儀の規模を

葬儀に必要なものの例と費用計算の指針（仏教式の場合）

・1〜18までの項目が葬儀における必要品のベースになります
・1〜18までが葬儀社のセット料金（ベースプラン）となっている場合が多いので、葬儀社に確認しましょう。セット以外のものが無断で入らないように注意してください。不要なものはセットであっても「要らない」ということが大切です

	品名	内容	A 葬儀社	B 葬儀社	内容比較
1	祭壇設営費用	生花装飾含む			
2	柩	柩・搬送用布団・シーツ			
3	納骨容器・骨壷	骨壷・桐箱・骨覆い 風呂敷・収骨箸			
4	枕飾り一式	経机・三つ具足			
5	線香／ローソク	お参り用・式典用			
6	ドライアイス	遺体保全（2回）			
7	納棺の儀	納棺・仏衣・風習用品			
8	遺影写真	カラー額付き			
9	位牌・野位牌	戒名書き入れ用			
10	生花アレンジ	装飾用アレンジ花			
11	炉前花／枕花	火葬用生花・枕飾り			
12	祭壇用供物	果物			
13	各種案内看板	式場看板			
14	運営管理費用	セレモニースタッフ			
15	会葬礼状	礼状必要枚数			
16	受付事務用品	記帳書類・筆記用具			
17	焼香設備	香炉・抹香・香炭			
18	後飾り祭壇	自宅用簡易祭壇			
小計			円	円	

＋

おもてなし費用	別途費用	宗教関係費用
返礼品（香典返し） 飲食費（通夜料理・精進落とし） 飲み物・お弁当など	葬儀・通夜会場使用料 遺体搬送費（病院⇒自宅⇒斎場） 霊柩車（斎場⇒火葬場） 火葬料・火葬場控室使用料 マイクロバス・タクシー 警備員・貸布団など	お布施 枕経・納棺・通夜・葬儀 火葬・納骨・戒名料など お車代・お膳料
円	円	円
小計	円	

大きくしすぎず、家族葬などの形式を取り入れることで、**もっと費用をかけずにおこなう方法はたくさんあります**。実際、近年の葬儀の経費は縮小傾向にあります。二〇〇七年に日本消費者協会がおこなった調査では全国平均は約二三一万円でしたから、七年間で四〇万円以上も平均額が下がったことになります。

葬儀に関して金銭的な面だけを追っていくと、見送りの本旨や宗教的な別れの意義や意味が薄まっていく傾向があります。しかし、葬儀費用のことはとても重要なことであることは間違いありません。

宗教と葬儀の関係
知っておくと役に立つ情報

〈宗教・宗派が決まっている場合の葬儀〉

この場合、儀式の流れに関してはあまり問題はありません。その宗教の儀式執行方法で進んでいくからです。しかし、それぞれの宗教・宗派には決まった葬法があるため、葬儀の定番化・画一化を生みがちです。したがって、あなたの希望どおりの葬儀進行が困難な場面も出てきます。その場合は、**お坊さんや牧師さん、神主さんと話し合い、あなたなりの葬儀に近づける努力が必要**となります。

お坊さんや牧師さん、神主さんと日常的に意思の疎通をしていると、あなたの考えをわかってもらえ、自分の意思が果たせる可能性は大きくなるでしょう。なかにはお寺との関係が深く、生前にすでに戒名を受けている熱心な仏教信者もいます。その場合は授戒（戒名や法名を受けていること）している旨をご家族に伝え、その証しである戒脈（戒名を記したもの）などのありかを知らせておきましょう。

〈宗教や菩提寺などが決まっていない場合の葬儀〉

仏教式あるいはキリスト教式、神葬祭など選択は自由ですが、その場合は葬儀のときだけの信者ということになりますから、その点はお寺や教会、神社に理解してもらう努力が必要です。また葬儀がきっかけになって信仰する宗教を選ぶという例も多いようです。

仏教式でお願いする場合、そのお寺の規則や規定があるので、それを遵守することになります。なかには、檀家になること（入檀）や寺の墓地を買う（永代で借り受ける）こと、あるいは戒名を受けることなどが条件になっている場合もあるので、よく内容を聞いてください。また、宗教が決まっていない人のために、葬儀社がお寺や教会、神社を紹介する例もあります。

〈家の宗教と個人の宗教が異なる場合の葬儀〉

たとえばあなたの家が代々仏教であるのに、あなたはキリスト教の信者であるという場合は、家と個人の間でどちらが主体の葬儀をおこなうかが問題となります。基本的には個人の持つ宗教を優先させるのがいいでしょうが、それぞれのご家庭の事情により思い通りにいかないことも多いようです。

いままでの例では、葬儀は家の宗教（仏教式）でやっておいて、四九日あるいは没後一年祭をキリスト教式でおこなうというケースもありました。また、納骨の段階でお寺の墓地にはキリスト教徒であるため納骨できない（墓地規約による）場合もあります。どちらにしても**家と個人の折り合いをつけることが大切**ですが、これにはかなりの労力が必要です。

〈葬儀をしない、あるいは宗教を入れない葬儀の場合〉

さきにも述べたとおり、最近では**宗教によらない葬儀をおこないたい**という人も増えていきます。そんな場合は「葬儀・告別式」ではなく「お別れ会」という形式があります。「お別れ会」については三七七ページをご参照ください。

死プラスワン
死後、それもあなたのもの

あなたの人生は、死をもってすべて終わりになるのでしょうか?

霊的・宗教的な問題についてはいろいろな理解の仕方がありますが、それ以外に、**死後には実務的な問題がたくさん出てきます**。つまり、死後も結構忙しいということです。ここでは人生における生老病死という四つのステージを通過したあとに訪れる、もうひとつのステージについて考えてみたいと思います。

たとえばあなたが亡くなられたとします。生前準備をしておいたため、遺体の搬送や安置、死亡通知からはじまる葬儀の諸準備、あなたなりの、こだわりを持った納棺や通夜、そして葬儀が順調に進み、終了したとします。しかしそこにはまだ重要な問題が残されています。葬儀の終わった祭壇には、お骨になったあなたが残されているのです。**お骨になったあなたは、どこへいくのでしょうか**?

お骨の行方
お墓？　散骨？　樹木葬？

ほとんどの人は、お骨はお墓に納めるものと考えています。先祖代々のお墓を持っている人の多くはそう考え、あらためてお墓のことを深刻には考えません。しかし**近年、お墓の形態が変化を見せはじめました**。核家族化が進み、新しくお墓を必要とする人々が増えてきたこと、家や家族をめぐる環境が大きく変化してきたことなどがその要因になっています。

たとえば少子化傾向や結婚をしない人が増えることによって、継承者（家を継ぐ者）がいない家が多くなってきています。いままでお墓は家単位で成り立ってきましたから、家の機能や形態が変化すると、自然にお墓も変化していきます。こうした傾向は一九八〇年代からあらわれはじめ、九〇年代には継承者を必要としないお墓が全国各地にできてきました。

家という単位から離れた個人墓や夫婦だけのお墓、お寺や宗教団体に永代の供養をまかせる「永代供養墓」、会員などによる「合祀墓」などです。ほかにもお墓は多様化し、ロッカー形式の「マンション墓」、さらに石塔を建てるというお墓ではなく、自然のなかに埋葬し、そこに好きだった樹木を植えるという「樹木葬」や、その樹を桜に限定する「桜葬」も出現してきました。

また、遺骨を砕き、小さなお地蔵さまやペンダントに埋め込み、手元において常に触れることで、供養ができる「手元供養」を選ぶ人たちも増えてきました。

お墓を必要としない「散骨」も知られるようになり、「自然葬」と名付けられ、海や山、故人の思い出の地にお骨を灰化させてからまくという方法を選ぶ人も出てきました。

散骨という風習は古来よりあったのですが、「墓地、埋葬などに関する法律」（墓埋法《ぼまい》）に抵触すると考えられていました。しかし一九九一年に「葬送の自由をすすめる会」が相模湾（神奈川県）で散骨をおこなってからは、「節度を持っておこなう」、つまり遺骨のままでなく灰化してまくというかたちで容認されています。散骨（散灰）は海や山だけに限りません。カロート（納骨室）にまくことができる合祀墓もできています。このように、確実にお墓の形態は変化しています。**選択肢が増えるとともに、なにを選ぶかはあなたの意思にかかっています。**

あなたが遺骨になったとき、その行き先はどこになりますか？　「死後のことは知らない。まかせたよ」ではなく、**最後の自分の住み処《か》をあなた自身で決めておきましょう。**同時に死後には宗教的な「供養」や「回顧」がおこなわれます。仏教では法事や年回忌という（先祖）供養があり、その対象のひとつがお墓なのです。

また、墓地の管理や供養については、後継者がいるか、いないかで対処方法が異なります。墓地があって後継者がいる場合は、墓地の場所や墓地管理者、管理料、そして供養の方法などを後継者にきちんと伝えておくことが必要になります。

また後継者はいるが墓地が決まっていない場合は、どんな場所、どんな形式の墓地がいいか、あるいは墓地ではなく散骨がいいなどの希望を、信頼できる人に伝えておくことで、あとをまかせることができます。

後継者がいないお墓
無縁墓？ 永代供養？

近年では、後継者がいない家庭が増えています。この場合、お墓を持っていても供養をおこなう人が絶えてしまうということになります。後継者が絶えた場合、お墓は無縁となり、一定の期間を経て処分あるいはほかに譲渡されることになります。

多くの場合、墓地はあなたの持ちものではなく、墓地管理者のものとなっています。たとえばお寺の墓地はそのお寺の住職が管理者である場合が多く、土地そのものはそのお寺の所有になります。したがってあなたはその土地を借りる、ということになるわけです。**よく「墓地を買う」ということいいますが、そのような場合、正確には「永代で墓地（である土地）を借りる」ということ**

になります。墓地の登記があなたではない、ということを知っておきましょう。

最近、**後継者を必要としない墓地が各地にできています**。そういった墓地を持つ寺などでは、永代供養（お寺が責任を持って永代で供養すること）が基本となっている場合が多く、これには**「永代供養料」が必要**になります。

これまでご紹介してきたように、家族形態の多様化にしたがっていろいろなタイプのお墓や納骨の方法が登場しました。それにともなってさまざまな困難もあらわれてきています。たとえば、子どもなどの継承者のいない家庭で、配偶者が死亡した場合は、残された一方が納骨（散骨）することができますが、ひとりになって死亡した場合、だれかに納骨してもらわなければなりません。そこで、いまではそのような場合に、**埋骨代行をする組織**もできています。

死後の仕事
問題はお骨だけではありません

あなたがこの世で生きたということは、社会的にも、人間関係においても、そして行政的にも、無数の関連性を持っていたということになります。死によって自然になくなる関係もありますが、**役所関係（行政手続き）、年金、金融機関、病院などの死後処理が必要なものが多々あります**。しかもほとんどの手続きに期限がついています。

死後の手続きは、死亡した人が独居だったか、同居家族がいたか、勤務中だったかなどの条件によって、やらなければならないことが違ってきます。たとえば同居家族がいれば、住んでいた家の電気・水道・ガス・電話などのことは名義変更ですみますが、ひとり暮らしで空き家になる場合は、大至急、停止や契約解除などの届けをしなければなりません。それをやらないと、残されただれかが基本料金などを払い続けることになります。

以下では、主として**金銭にかかわる必要な手続き**を挙げます。あなたが勤務中の場合は、勤務先で手続きをしてくれる場合があるので、勤務先と相談しておきましょう。しかし、**これらの手続きは、すでに亡くなっているあなたがすることはできません**。手続きの項目や手順をノートに書きとめ、その手続きに必要なあなたの情報や留意点を添えておくのがいいかもしれません。

死後の手続きをする場合、亡くなったことを証明するために、病院から出る死亡診断書の写しや、除籍謄本が必要になります。**死亡届は市区町村に提出する前にコピーを二、三枚とっておくと**、後日役立ちます。また、除籍謄本がとれるまでに日時のかかる場合があります。

〈役所関係の手続き〉

あなたが死亡すると、まずご遺族などが市区町村の役所に、死亡届を提出します。**このときに役所の窓口では、行政関係の必要な手続きについて説明してくれます**。しかし、最近、死亡届は葬儀社などが代行してくれる場合も多いようです。

以下の手続きは葬儀が終わってからおこなわれますが、あまり日をおかずに役所に出向いて手続きをすることになります。**届け出までの日数の限られているものもありますから**、要注意です。

葬儀後に必要な手続き

①健康保険証、介護保険証の返還
②葬祭費、高額療養費の請求
③印鑑登録証、マイナンバーカードなどの返還
④税金関係について名義変更や解約

〈年金・保険関係の手続き〉

年金はご家族や夫婦単位に給付されるのではなく個人単位です。たとえば、夫が死亡したとき、妻がそのまま夫の名義の年金を受け取り続けることはできません。

遺族年金を受け取るためには手続きが必要です（**p61**「障害年金、遺族年金」）。手続きをしないで放置すると、逆に受け取れるべき年金が、受け取れなくなる場合もあります。年金についても、速やかに手続きをすることが必要です。

死亡後の年金・保険関係の手続き

①国民年金を受給していた場合、市区町村の役所または年金事務所で手続きをおこなう（死亡後一四日以内）

②厚生年金を受給していた場合、最寄りの年金事務所に出向く

③旧共済年金を受給していた場合、共済組合か年金事務所に連絡する

④恩給に関しては、総務省人事・恩給局に連絡する

⑤厚生年金基金（企業年金）は、それぞれの管轄事務所に連絡する

⑥生命保険、簡易保険の死亡保険金の受け取りについては、加入していた保険会社に、死亡保険金の請求をする

〈その他の手続き〉

たとえば、ひとり暮らしの場合、住まいに関する事項として、電気、水道、ガス、電話、テレビ受信料の停止、解約などをしてもらうことが必要です。

また、死亡したあなた名義の携帯電話、クレジットカードなども解約の手続きをしてもらわなければなりません。

死亡したあなたの名義になっている預貯金や不動産を、相続人が相続することになります。あなたが死亡した際に、あなた名義の口座は凍結されるので、相続の手続きが終わらないと預貯金

を使うことはできません（☞p202「相続　お墓に財産は持っていけない！」）。あなた名義の不動産や預貯金、現金、株券、古美術品など、遺産に関しては、遺言書をつくっておけば、遺言書に書かれているあなたの意思が尊重されて財産が相続されます（☞p215「遺言　死んでからでは、遅い！」）。

このようにあなたの死後に訪れる数多くの事項については、あなたが直接かかわることはできません。**他人さまに死後手続きをまかせることになる**のです。残された人々が、あなたの死後処理について、悩むかもしれません。そんなときのために、これまでご説明してきたようなご自身の旅立ちのデザインにもとづいて生前準備をし、残された人に対して、できるだけ意思をわかりやすくしておくことが大切です。それはあなたが生かされたこの社会に贈る最後の「愛」なのではないでしょうか。

戒名とは何か？

神宮寺住職・ライフデザインセンター理事　高橋卓志

戒名とは「仏教徒として定められた戒《いましめ》を守ります」という約束が成立した段階で授与される仏弟子としての称号です。その約束をするため、生前に同信同行（同じ信仰を持ち、その信仰に基づいて生きようとする人々）で、しかも徳の高いお坊さんの指導のもとに一定期間の「授《じゅ》戒会《かいえ》」という定められた修行を行い、その中で仏への帰依を確立するのです。そして、それが成就したときに授けられるものが戒名です。ただし、日本の仏教宗派のすべてが戒名を必要としているわけではありません。

大乗仏教（日本の仏教）で守るべき代表的な戒は五つ（五戒）あるとされています。第一に不殺生戒《ふさつせいかい》（殺すことなかれ）、第二に不偸盗戒《ふちゅうとうかい》（盗むことなかれ）、第三に不邪淫戒《ふじゃいんかい》（犯すことなかれ）、第四に不妄語戒《ふもうごかい》（嘘をつくことなかれ）、第五に不飲酒戒《ふおんじゅかい》（酒に飲まれることなかれ）とあり、これが仏教徒として清浄な生活をする規範となります。東南アジアなどの上座部仏教のお坊さんや修行者たちは、五戒どころか二二七もの戒を保持し、日夜修行に励んでいます。

日常生活で戒を守ることはなかなか困難ですが、それぞれの人生の上で、常に戒がその人にとってのコントロールとなり、仏教を基盤に生活していくという自覚が促されていきます。戒名をいただいたその日から以前とは異なった清浄な生き方を目指す、という意欲が生まれることを目的とするものなのです。

戒名をこのように定義してくると、お金がからむ部分はありません。もしあるとすれば、授戒会で仏教の教えに深く導いてくださった高徳の導師に対するお礼だけです。しかし、近年、戒名はその主旨を大きく変え、お金がらみの売り買いの対象になる傾向が多く見えます。院号、居士・大姉号、信士・信女号など、一種の位や文字数によって値段が変わり、しかも高額であるということがまかり通っています。

このような状況では、そんな戒名なら必要ないという人がいて当然です。また、仏教徒でなかったり、修行の努力をしたくなかったり、戒名の意味に無関心でいられたりする人にとって戒名は必要とはいえません。葬儀の際の添え物と考える人、家の格にこだわり、長い戒名を必要とする人など、今一度戒名の意味や意義を知る必要がありそうです。それ以上に、人々に戒名についてしっかり説明してこなかったお坊さんの責任は大きなものがあります。

おわりに

財産とは　金や物だけではないことを
その考え方や　生き方を
いつまでも　いつまでも　守りぬくのが
本当の相続人だと
わからせてあげたい
親も子もない　兄弟もなかった
どん底貧乏の和喜蔵は
何も残さなくても
『女工哀史』とともに
いつまでも　いつまでも　生きている
その心を　そのがんばりを
私が　みんな　みんな　もらっている
そして　若い人に受けついでもらう

（高井としを「『女工哀史』後五〇年」）

この詩の作者・高井としをは、『女工哀史』を書いた細井和喜蔵《ほそいわきぞう》の妻です。和喜蔵が女工哀史を書いた頃に一緒に生活し、暮らしを支え、女工たちの実態を伝えたのがとしをでした。しかし、旧民法では三〇歳未満の男性、二五歳未満の女性の結婚には戸主の同意が必要で、この二人は正式な結婚ではなく、事実婚でした。

和喜蔵が二五歳で夭折し、その後『女工哀史』の印税をめぐって「正式な妻ではない」という理由でさまざまな問題が起こっていたようです。そうした背景はありますが、ここに書かれている「財産とはお金やものだけではない。その生き方や考え方を守りぬくのが本当の相続人だ」という考えには、やはりハッとさせられます。

わたしは、次世代に相続してほしいと思えるような生き方をしてきたのかと、自問せずにはいられません。でも、それに気づいたいまからでも遅くないのではないかとも思います。本書『旅立ちのデザイン帖』を読んで、自分の来し方を振り返り、これからの生き方を考えるなかで、きっとあなたも次世代に伝えたいことがはっきりしてきたのではないでしょうか。

NPO法人ライフデザインセンターは、二〇〇一年に長野県で発足しました。わたしたちは「それぞれの『いのち』の最終章に起きるさまざまな課題解決に対応できる機構」を目指して活動しています。そしてだれにでも訪れる死を見つめながら、自分らしく生きようとする人々に対して支援をおこなうことを目的としています。これらの目的を遂行するために、非営利組織として専門家が結集しました。二〇〇二年には『旅立ちデザインノート』『旅立ちのアレンジ』を発行し、エンディングノートの先駆けとして、ノートに「自分の意志」を書き込んでみようと呼びかけました。

『旅立ちデザインノート』『旅立ちのアレンジ』の発行から一〇年以上の月日が経ちました。わたしたちの知識や経験も豊富になり、制度の変更もあり、より新しい多くの情報をお届けできるようになってきましたので、今回の『旅立ちのデザイン帖』の出版に踏み切りました。

各章の冒頭には、上田紀行さん、上野千鶴子さん、鎌田實さんがエッセイを寄せてくださっています。「死」の章は、ライフデザインセンターの理事・高橋卓志が執筆を担当しました。また「病」の章では武藤香織さんから時代の先端を行く貴重な原稿をいただきました。

「生」の章の「年金は大丈夫？」の節は、特定社会保険労務士・長谷川千晃さんから、複雑でわかりにくい制度について執筆とアドバイスをいただきました。「老」の章の「介護保険について」の節は、介護支援専門員・坂槙裕子さんからアドバイスをいただきました。

「病」の章の「病院医療と在宅医療」の節は、長野県医師会在宅医療推進委員会委員長・杉山敦医師（ライフデザインセンター主催「なんでもありの勉強会」二〇一六年四月二一日の講演）と松本市松本協立病院医療福祉相談室のご協力を得ています。

各章についてはライフデザインセンターの理事・監事である次のメンバーがそれぞれの専門分野を執筆・構成、アドバイスをしてくれました。

小川和子（介護支援専門員）大澤秀夫（牧師）太田知孝（司法書士）北村静信（医師）鈴木秀一（税理士）高橋卓志（住職）東方久男（公認会計士）轟道弘（弁護士）永原学（司法書士）降旗えつ子（宅老所経営）三ツ井清（社会保険労務士）山口正雄（税理士）油井正光（ファイナンシャルプランナー）吉田由美子（生前契約アドバイザー）

本書の製作にあたっては、亜紀書房の小原央明さんに、大変お世話になりました。専門的でわかりにくい言葉や制度をできるだけわかりやすいように、かみ砕いてくれました。

本書の成立にご協力いただいたみなさまに感謝申し上げます。

本書に関するお問い合わせはライフデザインセンターにお願いいたします。巻末の「お問い合わせ先一覧」の一番はじめに、ライフデザインセンターの連絡先を掲載しています。

二〇一六年六月

NPO法人ライフデザインセンター
代表理事　久島和子

困ったときの連絡先・お問い合わせ先一覧

データは2016年7月時点のものです

本書について

本書についてのご相談・ご質問がありましたら、ライフデザインセンター宛にご連絡ください。

ライフデザインセンター
http://ldcenter.org/

〒381-0034　長野県長野市高田1029-1　エンドウビル1階（長野事務局）
☎026-229-8001（電話）／026-229-8002（FAX）
life@dia.janis.or.jp（メール）

〒390-0303　長野県松本市浅間温泉3-31-27 東御殿の湯内（松本事務局）
☎0263-46-2020（電話）／0263-46-2020（FAX）
life_m@mhl.janis.or.jp（メール）

年金について

◆年金について一般

年金に関しての一般的なご相談・ご質問は下記にご連絡ください。

日本年金機構「ねんきんダイヤル」
☎0570-05-1165（ナビダイヤル）／03-6700-1165（一般電話）

◆「ねんきん定期便」「ねんきんネット」「ねんきん特別便」「厚生年金加入記録のお知らせ」などについて

ねんきん定期便やねんきんネット、ねんきん特別便、厚生年金加入記録のお知らせなどについては、下記の専門ダイヤルもあります。

日本年金機構「ねんきん定期便・ねんきんネット等専用ダイヤル」
☎0570-058-555（ナビダイヤル）／03-6700-1144（一般電話）

◆「国民年金保険料後納制度（保険料の納付の延長）」や「専業主婦・主婦年金の改正」について

保険料の後納についてや専業主婦・主夫年金の改正についてのご相談は、下記の専門ダイヤルがあります。

日本年金機構
「国民年金保険料専用ダイヤル」
☎0570-011-050（ナビダイヤル）／03-6731-2015（一般電話）

◆全国の年金相談窓口の一覧

全国の年金相談窓口の一覧は下記のホームページから検索可能です。年金に関する相談の他、各種の手続きの申請ができます。

日本年金機構
「全国の相談・手続き窓口」
https://www.nenkin.go.jp/section/soudan/

生命保険について

◆生命保険について

生命保険についてのご相談・ご質問は、加入している、あるいは加入を検討している生命保険会社のご担当者やカスタマーセンターに連絡するのがいいでしょう。

その他、日本国内の生命保険会社が加入している業界団体「生命保険協会」でも電話相談を受け付けています。生命保険協会の電話番号は次のとおりです。下記のホームページから相談所の一覧もご確認できます。

生命保険協会「生命保険相談所」
☎03-3286-2648（生命保険相談室・東京）
http://www.seiho.or.jp/contact/about/list/

財産の管理や計画について

◆財産の管理や計画について

財産の明細や旅立ちの人生計画を立てたい場合、自分で財産の一覧表をつくるのが難しいときは、お近くのファイナンシャル・プランナーの事務所にご相談ください。財産の明細などの作成も代行してくれます。

また、ファイナンシャル・プランナーズ協会のホームページでは、所在地に応じたファイナンシャル・プランナーの事務所の検索が可能です。

日本ファイナンシャル・プランナーズ協会
https://www.jafp.or.jp/confer/search/cfp

リバースモーゲージについて

◆リバースモーゲージ・生活資金貸与について

自宅を担保にして生活資金を融資してもらうリバースモーゲージや生活資金貸与については、お住まいの自治体の社会福祉協議会にお問い合わせください。全国の社会福祉協議会の連絡先は下記のホームページから検索できます。

全国社会福祉協議会「都道府県・指定都市社会福祉協議会」
http://www.shakyo.or.jp/links/kenshakyo.html

バリアフリー・リフォームについて

◆バリアフリー・リフォームの助成金や支援制度について

バリアフリー・リフォームの助成金や支援制度などを利用したい場合は、市区町村の役所の担当課に相談してみましょう。

また、介護保険制度の住宅改修費の補助制度を利用したい場合は、地域包括支援センター（高齢者相談センター）か担当のケアマネジャーにご相談ください。下記のホームページから各自治体ごとの住宅リフォーム支援制度が検索できます。

住宅リフォーム推進協議会
「地方公共団体における住宅リフォームに関する支援制度検索サイト」
http://www.j-reform.com/reform-support/

在宅介護について

在宅介護について知りたければ、お住まいの自治体の地域包括支援センター（高齢者相談センター）や役所の窓口、あなたの担当のケアマネジャーにご相談ください。以下のホームページから各都道府県の地域包括支援センター（高齢者相談センター）の一覧を検索することができます。

厚生労働省「地域包括ケアシステム 2.地域包括支援センターについて」
http://www.mhlw.go.jp/stf/seisakunitsuite/bunya/hukushi_kaigo/kaigo_koureisha/chiiki-houkatsu/

老後の住まいについて

◆高齢者住宅について

高齢者住宅についてはさまざまな種類のものがありますので、施設によってお問い合わせ先、相談先が異なります。

たとえば、地方自治体が運営する施設については、お住まいの市区町村の担当窓口にご相談いただくのがよいでしょう。また、民間企業や社会福祉法人が運営するものについては、各団体にお問い合わせください。高齢者住宅への入居を検討する場合は、資料や情報だけで判断せず、実際に入居予定の施設を見学したり、管理者に話を聞いてみたりすることをおすすめします。

なお、都道府県の公式ホームページを開くと、行政が認可したケアハウス、有料老人ホーム、サービス付き高齢者向け住宅の一覧表があるので、どこにどんな施設があるのか、参考になります。

介護保険について

◆介護保険一般について

介護保険一般についての詳細は、お住まいの自治体の地域包括支援センター（高齢者相談センター）や保健福祉局、市区町村の担当窓口にお問い合わせください。以下のホームページから各都道府県の地域包括支援センターの一覧を検索することができます。

厚生労働省「地域包括ケアシステム 2.地域包括支援センターについて」
http://www.mhlw.go.jp/stf/seisakunitsuite/bunya/hukushi_kaigo/kaigo_koureisha/chiiki-houkatsu/

◆介護サービスや介護予防サービスについて

前述の地域包括支援センター（高齢者相談センター）の他に、具体的なサービス内容やケアプラン、自費のサービス（10割負担）に関しては、ご担当のケアマネジャーやサービスを提供している介護事業者にお問い合わせください。

成年後見制度について

◆成年後見制度の相談窓口

成年後見制度の窓口は最近多くなってきました。この制度について詳しく知りたい方は、最寄りの家庭裁判所か、市区町村の成年後見支援センターや地域包括支援センター（高齢者相談センター）、各地の弁護士会、司法書士会、社会福祉士会、行政書士会、税理士会、あるいは成年後見を受任しているNPO法人などにご相談してみてください。

また、任意後見契約に関してなら、下記の公証役場にお問い合わせいただくか、ホームページから検索していただくことで、お近くの公証役場の連絡先がわかります。公証役場でも相談にのってくれます。

日本公証人連合会
〒100-0013　東京都千代田区霞が関1-4-2　大同生命霞が関ビル5階
☎03-3502-8050（事務所代表）
http://www.koshonin.gr.jp/index2.html

相続について

◆相続および、相続税について

相続について詳しいことが知りたい方は弁護士にご相談ください。また、節税策については税理士にお問い合わせください。

遺言について

◆遺言についての相談先

遺言については司法書士や弁護士などにご相談ください。また、公正証書遺言については次ページの公証役場にお問い合わせいただくか、ホームページから検索していただくことで、お近くの公証役場の連絡先がわかります。

日本公証人連合会
〒100-0013　東京都千代田区霞が関1-4-2　大同生命霞が関ビル5階
☎03-3502-8050（事務所代表）
http://www.koshonin.gr.jp/index2.html

公的医療保険について

◆高額療養費減免制度についての相談先

高額医療療費減免制度など各種負担の軽減制度について知りたい方は、ご自分の加入している医療保険の窓口や（国民健康保険の場合は）市区町村の役所の担当課にお問い合わせください。また、制度一般については下記にお問い合わせください。

厚生労働省
☎03-5253-1111
・国民健康保険の加入者
→保健局国民健康保険課へ（内線3247、3250）
・被用者保険の加入者
→保健局保健課へ（内線3258）
・75歳以上の方
→保健局高齢医療課へ（内線3199）

◆医療費控除について

医療費控除の対象となる範囲については、下記のホームページをご参照ください。

国税庁
「医療費控除の対象となる医療費」
https://www.nta.go.jp/taxanswer/shotoku/1122.htm

在宅医療・緩和ケアについて

◆在宅医療について

在宅医療について詳しく知りたい方は、お住まいの地域の地域包括支援センター（高齢者相談センター）に相談してみてください。また、地域の医師会に問い合わせてみたり、かかりつけ医に聞いてみたりするのもいいでしょう。

入院中の方で今後在宅医療に移行したいという希望を持っている方は、病院の医療連携室や相談室にご相談ください。あるいは、下記のホームページ上でお住まいの地域の在宅医療の診療所を調べることもできます。

全国在宅療養支援診療所連絡会
〒102-0083　東京都千代田区麹町3-5-1　全共連ビル麹町館5階
☎03-5213-3766（事務所代表）
http://www.zaitakuiryo.or.jp/list/index.html

◆ホスピス・緩和ケアについて

ホスピスや緩和ケア、在宅緩和ケアについて詳しい情報を知りたい方は、下記にお問い合わせいただくか、ホームページ上で検索することで、緩和ケアを受けられる場所の一覧を

調べることもできます。在宅緩和ケアについてもこのホームページで調べられます。

日本ホスピス緩和ケア協会事務局
〒259-0151　神奈川県足柄上群中井町井ノ口1000-1　ピースハウスホスピス研究所内
☎0465-80-1381（事務局）
http://www.hpcj.org/uses/index.html

臓器移植・献脳・献体について

◆臓器移植について

臓器移植について詳しく知りたい方は以下にお問い合わせください。

日本臓器移植ネットワーク
〒108-0022　東京都港区海岸3-26-1　パーク芝浦12階
☎0120-78-1069（フリーダイヤル）
https://www.jotnw.or.jp

◆ブレインバンクについて

ブレインバンク（献脳）について詳しく知りたい方は以下にお問い合わせください。

（統合失調症などの精神疾患の研究）
精神疾患死後脳・DNAバンク運営委員会
〒960-8157　福島県福島市蓬莱町1-2-35　丸山ハイツ101号室
http://www.fmu-bb.jp

（パーキンソン病などの神経疾患の研究）
国立精神・神経医療研究センター
ブレインバンク研究班事務局
〒187-8511　東京都小平市小川東町4-1-1　独立行政法人 国立精神・神経医療研究センター内
☎042-346-1868
http://www.brain-bank.org

◆献体について

献体について詳しく知りたい方は以下にお問い合わせください。

日本篤志献体教会
〒160-0023　東京都新宿区西新宿3-3-23 ファミール西新宿4階404号室
☎03-3345-8498
http://www.kentai.or.jp

事前指示について

◆事前指示について

事前指示について知りたい方は、ご家族や主治医などとまずよく相談してみてください。また、本文中で言及した「5つの願い」の日本語訳は下記のホームページからご覧になれます。

邦人・日系人 高齢者問題協議会
「5つの願い（日本語版）」
http://www.agingjaa.org/FiveWishesMultiFinalJP.pdf

NPO法人 ライフデザインセンター

2001年6月に長野県で発足したNPO法人。自分らしく生きようとする人々に支援を行うことを目的として、主に高齢期の人々を対象とした活動を続ける。情報提供やセミナーおよび講演会の開催、各種の相談、講師派遣、成年後見人に関する事業や居宅介護支援事業などを行っている。弁護士、医師、司法書士、税理士、社会保険労務士、住職、牧師、ファイナンシャルプランナー、ケアマネジャーなどの専門家が理事として関わっている。2002年には「エンディングノート」の先駆けとして、『旅立ちデザインノート』『旅立ちのアレンジ』を発行。現在、長野県長野市と松本市に事務所がある。

旅立ちのデザイン帖

あなたらしい“終活”のガイドブック

2016年9月10日　第1版第1刷発行

編著者　NPO法人 ライフデザインセンター

発行所　株式会社亜紀書房
〒101-0051
東京都千代田区神田神保町1-32
電話　03-5280-0261
http://www.akishobo.com
振替　00100-9-144037

装丁・レイアウト　矢萩多聞
本文イラスト　たけなみゆうこ

印刷・製本　株式会社トライ
http://www.try-sky.com

ISBN978-4-7505-1478-9